눈에는 눈으로 이에는 이로

"이 책은 머리말부터 읽어야 어떻게 메소포타미아 문화가
유대인, 그리스인 그리고 그 밖의 여러 고대 근동(近東)으로까지
전파되어 갔는지에 대한 올바른 이해가 가능하다."

눈에는 눈으로 이에는 이로

ⓒ김부 Printed in Seoul

2021년 08월 05일 초판 발행

지은이 | 김부

발행인 | 박찬우

편집인 | 우 현

펴낸곳 | 파랑새미디어

등록번호 | 제313-2006-000085호

서울특별시 마포구 서교동 357-1 서교프라자 318

전화 | 02-333-8311

팩스 | 02-333-8326

메일 | adam3838@naver.com

가격 17,000원

ISBN 979-11-5721-157-9 0320

바벨탑, 성서, 헬라인, 히브리인, 로마인

그 문화의 뿌리를 파헤치다

눈에는 눈으로 이에는 이로

김부 지음

이 책을 쓰게 된 동기는 우연히 그리스신화를 읽다가 헬레니즘 문화권에 살던 사람들의 통일된 문화적 사고를 발견하게 되었다.

더 놀라운 것은 그 문화적 사고가 유대인들의 역사와 전통문화를 담고 있는 성서와 그 맥을 같이 한다는 점이다.

그래서 두 이야기의 본문을 문화적 유형별로 분류하여 비교 서술 해설 형태로 이야기를 엮어갔다. 그러던 도중 방송에서 메소포타미아 문화에 대해 듣고는 다시 메소포타미아 문화를 찾아 읽게 되었는데, 뜻밖에도 그동안 연구해오던 헬레니즘 문화와 히브리 문화의 뿌리가 메소포타미아 문화권에 있음을 알게 되었다.

이런 이유로 연구 조사의 범위가 늘어났고 그 와중에 그동안 궁금했던 나름대로의 수수께끼가 메소포타미아 신화를 통해 하나하나 풀려나갔다. 마치 19세기 남아프리카 지역으로 이민하여 정착한 초기 네덜란드 보어인(농부)들이 경작지에서 다이아몬드를 발견하고 '유레카'라고 외쳤던 것과 같았다.

서양의 고전문학이나 동화 예컨대 단테의 신곡, 밀턴의 실낙원, 백설공주 이야기, 신데렐라 이야기, 인어공주 이야기 등과 그 밖의 수많은 후대의 서양 문학작품들의 주제나 여러 패턴의 문화적 뿌리가 바로 앞에 언급된 메소포타미아나 그리스 그리고 히브리 성서에 있음을 발견하게 되었다.

필자로서는 너무나 놀라운 발견이었다.

아무튼 이런 호기심이 동기가 되어 하나하나 유형별, 사례별로 그 문화의 뿌리를 찾아나선 끝에 오늘에 이르렀다. 무려 10여 년간 자료를 모으고 정리하고 하는 동안 오늘의 결실을 맺을 수 있게 되었다.

어쩌면 이 책의 내용이 기독교인들에게는 놀라운 충격으로 다가올 수도 있으리라 짐작된다. 그러나 어디까지나 학문적 문화 탐구와 신앙은 별개의 영역이라고 생각한다.

그리고 이 책의 내용이 일반인들에게 흥미를 끄는 주제는 아니지만, 그럼에도 일부 학자 전문가 기타 관련 있는 사람들에게는 아주 흥미로운 주제일 것이다. 물론 일부 학자들 사이에서 그동안 알고 있었던 내용이라 할지라도 그 구체적 본문을 사례별로 비교 설명해 놓은 것은 흔치 않으리라 생각된다. 또한 독자들이 알아야 할 것은 신화라는 것은 단순히 과거 혹은 고대로부터 구전된 단순한 옛날이야기가 아니라 오랜 세월 인류가 다양한 환경 속에서 경험을 통해 학습되고 습득된 인간 삶의 본질에 관한 통일된 문화가 숨어 있다는 점에서 매우 중요한 지적자산이다.

즉 신, 영혼과 육, 삶과 죽음, 인간의 욕망과 꿈, 전쟁과 평화, 선과 악, 사랑, 행복, 우주, 자연 등에 대해 인류는 어떤 생각을 했었는가를 담고 있는 소중한 문화 자료이다.

앞으로 전개될 이야기는 "메소포타미아 신화 속에 내제된 문화적 특성을 후대 히브리인과 그리스인들은 어떻게 이어받았는가?"라는 질문을 필두로 그 답을 풀어간다.

목차

제1장

메소포타미아 문화는
어떻게 만들어졌나?

고대 메소포타미아의 사람들은 유브라테스와 티그리스 강 사이의 비옥한 땅에서 매년 반복해서 범람하는 지리적 특성상 물은 근원적이고 불멸의 것이며 만물의 원천으로 신격화되어 숭배되었다. 또한 활 모양의 하늘과 원반 모양의 땅도 물에서 생겨났고, 이 양자 사이에 퍼져 있는 대기는 아버지인 하늘 신과 어머니인 땅의 신을 격리시키고 있으며, 많은 별, 태양, 달을 만들어 내어 인간의 창조와 문명의 전설을 위한 무대를 만들어 주었다고 생각했다.

고대 수메르인들에게 인간의 갖가지 문제에 대한 정신적, 윤리적 그리고 삶과 죽음에 관한 인간의 근본 질문에 대해 지도원리가 되었던 메소포타미아 종교는 성문화된 가장 오래된 문화적 유산이다.

이 종교가 남긴 많은 신화, 신앙, 의식 등은 훗날 인근 다른 여러 민족의 종교에 뿌리가 되었다.

예컨대 바빌로니아인과 그 뒤를 이어 그 지역의 지배 세력이 된 앗시리아인 등은 모두 이런 수메르인의 종교적 관습을 대부분 그대로 계승했다. 이런 문화양식은 인근 고대 근동의 여러 나라에 전파되어 오늘날 유럽문화의 근간을 이루고 있다. 이런 유럽문화의 속성을 가장 잘 보여주고 있는 실례는 그리스신화나 히브리성서인데, 우리는 이 거대한 문화의 발자취를 히브리 구약성서 창세기에서부터 더듬어가 본다.

(창세기11:26-28) "26 데라는 칠십 세에 아브람과 나홀과 하란을 낳았더라 27 데라의 족보는 이러하니라 데라는 아브람과 나홀과 하란을 낳고 하란은 롯을 낳았으며 28 하란은 그 아비 데라보다 먼저 고향 갈대아인의 우르에서 죽었더라"

(창세기11:31) "31 데라가 그 아들 아브람과 하란의 아들인 그의 손자 롯과 그의 며느리 아브람의 아내 사래를 데리고 갈대아인의 우르를 떠나 가나안 땅으로 가고자 하더니 하란에 이르러 거기 거류하였으며"

(히브리인들의 조상 아브람과 그의 부친 데라의 고향이 갈대아인의 우르땅 임을 보여주는 내용이다)

(창세기15:7) "또 그에게 이르시되 나는 이 땅을 네게 주어 소유를 삼게 하려고 너를 갈대아인의 우르에서 이끌어 낸 여호와니라"
(이스라엘의 하나님이 유대인들의 시조 아브람에게 한 말)

(느헤미야9:7) "주는 하나님 여호와시라 옛적에 아브람을 택하시고 갈대아 우르에서 인도하여 내시고 아브라함이라는 이름을 주시고"

이처럼 구약성서에 기록된 히브리인들의 태조 아브람은 고향이 '갈대아 우르'라는 것을 보여주고 있다. 그런데 근대에 밝혀진 바에 따르면 아브람의 고향 갈대아 우르 지역이 태고 메소보다미아의 고도(古都)였다는 것이다. 메소보다미아란 뜻은 두 강의 중간이란 의미로, 티그리스와 유브라데스 두 강 사이의 지역을 가리킨다. 이 지역은 보통 북부는 악갓(Accad)인으로 불리며 주로 셈족이 거주하고, 남부는 수멜(Sumer)이라고 하며, 주로 수메르인이 거주하였다.

성서에 언급된 갈대아(바벨론) 우르 유적은 메소보다미아 남부 이라크 비 유브라데 강 하류의 서안에 있고, 바벨론의 동남쪽 약 240km지점에 있다. 그 바벨론 우르 유적은 al Muqayyir라 불리우는데, 1918년의 톰슨(R.C. Thompson), 홀(H.R. Hall) 등의 발굴 후 1922-1934년에 걸쳐 울리(L. Woolley)의

지도하에 본격적인 대 발굴이 행하여졌다. 그와 같은 발굴에 의해 밝혀진 바에 의하면 이 땅에는 BC 4000년대라고도 추정되는 원시적 문화 '알 우바잇'(Al Ubaid Period) 문화가 번영했으나, 곧 대홍수에 의해 유실되었다. 이 대홍수는 두께 2.4m에 달하는 점토층으로 나타나 있다. 이와 같은 대홍수는 바벨론 평원(창10:10,11:2의 시날 평지) 일대를 뒤덮은 무서운 것이었던 듯 그것들은 가지가지 홍수 전설을 낳고 성서 노아의 홍수 이야기는 이들의 영향을 받아 된 것으로 추측 할 수 있다.

다시 여기에 도시가 부활했을 때, 바벨론 평원의 우르지역은 수메르의 강력한 도시 국가였다.

1> 그 최초 왕조 즉 우르 제 1왕조(BC 2500-400년 경), 우르수메르인의 초기 왕조 시대 최후의 융성기로 많은 도시를 지배했다.

2> 우르 제3왕조의 우르 남무(Ur Nammu, BC 2065-2047 재위), 이 기간에 복원된 우르의 지구랏(흙벽돌로 쌓은 탑)은 3층 고탑 신전이었다.

(후일 신 바벨론 '나보니도스'(BC 556-539)가 증축하여 7층으로 하였다. 현재 발굴된 바벨론 유적은 우르 남무의 것이 아니고 한 번 파괴된 것을 신 바벨론의 나보니도스(Nabonidus)가 복원한 것이다.)

특히 성서와 관련하여 흥미가 있는 것은 우르 제3왕조 초대 왕 우르 남무(Ur Nammu)가 착수한 대 지구랏(Ziggurat, 高塔神殿)이다. 이 신전이 성서 창세기 11장의 '바벨탑' 이야기의 원형으로 보인다.

이 3왕조 우르 남무 시대는 고도의 문명 도시였고, 병거도 지닌 것으로 추측되며, 공납과 외국 무역으로 부유했던 듯하다. 그러나 이들은 같은 수메르인의 도시 국가 '라가슈'에게 진멸되었고, 그 후 얼마 동안은 악갓(아카드), 고르디움(Gordium) 등의 외국 지배하에 굴복하였다. 그 후 우르는 다시 BC 2050-1950 경 융성을 회복하고, 전 바벨론의 지배자가 되었다. 이 왕은 '수메르와 악갓 왕'이라 부르게 되었고, 이 왕조 하에 양민족(수메르, 악갓) 문화의 융합이 행해져 도량형, 달력 등의 통일이 시도되어 후에 함무라비(Hammurabi)의 대 통일에의 길이 마련되었다. 이 시기에 많은 토목 공사, 활발한 경제활동, 문화활동 등이 행해졌다. 또 이 왕조(우르3왕조) 하에 '수메르 법전'도 공포된 듯하다. 이것은 나중에 '함무라비 법전' 등을 통하여 구약 율법의 성립에도 영향을 준 것으로 보인다.

예컨대 1901년 프랑스의 드 모르간(De Morgan)이 지휘하는 페르시아 탐험대가 수사(Susa:페르시아 만 북방에 있는 고대 도시의 유적)에서 큰 돌기둥 하나를 발굴했다. 세 토막으로 끊어져 있었지만 이어 보니 완전한 모습이었다. 이 돌기둥은 높이 2.5미터, 둘레가 1.8미터였다. 그리고 돌기둥의 상부에는 함무라비 왕이 태양신으로부터 법전을 받는 광경이 조각되어 있다. 즉 함무라비 왕이 지상의 백성을 통치하는 권한을 신으로부터 위임받는다는 뜻이다. 이 돌기둥에는 이란의 고대 문자인 설형 문자가 촘촘히 새겨져 있다. 이 문자를 해독한 결과 그것이 법률 조문임을 알아낼 수 있었다.

이 함무라비 법전은 282조로 되어 있는데 토지 제도, 재산, 결혼, 상속, 범죄에 대한 형벌 등 여러 규정을 담고 있다.

이 법전에서 견지하고 있는 원칙은 중형주의와 보복주의이다. 중형주의의 예로는 절도의 경우 10배, 20배, 30배를 물거나 사형, 술을 마

신 성직자는 화형을 집행한 것 등이다. '만약 누군가(귀족) 다른 사람(귀족)의 눈을 상하게 하면 그의 눈도 상하게 한다. 만약 그가 타인(귀족)의 뼈를 부러뜨렸을 때는 은 1마나를 지불한다.'는 조문은 보복주의의 예이다. 또한 다른 사람의 딸을 때려서 유산하게 하면 자기의 딸이 사형당하며, 목수가 집을 짓다가 무너져서 주인의 딸이 죽으면 목수의 딸이 죽어야 한다는 것도 보복주의 원칙이 나타나 있는 예이다. 하지만 모든 사람이 동등하게 이 법의 적용을 받은 것은 아니었다. 앞에 든 예문처럼 동등한 보복은 귀족들 사이의 사건에 한정되었다. 그리고 평민의 범죄는 귀족의 범죄보다 더 중형에 처해졌다.

참고 함무라비 법전이 새겨져 있는 돌기둥은 현재 프랑스 루브르 박물관에 보존되어 있다.

그런데 같은 문화적 뿌리(바벨론 우르)에서 퍼져나간 히브리인들의 구약성서에 나오는 모세율법도 앞에서 언급된 함무라비 법전의 예와 유사한 양태로 묘사되고 있다. 즉 히브리인의 지도자 모세가 시내산에서 여호와 하나님으로부터 두 돌판에 세겨진 기본법을 하사받고 내려오는 묘사나, 그 후 이스라엘의 지도자 모세가 성소에 들어가서 여호와 하나님으로부터 받은 세부 계명들은 함무라비 법전의 내용들을 전수받은 것으로 생각된다.

다음은 성서에 언급된 그 내용의 예다.
(출애굽기31:18) "여호와께서 시내 산 위에서 모세에게 이르시기를 마치신 때에 증거판 둘을 모세에게 주시니 이는 돌판이요 하나님이 친히 쓰신 것이더라"

(신명기4:13) "여호와께서 그의 언약을 너희에게 반포하시고 너희에게 지키라 명령하셨으니 곧 십계명이며 두 돌판에 친히 쓰신 것이라"

[(출34:28)(신10:4)),(출20:2-17)(신5:6-21)(출32:15)(출34:28)(신9:9)]

(출애굽기21:24) "눈은 눈으로, 이는 이로, 손은 손으로, 발은 발로,"

(레위기24:19-21) "19 사람이 만일 그의 이웃에게 상해를 입혔으면 그가 행한 대로 그에게 행할 것이니 20 상처에는 상처로, 눈에는 눈으로, 이에는 이로 갚을지라 남에게 상해를 입힌 그대로 그에게 그렇게 할 것이며 21 짐승을 죽인 자는 그것을 물어 줄 것이요 사람을 죽인 자는 죽일지니"

(신명기19:21) "네 눈이 긍휼히 보지 말라 생명은 생명으로, 눈은 눈으로, 이는 이로, 손은 손으로, 발은 발로니라"

한편, 이 왕조의 말기는 아모리 사람 및 기타 민족의 침입에 고통을 받다가 마침내 엘람에게 멸망되었다. 그리고 그와 동시에 수메르인도 정치적 민족적으로 쇠하여져 곧 셈족에게 흡수되어 갔다. 그리고 이 혼란 시대는 민족 대 이동 시기로, 앞에서 언급한 바와 같이 구약성서 창세기 11장 31절에 기록된 아브람도 이 시기에 고향 갈대아(바벨론)우르에서 가나안 땅으로 이주한 것으로 추정된다.

3> 그 후, 바벨론(메소보다미아) 남부 전역은 함무라비의 바벨론 제 1왕조 (BC 1700년경) 하에 통일되는데, '바벨론'(Babylon, 헬-Βαρυλών) 이말이 히브리어로 '바벨'[בָּבֶל]'하나님의 문'이라는 뜻이다. 즉 구약성서 창세기 11장 3,4절에 나오는 벽돌로 쌓아 만든 탑을 '지구랏'이라 하는데 이 탑을 소위 '바벨탑'이라 한다. 이 탑들은 고대 메소포타미아 남부

바빌로니아 땅의 여러 곳에 세워져 있었던 신전으로서, 당시 사람들은 하늘에 신들이 거주하고 있다고 믿었고 탑을 높이 쌓으면 신들에게 더욱 가까이 갈 수 있다고 생각했다. 또한 그 탑의 이름이 '바벨'(하나님의 문)이라는 뜻에서 알 수 있듯이 이 탑을 통하여 신들의 세계에 들어갈 수 있다고 생각했다. 창세기 11장31절에 언급된 히브리인들의 조상인 아브라함의 고향이 갈대아 우르(바벨론 우르)라고 언급된 바와 같이 히브리인들의 문화적 뿌리는 메소포타미아 남부라는 것을 알 수 있다. 이런 문화적 전승은 (창세기28:17)에 언급된 '하나님의 문'이라는 문구에서도 알 수 있다.

(창세기 28:10-19) "10 야곱이 브엘세바에서 떠나 하란으로 향하여 가더니 11 한 곳에 이르러는 해가 진지라 거기서 유숙하려고 그 곳의 한 돌을 가져다가 베개로 삼고 거기 누워 자더니 12 꿈에 본즉 사닥다리가 땅 위에 서 있는데 그 꼭대기가 하늘에 닿았고 또 본즉 하나님의 사자들이 그 위에서 오르락내리락 하고 13 또 본즉 여호와께서 그 위에 서서 이르시되 나는 여호와니 너의 조부 아브라함의 하나님이요 이삭의 하나님이라 네가 누워 있는 땅을 내가 너와 네 자손에게 주리니 14 네 자손이 땅의 티끌 같이 되어 네가 서쪽과 동쪽과 북쪽과 남쪽으로 퍼져나갈지며 땅의 모든 족속이 너와 네 자손으로 말미암아 복을 받으리라 15 내가 너와 함께 있어 네가 어디로 가든지 너를 지키며 너를 이끌어 이 땅으로 돌아오게 할지라 내가 네게 허락한 것을 다 이루기까지 너를 떠나지 아니하리라 하신지라 16 야곱이 잠이 깨어 이르되 여호와께서 과연 여기 계시거늘 내가 알지 못하였도다 17 이에 두려워하여 이르되 두렵도다 이 곳이여 이것은 다름 아닌 하나님의 집이요 이는 하늘의 문이로다 하고 18 야곱이 아침에 일찍이 일어나 베개로 삼았던 돌을 가져다가 기둥으로 세우고 그 위에 기름을 붓고 19 그 곳 이름을 벧엘이라 하였더라 이 성의 옛 이름은 루스더라"

위 본문 (17절) "···하나님의 집이요···"(the house of God;···)의 히브리어는 (19절)"벧엘"(Beth-el)[בֵּית אֵל]이다. 즉 'Beth'(집)과 'El'(하나님)이라는 구절로서 '하나님(신)의 집'이라는 말이다. 이 하나님의 집과 지상을 연결해주는 12절의 '사닥다리'와 '바벨(하나님의 문)탑'은 동일한 의미로 신(하늘)과 인간(지상)을 연결해 주는 수단 통로 역할을 의미하는 것이다(영적으로 신과 인간 사이의 중재 역할을 하는 제사장 즉 사제와 같다고 할 수 있다).

그래서 (17절)-"the house of God; this is the gate of heaven."라고 표현한 것이다.

이 바벨론 우르 지역은 메소보다미아(현재의 이라크)의 고대 도시이다. 그 폐허는 유브라데의 한 지류에 있으며, 바그다드의 서남, 그러니까 오늘날의 힐라(Hilla) 부근에 있다. 우르 제3왕조 시대 BC 2200-2100 경 바벨론은 아직 한 도의 도성에 불과했다.

이어 이신 라르사(Isin-Larsa)시대에 성읍은 아모리인 왕조에 의한 소독립국 도성으로 되었다. 그 왕조의 가장 저명한왕 함무라비(Hammurabi) 때에 바벨론은 남메소보다미아 거의 전토에 지배를 확장했다.

우르는 종종 수메르인 반란의 중심이 되었기 때문에 함무라비 시대에 철저히 파괴되었다. 후에 신 바벨론 시대에 우르는 재건되고, 전기 지구랏 복구 등도 행해졌으나, 다음 바사 시대에 다시 쇠하여 BC 4세기경에는 그대로 방치되어 폐허가 되었다.

이런 지리적 역사적 환경에서 생성된 고대 메소포타미아 문화의 특성을 '길가메쉬 서사시'와 '신들의 전쟁 이야기' 그리고 그 밖의 자료를 통해 살펴보면 다음과 같다.

- 길가메시 : 고대 바빌로니아 문학작품 중 남아있는 대표적 서사시. 바빌로니아는 메소포타미아에서 발생한 최고(最古)의 문명으로서 티그리스강과 유프라테스강 사이에 위치한 현재의 이라크 남부 지방을 가리킨다. 최초의 주민들은 수메르인들로 남아있는 유적들을 보면 예술적인 기량이 뛰어난 민족이었음을 알 수 있다. 이들은 기원전 3천년 이전부터 문자를 발명하여 그들의 문화와 종교, 예술을 고대 서아시아 전역에 전파하였다. [네이버 지식백과]

제2장

길가메쉬 서사시

아수르바니팔 왕(BC 662-626) 시대에 보관되었던 길가메쉬 서사시 본문은 대영제국 박물관에 현재 보관되어 있고, 그 외의 단편들과 가장 오래된 아시리아어본과 히타이트어본 및 호리어본(호라이트어본) 등이 있다.

한편 BC 3000년까지 거슬러 올라가는 인장으로 입증되는 동일한 영웅을 다루고 있는 초기 수메르인 서사시의 온전한 것도 있다.

이것들은 [일리아드와 오디세이아] 이야기처럼 구비문학 형태로 옛날부터 전승되어 오다가, 후에 대시인이 솜씨를 발휘하여 전설의 핵심적인 인물들을 중심으로 통일되고 일관된 이야기들을 하나로 모아 전체로 편찬되어 오늘날 전해진다.

* *
*

다음은 길가메쉬 서사시의 본문이다.

"옛날에 에레크라는 도시에 길가메쉬(Gilgamesh)라고 하는 용감하고 무서운 사람이 살고 있었다. 그 사나이는 3분의 2가 신이고, 3분의 1은 사람이었다. 동방을 통틀어 제일가는 전사였던 까닭에 그와 맞서 싸울 수 있는 사람이나, 창으로 그를 대적할 수 있는 사람은 아무도 없었다. 그의 세도와 힘을 두려워하고 있던 에레크 시 사람들은 모두 그가 시키는 대로 따르고 있었다. 그는 철권을 휘둘러 사람들을 지배하였으며, 젊은이들을 붙잡아다가 혹사시켰고, 마음에 드는 젊은 처녀들은 아무나 자기 소유로 하고 있었다.

사람들은 더 이상 견딜 수가 없어 하늘을 우러러 구원을 청하였다. 하늘의 군주는 그들이 기원하는 소리를 듣고 아루르 여신을 불렀다. 아루르 여신은 옛날 진흙으로 인간을 빚어 만든 바로 그 여신이었다. 군주는 아루르 여신에게, '가서 진흙으로 사람을 만들되 폭군에게 지지 않을 힘센 자를 하나 만들어, 그로 하여금 길가메쉬와 싸우게 하고, 그를 치게 하라. 그러면 사람들이 구원을 받게 될 터이니.' 하고 말했다.

그리하여 여신은 손에 물을 적셔 지상에서 가져온 진흙으로 반죽을 한 다음 무서운 생물을 만들었다. 그리고 그 피조물에 엔키두(Enkidu)라고 이름을 붙여 주었다. 엔키두는 전쟁의 신처럼 용맹스러웠고 온몸은 털투성이였다. 머리카락은 여자처럼 길게 늘어뜨렸고, 동물의 가죽으로 몸을 감쌌다. 하루 종일 짐승들과 어울려 다니며 그들과 마찬가지로 풀을 뜯어 먹고 개천의 물을 마셨다.

그러나 에레크 시 사람들은 아무도 엔키두에 관하여 아는 사람이 없었다. 어느 날, 한 사냥꾼이 덫을 놓기 위하여 들에 나갔다가 이상한 생물이 다른 야수들과 함께 샘물을 마시고 있는 것을 보았다. 첫눈에 그만 사냥꾼은 혼비백산할 수밖에 없었다. 얼굴엔 경련이 일어나고, 가슴이 두근거려 무서운 생각에 뒤도 돌아보지 못하고 걸음아 날 살려라 소리지르며 도망쳤다.

다음날도, 그는 덫을 살피려고 다시 들로 나갔는데 이게 웬일인가? 파놓았던 구덩이는 모두 메워져 있고, 펴놓았던 덫은 갈기갈기 찢겨져 있는 것이 아닌가? 게다가 엔키두가 그곳에서 덫에 걸린 야수들을 끌어내주고 있는 것이 아닌가? 이튿날에도 같은 일이 벌어졌다.

사냥꾼이 가서 아버지와 상의 하니, 아버지는 에레크 시에 가서 길가메쉬에게 그 사실을 알리는 것이 좋겠다고 하였다.

길가메쉬는 자초지종 이야기하는 것을 들었다. 그리고 자기 백성의 생업을 방해하는 야생의 생물이 있다는 것을 알게 되었다. 그는 거리에서 여자 한명을 골라 야수들이 물을 마시는 곳으로 데려가도록 사냥꾼에게 지시했다.

'엔키두가 물을 마시러 오면, 그녀로 하여금 옷을 훌훌 벗어 버리게 하고 교태를 부려 그를 유혹하게 하라.'고 일렀다. 그가 여자를 포옹하는 것을 보게 되는 날이면 야수들은 엔키두가 자기들과 같은 무리가 아니라는 것을 알고 그를 피하게 될 것이다. 그러면 엔키두는 인간의 세계로 들어오지 않을 수 없고, 자기의 짐승 같은 생활을 버리지 않을 수 없을 것이다. 사냥꾼은 명령대로 하였다. 사흘간의 여행 끝에 그는 여자를 데리고 야수들이 물을 마시는 곳까지 갔다. 이틀 동안이나 앉아서 기다렸다.

사흘째 되는 날, 정말 그 야릇하게 생긴 괴물이 야수들과 함께 물을 마시러 왔다. 그를 보자마자 여자는 옷을 훌훌 벗어 던져 버리고 탐스러운 알몸을 드러냈다. 그 괴물은 넋을 잃고 바라보다가 우악스럽게 여자를 덥석 끌어안고 포옹하였다.

일주일이나 엔키두는 여자와 함께 즐겁게 지냈는데, 이윽고 여자의 매력에 싫증을 느꼈는지 야수들이 있는 곳으로 다시 찾아갔다. 그러나 사슴과 영양들은 그가 자기들과 같은 무리가 아니라는 것을 알고 그가 가까이 오자 놀라서 도망쳤다. 엔키두는 그들을 쫓아가려고 하였으나 손발이 굳어져 마음대로 움직이지 않았다.

그는 문득 이제 자기는 짐승이 아니고 사람이 된 것이구나라고 생각했다.

그는 숨을 헐떡거리며 여자가 있는 곳으로 되돌아왔다. 이제 그는 여자의 곁에 앉아 그녀의 눈을 바라보며 진정으로 탐스러운 그녀의 입술을 갈망하는 존재로 변해 버렸다. 여자는 그를 바라보며 부드럽게 속삭였다.

'엔키두님, 이제 당신은 신들과 같이 멋진 분이 되셨는데 무엇 때문에 짐승들과 떠돌아다니려 하십니까? 자, 이제 에레크 시로 가지 않으실래요? 신들이 사는 저 넓고 화려한 도시로 말이에요. 당신을 남녀의 신들이 살고 있는 화려한 신전으로 모시겠습니다. 그런데 그곳에는 길가메쉬가 세상 사람들을 제멋대로 휘어잡고 마치 황소처럼 버티고 서서 행패를 부린답니다.'

이 말을 듣고 엔키두는 매우 기뻐하였다. 이제는 짐승이 아니므로 사람들과 어울려 이야기하며 지내고 싶었기 때문이었다. '날 데려다 주겠소? 에레크 시와 신들의 화려한 신전으로. 길가메쉬의 못된 행실은 내가 바로 고쳐 주고 말겠소! 내가 그 자에게 도전하여 촌구석에서 온 젊은이라도 결코 겁쟁이가 아니라는 것을 보여 주고 말겠소.' 하며 그는 말했다.

두 사람이 도시에 도착한 것은 그 해 마지막 날 밤[歲暮]이었다. 마침 축제무드가 절정에 달해 있었고, 왕은 여신과의 신성한 혼례식에서 신랑으로서의 역할을 맡기 위하여 신전을 향해 가고 있던 때였다. 시가지는 인파로 덮이고 도처에서 술에 취한 젊은이들이 고성방가하며 떠들어 대는 통에 늙은이들은 잠을 설치고 있었다.

시끌벅적한 가운데 갑작스레 징소리와 잔잔한 피리 소리가 아련하게 들려왔다. 그 소리는 점점 커지더니 급기야 장엄한 행렬이 시가지 모퉁이를 돌아 나타나는 것이 보였는데 그 한가운데서 길가메쉬가 있었다. 행렬은 거리를 지나 신전 경내로 들어갔다. 신전 앞에서 행렬은 멈추어 서고 길가메쉬가 걸어나오는 것이었다. 그러나 그가 신전으로 들어가려고 했을 때, 갑자기 군중들이 술렁이기 시작하였다.

엔키두가 휘황찬란한 문을 가로막고 도전하듯 외치고 있는 모습이 보였다. 사람들은 놀라서 뒤로 물러났지만 그들의 놀라움에는 안도의 기색이 엿보이기도 했다. '이제 비로소 길가메쉬가 임자를 만난 것 같구려.' 사람들은 저마다 한마디 말했다.

'어때, 이 사나이도 제법 잘 생겼는걸! 키는 약간 작지만 작은 고추가 맵다는 말이 있잖아! 아마도 맹수의 젖을 먹고 자란 모양이네. 자, 어쩌면 우리도 가슴을 펴고 에레크 시를 활보할 수 있을지 모르겠구먼!' 그러나 길가메쉬는 꿈쩍도 하지 않았다. 꿈에 무슨 일이 일어날 것인지를 미리 보았기 때문이었다. 그가 밤하늘의 별을 쳐다보고 있노라니 갑자기 하늘에서 거대한 화살이 자기에게 떨어지는 꿈을 꾸었는데,

그 화살은 자기의 힘으로는 꿈쩍도 할 수 없었다. 또 이런 꿈도 꾸었다. 상상할 수도 없이 크고 기묘한 도끼가 갑자기 도시 한가운데로 내려와 꽂혔다.

그 도끼는 어디에서 날아온 것인지 아무도 알지 못했다. 그가 어머니에게 그 꿈 이야기를 하자, 그 꿈은 한 사람의 힘센 사나이가 당도하게 된다는 것과, 길가메쉬가 그를 당해낼 수 없으나 결국 두 사나이

는 친구가 될 것이라는 것을 예고하는 것이라고 어머니는 말해 주었다.

길가메쉬가 앞으로 나아가 맞붙자, 저들은 마치 두 마리의 황소처럼 엉겨 격렬하게 싸우기 시작했다. 드디어 길가메쉬가 땅바닥에 주저앉아 이제 비로소 자기가 호적수를 만나게 되었다는 것을 알게 되었다. 한편, 엔키두는 강했을 뿐만 아니라 예의도 갖출 줄 아는 의협심 있는 사나이였다. 그는 상대가 이제까지 믿고 있던 대로 허세만 부리는 폭군이 아니고, 조금도 움추리지 않고 자기의 도전을 사나이답게 받아들인 기백 있고 호탕한 전사라는 것을 금방 알았다. '길가메쉬여! 그대는 여신의 아들로 하늘이 그대를 택하여 황좌에 앉았다는 것을 잘 보여 주었소. 이제 더 이상 그대와 다투지 않으려니, 이제 친구가 되는 것이 어떻겠소?' 이렇게 말하며 길가메쉬를 일으켜 세워 끌어안았다.

길가메쉬는 모험을 매우 좋아하는 성격으로 위험한 유혹을 결코 참아내지 못했다. 그는 어느 날 엔키두에게 산으로 함께 가서 신들의 신성한 숲에 있는 삼나무 하나를 쓰러뜨려 힘을 천하에 자랑해 보이지 않겠는가 하고 제안했다. '그것은 그리 쉬운 일이 아닐 것이오. 그 숲에는 훔바바라고 불리는 괴물이 지키고 있기 때문이오. 내가 야수들과 어울려 살고 있을 때, 몇 차례 그놈을 본 적이 있었소마는, 그놈의 목소리는 마치 폭풍이 몰아치는 것 같고, 입에서는 불을 뿜고, 숨을 몰아쉴 때는 전염병을 뿌린다오.'라고 엔키두가 대답했다.

'에그, 창피스럽기도 하지. 그래, 그대와 같은 전사가 싸움을 다 두려워한단 말이오? 죽음을 피할 수 있는 자는 오직 신뿐이라오! 그대의 자식들이 - 길가메쉬가 쓰러졌을 때 아버님은 무엇을 하고 계셨나요? - 하고 묻게 되는 날 그대는 무어라고 대답할 작정인가?' 하며 길가메쉬가 쏘아붙였다.

이리하여 마침내 엔키두는 설복당하고 말았다. 칼과 도끼가 준비되자, 길가메쉬는 도시의 장로들을 찾아가서 자기의 계획을 털어놓았다. 장로들은 한사코 말렸으나 그는 듣지 않고, 그길로 태양의 신에게 가서 도움을 청했다. 그러나 태양신은 들어주지 않았으므로 이번에는 그의 어머니, 하늘의 여왕 닌순에게로 가서 이 문제에 개입해 달라고 부탁하였다.

아들의 계획을 들은 그녀는 앞이 캄캄해지는 것 같았다. 그러나 그녀는 화려한 옷으로 갈아입고 왕관을 머리에 쓰는 등 예를 갖추고 신전의 옥상에 올라가 태양의 신에게 호소하였다.

'태양의 신이시여! 당신은 정의의 신이 아니십니까? 제 자식을 함부로 대하시려면 어찌 그 아이를 낳게 하셨나이까? 그 아이는 오로지 괴물 훔바바와 싸우기 위하여 며칠 걸릴지도 모르는 멀고 위험한 길을 떠나려 하고 있나이다. 제발 바라옵건데, 낮이나 밤이나 그 아이를 지켜 주시와 무사히 제 곁으로 돌아올 수 있게 하여 주시옵소서.'

그녀의 눈물을 본 태양신은 가련한 생각이 들어 두 용사를 돕겠노라고 약속하였다. 그리하여 여신은 옥상에서 내려와 그녀를 믿는 자들이 달고 다니는 부적을 엔키두에게 달아주며 말했다.

'자, 이제부터 내가 너를 도와주겠다. 겁내지 말고 길가메쉬와 함께 산으로 가라!'

장로들은 엔키두가 부적을 달고 있는 것을 보곤 안심하고 길가메쉬에게 축복을 보냈다. '엔키두는 여신이 지켜주시니, 우리의 왕을 안심하고 그의 손에 맡기도록 하겠소.'

두 용사는 마침내 여행을 떠나 6주간의 거리를 사흘 만에 단숨으로 행군하였다. 이리하여 문제의 울창한 숲에 도착하니, 숲 입구에는 커다란 문이 있었다. 엔키두가 문짝을 밀치고 조그마한 틈새로 안을 들여다보았다. '빨리 빨리!' 엔키두는 고갯짓하며 자기 친구에게 이렇게 속삭였다. '빨리 서두르면 그놈을 깜짝 놀라게 하여 붙잡을 수 있소. 훔바바가 밖으로 나올 때에는, 일곱벌의 옷으로 몸을 감싸는데 지금은 윗도리 한 벌만 입고 앉아 있소. 그놈이 밖으로 나오기 전에 붙잡을 수 있겠소.' 그러나 이 말이 채 끝나기도 전에 커다란 문짝이 튕겨 엔키두의 손을 짓누르며 꽈당! 하고 닫혀 버렸다.

엔키두는 열이틀 간을 꼬박 신음소리를 내며 아파 드러누웠다. 그리고 무모한 모험은 그만두는 게 좋겠다고 친구를 설득하였으나 길가메쉬는 그 말을 들은 체도 하지 않았다. '우리가 한번 실패로 주저앉을 정도의 그런 겁쟁이들이란 말인가? 우리는 오랜 여행을 해왔는데, 그래, 이제 와서 어물어물 되돌아가자니? 창피스럽지도 않은가? 그대의 상처는 곧 나을 걸세. 우리가 그 괴물을 그놈 집에서 해치우기 어렵다면, 숲속에 숨어 있다가 해치우면 될게 아닌가?' 하며 그는 소리를 질렀다.

그리하여 둘은 숲속 깊숙이 들어가 드디어 삼나무 산에 도착하였다. 드높이 솟아 있는 이 산의 정상은 신들의 집회가 열리는 곳이다.

둘은 긴 여행에 피로하여 나무 그늘에 눕자, 바로 잠들어 버렸다. 한밤중에 길가메쉬는 갑자기 일어나 친구를 깨웠다. '여보게 자네가 나를 깨웠나? 그렇지 않다면 꿈이 틀림없구나. 지금 꿈속에서 산이 내위로 무너져 내렸다네. 그런데 고귀하게 생기신 분이 나타나 밑에 깔린 나를 끌어내 구해 주셨다네.'

'그것은 길몽일세. 자네가 꿈에서 본 산은 그 괴물 훔바바를 뜻하는 것이오. 그놈이 우리에게 덤벼들어도 우리는 까딱없을 것이네.'라고 엔키두는 말했다.

그리하여 둘은 다시 잠을 청하였다. 그러나 이번에는 엔키두가 놀라서 일어났다.

'날 깨웠소?' 하며 자는 친구를 불렀다. '그렇지 않으며, 꿈이 틀림없군. 천지가 요동치는 꿈이었다오. 햇빛이 가려지고, 어둠이 덮이며, 번개가 치는 가운데 지옥의 불이 시뻘겋게 타오르며, 주검이 비처럼 퍼붓더군. 그러자 갑자기 불빛과 화염이 사라지며 타오르던 불꽃이 재로 변해 버렸다오.'

길가메쉬는 친구에게 나쁜 일이 일어날 징조임을 알았으나 이번의 모험을 단념하지 않도록 엔키두를 격려하였다. 이제 둘은 다시 일어나 숲속으로 더 깊이 들어갔다.

길가메쉬는 도끼를 움켜잡고 금단의 삼나무 한 그루를 찍어 넘어뜨렸다. 그 나무가 요란한 소리를 내며 쓰러지자 훔바바는 깜짝 놀라 소리를 지르며 뛰쳐나왔다. 그 괴물은 야릇하고 음산한 얼굴 생김을 하고 있었는데 그 얼굴 중앙에 박힌 외눈으로 한번 쳐다만 봐도 누구나 돌이 되고 만다는 것이다.

훔바바가 수풀을 헤치면서 미친 듯이 달려오고 있는데, 그가 점점 가까이 다가오자 나뭇가지가 부러지며 짓밟히는 소리가 점점 더 요란스럽게 들려 왔다. 그러나 태양신은 약속을 잊지 않았다. 하늘로부터 길가메쉬에게 무서워하지 말고 전진하여 싸우라고 명령하였다.

그리고 수풀을 헤치고 괴물이 두 용사를 향해 얼굴을 내밀자 사방 팔방에서 그의 외눈을 향하여 눈을 뜰 수 없도록 바람을 불어제쳤으므로, 훔바바는 아무것도 볼 수 없게 되고 앞으로도 뒤로도 갈 수 없게 되었다. 괴물이 팔만 내젓고 서 있는 동안 길가메쉬와 엔키두는 그를 둘러싸고 덤벼들었다. 훔바바는 자비를 갈구하였으나, 두 영웅은 용서하지 않고 칼을 빼어들어 거구의 몸뚱이로부터 무시무시하게 생긴 얼굴을 싹둑 베어 버렸다. 그리고 나서 길가메쉬는 이마의 흙먼지를 닦고, 땋아 올린 머리를 풀어 잘 빗은 다음 더러워진 옷을 벗어 버리고 왕의 옷과 관을 썼으니 얼마나 당당하게 보였을까?

그 호화로움과 당당함은 가히 어느 여신이라도 비길 바가 못 되었을 것이다. 그러자 숲의 여주인 이쉬탈이 그의 곁으로 와서 속삭이기 시작하였다.

'길가메쉬 왕이시여. 자 이제 저의 사랑을 그대에게 바치오리다. 당신에게 보석으로 장식된 황금의 전차를 드리겠나이다. 전차를 끄는 바람과 빨리 달리는 말도 함께 드리겠나이다. 당신을 삼나무 향기 가득한 저의 집으로 모시겠나이다. 대문이나 계단이 즐거이 당신 발에 입맞추리이다. 왕들과 귀족들이 당신에게 무릎 꿇고 땅의 모든 소산을 당신께 바칠 것이옵니다. 왕이시여, 당신의 양떼는 모두 쌍둥이를 낳을 것입니다.

마차는 최상의 준마로 끌게 할 것이며, 소들도 원하시는 대로 드리오리다.'

그러나 길가메쉬는 이러한 유혹에도 꼼짝하지 않았다. '그대는 나에게 부를 주겠다고 말하나, 그 대신 턱도 없는 것을 나에게 요구할 것이다. 그대가 먹는 음식과 옷은 여신의 것과 걸맞은 것을, 집은 여왕의 궁전과 같은 것을, 그리고 옷감도 최상의 것을 바랄 것이다.

내가 왜 그대에게 그런 것을 바쳐야하는가? 그대는 낡아빠진 문짝, 허물어져가는 엉성한 궁전, 머리에 쓸 수도 없는 터번, 손에 달라붙는 송진과 깨진 항아리, 거기에다 발에 맞지도 않는 헌신짝 같은 한 푼의 가치도 없는 존재가 아닌가?'

'도대체 그는 애인에게 정절을 지킨 적이 있는가? 한 번이라도 약속을 지킨 일이 있는가? 그대가 소녀였을 때엔 탐므즈라는 사나이가 있었다지. 그런데 그 사나이는 어떤 꼴이 되었는가? 매년 많은 사나이들이 자기들의 운명을 슬퍼하며 죽어 갔었지. 멋부리며 그대를 찾아왔던 멍청한 새같은 사나이들은 끝내 날개가 부러지고 사자와 같이 힘이 억센 사나이도 덫을 놓아 일곱 겹의 구덩이로 떨어뜨렸으며, 개선장군과 같았던 사나이도 박차(拍車)로 몰아 세워 매질을 하여 수십 리를 달리게 한 후, 흙탕물을 마시게 하였고, 양의 무리를 몰고 다니는 목동들을 만나게 되면, 그대는 이리 떼를 대신하여 자신의 가축이나 개에게 물리게 하는 등 온갖 못된 짓을 도맡아 하지 않았는가?'

'그대 아버지의 정원에서 일하고 있던 정원사를 기억하고 있는가? 그 사나이에게 어떤 짓을 했지? 그 사나이는 날마다 그대에게 과일 바구니를 나르며 그대의 식탁을 준비해 두지 않았는가? 하나 그가 그대의 유혹을 받아들이지 않자, 그대는 거미처럼 그를 올가미에 묶어 꼼짝도 못하게 만들지 않았던가? 필경 나도 그와 같은 꼴이 되고 말겠지?' 이러한 말에 이쉬탈은 매우 격분하여 하늘에 있는 부모에게 달려가 용사 길가메쉬가 자기에게 모욕을 준 사실을 자초지종 일러바쳤다. 그러나 천상에 거주하는 아버지는 대꾸도 하지 않고 그런 말을 들어도 괜찮다고 말할 뿐이었다. 그러자 이쉬탈은 울면서 위협적으로 말하였다.

'제발 부탁입니다. 아버님, 한번 날뛰게 되면 비바람과 지진을 일으킨다는 힘센 황소를 그와 맞붙게 해주세요. 만일 제 청을 들어 주지 않으시면 지옥의 문을 열어 죽은 자들을 전부 풀어 놓겠어요! 그들을 세상에 풀어 놓으면 지금 살고 있는 사람들의 수 보다 훨씬 많겠지요?' 아버지는 어쩔 수 없이 승낙하고 말았다.

'좋다! 그러나 절대로 잊어서는 안 된다. 그 황소가 한번 하늘에서 내려가면, 지상에는 7년간 큰 기근이 들게 된단다. 준비는 되어 있느냐? 사람들과 동물들에게 먹일 음식물이 다 준비되어 있느냐?' '그런 일이라면 저도 생각하고 있었습니다. 아버님, 사람이나 동물들의 먹이는 충분히 준비되어 있습니다.' 하고 딸은 대답하였다.

그리하여 그 황소가 하늘에서 내려와 두 용사를 향하여 덤벼들었다. 게거품을 흘리고 콧방귀를 내며 힘센 꼬리를 이리저리 돌려 치면서 돌진해 오는 황소를 보고 엔키두는 잽싸게 뿔을 붙잡아 땅 바닥에 패대기쳐 칼을 뽑아 목 뒷덜미를 찔렀다. 그리고 저들은 심장을 후비어 내어 태양신에게 제물로 바쳤다.

이쉬탈은 에레크 시의 성벽을 왔다갔다하면서 아래 들판에서 벌어지고 있는 싸움을 지켜보고 있었다. 황소가 당하고만 것을 보자, 그녀는 뛰어내려와 찢어지는 듯한 소리로 외쳐 대었다. '그냥 두지 않겠다! 길가메쉬 이놈! 감히 네놈이 나를 모욕하고. 게다가 하늘의 황소까지 죽이다니.'

이 말을 듣자 엔키두는 자기도 이 싸움에서 한 몫을 한 사람이라는 것을 분명히 보여 주기 위하여 황소의 등심을 도려내어 이쉬탈에게 던졌다. '네가 가까이만 있었다면 같은 꼴로 만들어 주는 것인데 말이야. 너의 뼛가죽을 벗겨 저 황소와 함께 장사지내 주었을 터인데.' 이쉬탈은 이제 제정신이 아니었다. 지금 그녀가 할 수 있는 일이 있다면 황소를 천상의 생물에 걸맞게 엄숙한 장례를 치러 주어야 하는 것이었는데, 그것조차 할 수 없었다. 두 영웅이 황소의 주검을 재빨리 챙겨 전리품이랍시고 에레크 시로 가지고 갔기 때문이었다. 시녀에게 둘러싸여 뒤에 남게 된 여신은 도려내어진 고깃덩이 위에 하염없이 눈물을 쏟았다.

한편 바로 그 무렵 길가메쉬와 그 친구는 발걸음도 가볍게 에레크 시에 들어가, 그들 두 사람의 용기와 표징을 시민들에게 보여 주고 우렁찬 박수 갈채를 받았다. 그러나 신들이란 조롱을 당하고 있지만은 않은 법이다. 이유야 어떻든지 간에, 씨를 뿌린 인간은 그 씨를 제 손으로 거두어들이지 않으면 안 되는 것이다.

어느 날 밤에 엔키두는 이상한 꿈을 꾸었다. 신들이 회의를 열고 있었는데 의제가 된 것은, 엔키두와 길가메쉬 중에 누가 더 훔바바와 하늘의 황소를 죽인데 있어서 죄가 무거운가 하는 점이었다. 죄가 중한

쪽이 죽어야한다는 방침이 신들이 율법으로 정해져 있었던 것이다. 격렬한 말이 오고 가며 장시간 논쟁이 계속되었지만 아직 어느 신도 태도를 결정하지 못하고 있을 때에 신들의 아버지 격인 아누가 단호하게 말했다.

'내가 생각하기로는 길가메쉬 쪽의 죄가 훨씬 무겁다고 보오. 그 자는 훔바바를 죽였을 뿐만 아니라 거룩한 삼나무까지도 베어 쓰러뜨린 자가 아닌가?' 그러나 이 말이 떨어지기도 전에 장내는 소용돌이 속에 휩싸이고 말았다. 신들은 삼삼오오 짝이나 이어 제각기 상대방에게 외쳐대기 시작하였다. 바람의 신이 부르짖었다. '길가메쉬가 유죄라구요? 아니오, 절대로 그렇지가 않소! 정말 못된 놈은 엔키두요! 길을 안내한 놈은 바로 그놈이기 때문이오!' 그러자 태양의 신이 바람의 신을 바라보며 호통을 쳤다.

'당신은 입이 열 개라도 말할 자격이 없소! 훔바바의 얼굴에 바람을 불어제친 것은 바로 당신인데 무슨 염치로 그런 말을 한단 말이오?' '얼씨구, 그렇게 말하는 당신은 또 어떻고.' 하며 바람의 신은 부들부들 떨면서 반박했다. '당신은 어떤가? 당신이 그들에 편들지만 않았더라도 그 두놈 중의 어느 한 놈도 그런 일을 저지르지는 못했을 것이오. 자기야 말로 그놈들을 충동질하고 도와준 주제에.' 언성이 높아지면서 분쟁도 심해져 갔다. 그리고 시간이 지날수록 점점 더 흥분하여 말소리는 한결 높아져 갔다. 결국 아무런 결정도 보지 못한 채 엔키두는 잠에서 깨어났다.

그는 이제 자기는 꼼짝없이 죽게 될 거라고 생각하였으며, 길가메쉬는 그 나름대로 이 꿈 이야기를 듣고 정말 죽을 사람은 자기가 틀림없다고 생각하였다. 눈물을 펑펑 쏟으며 그는 친구에게 말했다. '여보게, 엔키두, 신들이 자네를 죽게 한다고 해보세. 내가 가만히 있을 것 같은가? 천만에! 아닐세, 나는 죽음의 나라 문간에 거지처럼 쭈그리고 앉아 그 문이 열리기를 기다리고 있다가, 문이 열리면 뛰어들어가 자네의 얼굴을 볼 걸세.'

그 밤이 밝기까지 엔키두는 이리 뒤척 저리 뒤척이며 잠을 이루지 못하였다. 그리고 눈을 감자 지금까지 지나온 자기의 지난 일들이 주마등처럼 스쳐 지나갔다. 그가 옛날 야수들과 함께 들판을 헤집고 다니던 거칠 것 없던 생활을 회상하였다. 그리고 자기를 발견 했던 사냥꾼과 자기를 유혹하여 인간의 세계로 끌어들인 여자를 생각했다. 또 삼나무 숲속에서의 모험과, 그 중에서도 큰 문짝이 어떻게 자기의 손 위에 덮쳐 일생일대의 처음이자 마지막으로 겪었던 고통 등을 상기하였다. 그는 사냥꾼을 저주하고 여자를 저주 하였으며 문짝에 대해선 더 큰 저주를 퍼부었다.

드디어 아침의 첫 햇살이 창을 통해 방을 환히 밝히기 시작하였는데, 맞은편 벽에 그림자를 그리면서 엔키두에게 이렇게 말하는 것 같았다. '엔키두야! 인간 사회 속에서의 너의 생활이 모두가 어두웠던 것만은 아니다. 지금 네가 저주하고 있는 자들도 모두 지난날 하나의 광선들이었단다. 그 사냥꾼과 그 여인이 아니었더라면, 넌 아직도 풀을 뜯으면서 추운 초원에서 자지 않으면 안 되었을 것이다. 그러나 너는 지금 왕족과 같이 식사를 하며, 화려한 침상에서 잠자고 있지 않느냐?

아무튼 그 두 사람의 도움이 아니었더라면, 너는 필생의 친구인 길가메쉬를 만나지도 못했을 것이 아니냐?' 엔키두는 태양신이 이렇게 말을 하고 있다는 것을 알게 되었다. 그리하여 이젠 더 이상 사냥꾼과 여인을 저주하지 않고, 온갖 방법을 다하여 두 사람에게 축복을 빌어 주었다.

이상 일 후, 엔키두는 또 다른 꿈을 꾸었다. 하늘에선지 땅에선지 알 수 없는 곳에서 한 가닥 드높은 짐승의 울음소리가 들리는가 싶더니, 사자의 얼굴에 독수리의 날개와 발톱을 가진 야릇한 새가 덤벼들어 엔키두를 채어 날아가려고 하였다. 순식간에 그의 팔에선 날개가 돋아나고 자기에게 덤벼들었던 괴상한 새와 똑같은 모습이 되고 말았다. 그리하여 자신은 죽었으며 지옥의 괴상한 새가 다시 돌아올 수 없는 여행길로 재촉하고 있다는 사실을 깨닫게 되었다.

오랜 여행 끝에 캄캄한 어느 곳에 도착하였는데, 그곳에는 죽은 자의 망령이 떼 지어 있었다. 그런데 이 어찌된 일인가? 그의 주위 에는 그 옛날 지상에서 한가락 하던 인물들이 모두 모여 있는 것이 아닌가?(이 본문은 호메로스의 오디세이아에서 오디세우스가 귀향길 여정 중 살아있는 몸으로 죽은 자들이 가는 지옥을 갔을 때, 만났던 지상에서의 생전에 영웅들에 대한 묘사와 동형이다.)

왕들과 귀족들과 제사장들과 흉악범들이 새와 같은 날개를 단 무시무시한 악마들과 뒤죽박죽이 되어 바글거리고 있었다. 그리고 살아 있을 때에는 불고기나 따뜻한 음식을 먹었을 그들이 지금 먹고 있는 음식물은 허접쓰레기 같은 것이었다. 제일 높은 곳의 옥좌에는 지옥의 여신이 앉아 있었는데, 그 주위에는 충직한 시녀들이 둘러서서 새로운 사자(死者)가 어둠 속으로 들어올 때마다 명단을 들추어 가며 그 사람이 살았을 때의 기록을 읽어가는 것이었다. 꿈에서 깨어나자 엔키두는 친구에게 그 꿈 이야기를 해주었다. 이제 두사람 중 한 사람이 죽게 된다는 것은 틀림없다는 것을 알게 되었다.

그날로부터 9일간, 엔키두는 시름시름 앓다가 병상에 눕게 되었는데 점점 쇠약해질 뿐이었다. 길가메쉬가 옆에서 친구를 돌보았으나 슬픔에 가슴이 찢어지는 것 같았다. '오오, 엔키두여!' 비통함에 젖어 그는 소리쳐 울었다. '그대는 내 옆구리에 찬 도끼요, 내 손에 쥔 활이며, 칼이었네. 나의 방패요 우상이며, 최대의 기쁨이었네. 그대와 함께 있으면 용기가 치솟아, 무슨 일이나 다 할 수 있었네.

들판을 달리고 산을 넘으며 표범을 사냥할 수도 있었다네. 그대와 함께 하늘의 황소를 무찌르고 또 숲속의 괴물을 쳐부수었지. 그런데 지금 그대는 깊은 잠에 싸여 어둠 속으로 사라져 가려 하고 있으니, 어찌된 일이란 말인가? 나의 말소리도 들리지 않는 그런 곳으로 가려 하다니.' 그 슬픔에 젖어 울부짖고 있는 사이에 엔키두의 몸은 싸늘하게 식어 다시는 눈을 뜨지 못하고 말았다. 엔키두의 심장은 멈추고 말았던 것이다. 길가메쉬는 한 가닥 천으로 엔키두의 얼굴을 가려 주었다. 마치 결혼식 때 신부에게 면사포를 씌워 주듯이, 그리고 길가메쉬는 슬피 울었다. 할일없이 왔다갔다하며, 새끼를 빼앗긴 어미사자처럼 울부짖었다. 그리곤 옷을 벗어 버리고 머리를 민 다음 상을 치르게 되었다.

그날 밤 내내 그는 힘없이 드러누운 친구의 모습을 지켜보고 있었다. 친구는 뻣뻣해져 탄력이 없어 보였다. 지난날의 강인함과 미끈한 모습은 간데없었다. '아아, 이제야말로 나는 죽음의 얼굴을 보았노라. 무섭고 두려워 떨리는구나. 언젠가는 나도 엔키두처럼 되지 않겠는가?'

날이 밝자, 그는 한 가지 굳은 결심을 하고 있었다. 소문에 의하면, 지구의 끝에 있는 어느 섬나라에 이 세상에서 오직 한사람 죽음을 모르는 사람이 살고 있다고 하는데 그 사람은 나이가 지긋한 노인으로 이름을 우트나피슈팀이라고 했다. 길가메쉬는 그 노인을 찾아가 영원한 생명의 비밀을 배우려고 결심했다.

날이 밝자 그는 곧 여행길에 나섰다. 그리하여 오랜 여행 끝에 드디어 세계의 끝에 도달하였는데, 거기서 그는 그 쌍봉우리 끝이 하늘에 닿고, 그 뿌리가 아래 지옥까지 닿는 커다란 산이 앞에 놓여 있음을 보게 된다. 산 앞에는 육중한 출입문이 있고, 그 문을 반인 반전갈의 무서운 모습을 하고 있는 괴물들이 떼를 지어 지키고 있었다. 순간 길가메쉬는 주춤할 수밖에 없었고, 영롱한 그들의 눈빛과 마주치자 눈을 돌리지 않을 수 없었다. 그러나 곧 정신을 가다듬고 용감하게 괴물들 쪽으로 다가갔다. 상대의 조금도 두려워하지 않는 태도와 늠름한 체구를 보자, 괴물들은 이 자가 보통내기가 아니라고 생각한 모양이었다. 그럼에도 불구하고 그들은 그의 길을 막고, 그가 이곳까지 오게 된 이유를 물었다.

길가메쉬는 서슴지 않고 자신이 영원한 생명의 비결을 배우기 위하여 우트나피슈팀을 찾아가는 길이라고 대답하였다. 그러자 우두머리인 듯한 괴물이 말하였다. '그것은 아직 아무도 배우지 못한 비밀이다. 아니, 그보다도 인간으로서 그 불로장수의 현자가 있는 곳까지 간 자는 일찍이 아무도 없었다. 더구나, 우리가 지키고 있는 이 길은 태양이 지나는 길로써 수백 리도 넘는 어두컴컴한 굴인데 사람으로선 아직 아무도 발을 디뎌 보지 못했다.'

'제아무리 길이 멀고 또 아무리 어둡고 말할 수 없는 고난이 닥친다 하더라도 그리고 더위나 추위가 아무리 혹독하다 하더라도, 일단 마음을 먹은 이상, 나는 그 길을 꼭 가야겠소.' 하며 우리의 영웅은 답변하였다. 이 용사의 당당한 말을 듣자, 경비원들은 자기들 앞에 있는 자가 사람의 힘을 능가하는 비범한 자라는 것을 확신하고 문을 열어 주었다.

길가메쉬는 조금도 두려워하는 기색이 없이 당당하게 터널로 발을 들여 놓았으나 발을 옮길 때마다 길은 어둠을 더하더니 마침내 앞뒤를 분간할 수 없을 정도로 캄캄해졌다. 그러나 앞으로 계속 나아가다가 이 길은 끝도 한도 없는 길이 아닌가 하는 생각이 들 즈음에 일진 돌풍이 그의 얼굴에 불어오더니 한 줄기 빛이 어둠을 뚫고 나타나는 것이었다. 다시 눈부신 태양 아래 나왔을 때, 길가메쉬의 눈엔 경탄해 마지않을 정경이 비쳤다. 그는 자신이 선경(仙境)의 한가운데 서 있고 주위엔 온통 보석이 주렁주렁 매달린 나무들로 빽빽하게 차 있음을 발견하였다.

불현듯 발걸음을 멈춘 그에게 천상에서 태양 신의 타이르는 소리가 들려 왔다. '길가메쉬야, 더 나아가지 마라. 행복의 정원에서 잠시 쉬면서 즐기도록 하라. 살아있는 인간으로서, 신들로부터 이와 같은 은혜를 입었던 자는 아직 아무도 없었느니라, 더 이상의 것을 바라지 마라, 네가 찾아 헤매고 있는 영원한 생명을 너는 결코 찾아내지 못할 것이니라.' 그러나 이 말조차도 길가메쉬의 뜻을 바꿀 수는 없었다. 그는 지상의 낙원을 뒤로 한 채 자기의 길을 계속 걸어갔다.

드디어 발은 부르트고 피로가 쌓일 대로 쌓인 그가 앞을 바라보니 여인숙 같은 커다란 집 한 채가 보이는 게 아닌가? 아픈 발을 이끌고 터벅터벅 걸어가 집주인을 불렀다. 이 주막집 여주인의 이름은 시두리(Siduri)였는데 멀리서 그가 오는 것을 보고 있다가 그의 초라한 모습을 보곤 떠돌이라고 판단한 나머지 말도 하지 않고 그의 눈앞에서 문을 탁 닫아버렸다. 길가메쉬는 처음엔 울화가 치밀어 문짝을 두들겨 부수고 싶었으나 그때, 여주인이 창을 통해 그를 부른다음 박대하게 된 연유를 설명하므로, 분을 가라앉히고 자기의 신분을 밝힌 다음, 여행을 하게된 동기와 초라한 몰골을 하게 된 이유를 말하였다. 그러자 시두리는 빗장을 풀고 반갑게 그를 맞아들였다.

그날 밤 늦게까지 두 사람은 오래도록 이야기하였다. 여주인은 길가메쉬의 생각을 바꾸게 하려고 노력하였다. '당신이 찾고계신 것은 찾을 수 없는 것이랍니다. 길가메쉬님. 신이 처음 사람을 만드셨을 때, 사람에게는 죽음이라는 것을 주셨던 것이랍니다. 그리고 생명은 자신들의 것으로 남겨 두었던 것이에요. 그러므로 자기에게 주어진 것만큼만 즐기도록 하세요. 먹고 마시며 행복하게 지내시도록 하세요. 그 때문에 태어나신 것이 아니겠습니까?' 그러나 우리 영웅의 결심은 흔들리지 않았다. 그는 여주인에게 줄곧 어떻게 우트나피슈팀에게 갈 수 있는지만을 물었다.

시두리의 대답은 이러하였다. '그분은 멀고 먼 섬나라에 살고 있어요. 그곳에 가려면 대양을 건너야합니다. 그러나 그 바다는 죽음의 바다랍니다. 살아서 그 바다를 건넌 사람은 아무도 없습니다. 그러나 지금 우리 집에는 우르샤나비라는 사나이가 묵고 있습니다. 이 사나이는 늙은 현인의 뱃사공으로 이곳에 심부름을 와 있어요. 그 사람에게 잘 부탁하시면 혹시 배를 태워줄지도 모르겠네요.' 이렇게 말하며 여주인은 길가메쉬를 뱃사공에게 소개하였다.

뱃사공은 그를 섬나라로 데려다 주기로 하였다. '그러나 한 가지 조건이 있습니다. 절대로 죽음의 물에 손을 넣어서는 안 됩니다. 또 삿대가 물에 젖게 되면 그걸 버리고 바로 새것을 써야만 합니다. 물방울이 손끝에 묻게 될지도 모르기 때문이올시다. 자, 그러면 도끼를 들고 나가 120개가량의 상앗대를 만들어 오십시오. 긴 여행이 되어 그만큼은 필요한 것입니다.' 길가메쉬는 시키는 대로 하였다. 얼마 후 두 사람은 떠날 준비를 마치고 바다로 나아갔다. 몇날 며칠 동안 항해를 하는 동안 상앗대를 모두 써버린 까닭에 이제는 표류를 하는 수밖에 없게 되었다. 길가메쉬가 바지를 찢어 돛대로 만들어 세우지 않았더라면 아마 침몰하고 말았을 것이다.

이 때 우트나피슈팀이 그 섬의 바닷가에 앉아 무언가 보이는 것이 없는가하고 둘러보다가 눈에 익은 배가 파도에 휩쓸려 표류하고 있는 것을 발견했다. '무엇이 잘못되었나? 노가 망가진 모양이군.' 하며 중얼거렸다. 배가 가까이 다가오자 낯선 사람이 바지를 바람에 휘날리고 있는 것을 볼 수 있었다. 길가메쉬였다. '아니? 저 사람은 내 뱃사공이 아니잖아? 무슨 일이 있었구나, 무슨 일이 있었던게 틀림없구나!' 땅에 오르자, 우르샤나비는 바로 손님을 우트나피슈팀에게 데리고 갔다. 그리고 길가메쉬는 자기가 어떻게 이곳까지 오게 되었으며, 무엇을 찾으러 왔는지를 이야기하였다.

'젊은이!' 하며 현자는 말했다.

'자네가 구하고 있는 것은 찾을 수 없네. 영원 같은 것은 이 땅 위에는 없는 것이야! 사람들이 거래를 하면 기한을 정해야 하네. 오늘 얻은 것도 내일이면 다른 사람에게 넘겨주어야 하는 것일세. 아무리 긴 싸움이라도 때가 오면 끝나는 법. 강물은 넘쳐 흐르다가도 언젠가는 줄어드는 법일세. 나비가 고치를 떠날지라도 하루살이라네. 모든 것엔 시간과 계절이 정해져 있는 걸세.'

'지당하신 말씀입니다. 그러나 노인 어른, 어른께서는 저와 조금도 다른 점이 없는 사람의 몸으로 태어나셨으면서도 영생을 누리고 계시지 않습니까? 제발, 가르쳐 주십시오! 어떻게 하시어 영생을 얻어 신과 같이 되셨는지요?' 노인의 눈에는 아주 먼 곳에 있는 것이 들어와 비쳤다. 이제까지의 길고 긴 그 많은 세월에 있었던 일들을 주마등처럼 눈앞에 떠 올리고 있는 것 같았다. 얼마동안 잠자코 있던 노인은 얼굴을 들어 길가메쉬에게 미소를 지어 보냈다.

'좋다! 내가 그 비밀을 가르쳐 주겠네. 사람의 힘으로는 미칠 수 없는 비밀 말일세. 신들 말고 알고 있는 사람은 나뿐일세.'

이렇게 말하며, 그는 먼 옛날, 신들이 지상에 일으켰던 대홍수 이야기를 들려주었다. 그리고 지혜의 신이며 생각 깊은 에아(Ea)가 어떤 방법으로 바람을 불러일으켜 자기에게 홍수를 경고하였던가를 들려 주었다.

바람소리는 오두막 문짝을 흔들어 노인에게 알려 주었던 것이다. 에아의 지시에 따라 우트나피슈팀은 한 척의 방주를 만들고 송진과 역청으로 발라 물이 새지 않게 하였다. 그러고 나서 가족들과 가축을 그 배에 싣고 물이 불고 비바람이 휘몰아치며 천둥이 끊이지 않는 7일 동안을 물 위에서 표류하였던 것이다. 칠일째 되는 날 방주는 세계의 끝에 있는 어느 산에 닿았다.

노인은 이제 물이 줄어들었는지 알아보기 위하여 창을 통하여 한 마리의 비둘기를 날려 보내 보았다. 비둘기는 즉시 돌아왔다. 내려가 쉴 곳이 없었기 때문이었다. 이번에는 제비를 날려 보냈다. 제비도 곧 돌아왔다. 마지막으로 까마귀를 날려 보내 보았다. 그러나 까마귀는 돌아오지 않았다. 노인은 가족과 가축을 내보내고 신들에게 감사의 기도를 드렸다. 그러나 이때, 갑자기 바람의 신이 하늘에서 내려와 그와 그의 처를 방주에 태운 채 물위로 떠가게 하였다. 배는 다시 더 밀려 수평선 너머 이 섬까지 오게 되었으며, 신들은 그를 이 섬에서 영원히 살도록 하였던 것이다.

이 이야기를 듣고 나자 길가메쉬는 바로 불로장생의 비결을 구하려던 자기의 여행이 헛수고였음을 알게 되었다. 왜냐하면, 이 노인이 사람에게 들려줄 수 있는 비방 같은 것은 아무것도 없음이 분명해졌기 때문이었다. 노인이 영생하게된 것은 지금 스스로 밝힌 것처럼 신들의 각별한 은총으로 얻어진 것이지, 결코 길가메쉬가 상상하고 있었던 것처럼 어떠한 지식을 소유함으로써 그렇게 될 수 있는 것이 아니었다. 태양신의 말이 옳았다. 그리고 파수병들의 말과 주막집 여주인이 말했던 바 그가 찾아 헤매는 것은 결코 찾아 낼 수 없는 것이며, 적어도 무덤의 이쪽에서는 결코 찾을 수 없다고 하던 말들이 모두 옳았던 것이다. 노인은 말을 마치자 우리들의 영웅 길가메쉬의 초췌한 모습과 피로에 지친 눈을 바라보면서 조용히 말했다. '길가메쉬여, 그대는 얼마 동안 쉬는 것이 좋을 것 같네. 6박 7일 동안 여기에 누워 푹 쉬게나.' 아니! 저런! 이 말이 떨어지기가 무섭게 길가메쉬는 잠에 빠져들고 말았다.

우트나피슈팀은 마나님 쪽을 바라보면서, '어때? 이 젊은이는 영생의 방법을 찾고 있다면서 잠도 재대로 이겨 내지 못하네그려. 잠에서 깨어났을 때는, 아마 자기는 잔 일이 없다고 잡아뗄 것이오. 인간들이란 모두 거짓말쟁이거든 그래서 말인데, 할멈이 그 증거를 보여주었으면 하오. 이 젊은이가 잠들고 있는 동안, 날마다 빵 한 개씩을 구워서 이 젊은이 곁에 놓아두는 거요. 그렇게 하면 하루가 지날 때마다 빵은 늘어나고 곰팡이가 슬게 될 것 아니겠소? 7일이 지난 후, 자기 곁에 한 줄로 놓여진 빵을 보게 되면 이 젊은이는 자기가 얼마나 오래 잤는지 알게 될 것이 아니겠소?'

그리하여 마나님은 아침마다 빵을 굽고 또 벽에다가는 하루가 지날 때마다 표시를 해두었다. 6일이 지났을 때, 첫 번째 빵은 바싹 말라 부스러졌고, 두 번째 빵은 가죽처럼 단단해졌으며, 세 번째 것은 물컹물컹 쉬어지기 시작하였고, 네 번째의 빵에는 백설이 피었으며, 다섯 번째 빵은 곰팡이투성이가 되었다. 겨우 여섯 번째 것만이 아직 바삭바삭하여 먹을 수 있을 것 같아 보였다.

길가메쉬가 잠에서 깨자, 그는 물론 잠 같은 것은 잔 일이 없었노라고 잡아떼었다. '막 잠이 들려고 했는데 노인 어른께서 팔을 흔들어 깨우지 않으셨습니까?' 우트나피슈팀은 그에게 빵이 놓여 있는 것을 보여주었다. 그리하여 길가메쉬는 자기가 6박 7일 동안을 자고 있었다는 사실을 알게 되었다.

노인은 길가메쉬에게 목욕재계하고 집으로 돌아갈 준비를 하라고 일렀다. 그가 작은 배를 타고 막 저어 나아가려고 할 때, 마나님이 노인에게 말했다.

'영감! 이 젊은이를 빈손으로 돌려보내서는 안 돼요! 천신만고 어려운 여행을 하며 이곳까지 왔는데 무엇이든 작별의 선물을 주어야 할게 아니오?'

노인은 뚫어지게 길가메쉬를 쳐다보다가 말했다.

'한 가지 비법을 가르쳐주마! 이 바닷속에 풀 한 포기가 있는데, 그 식물은 갈매나무처럼 생겼고, 장미처럼 가시가 돋혀 있단다. 누구든지 이 풀을 구하여 그 풀을 먹는 날에는 젊음을 되찾을 수 있게 된단다.' 이 말을 듣자, 길가메쉬는 발에 무거운 돌을 매달고 바닷속으로 뛰어들었다. 정말이었다. 그는 바닷속에 있는 그 풀을 찾아냈다. 가시에 찔리지 않도록 조심하면서 풀을 뜯어 손에 넣고, 무거운 돌을 풀어버린 다음, 파도를 따라 해변으로 밀려갔다. 그는 뱃사공인 우르샤나비에게 그 풀을 보이며 소리쳤다.

'이것 보세요! 바로, 이겁니다. 백발의 늙은이를 젊어지게 하는 풀이 바로 이겁니다! 이 풀을 먹는 사람은 누구든지 새롭게 수명이 길어진다는군요! 에레크 시로 가지고 가서 사람들에게 나누어 먹이겠습니다. 그렇게 되면 제가 고생한 보람도 있게 되겠지요!' 위험한 바다를 건너 육지에 도착한 후 길가메쉬와 사공은 머나먼 에레크 시를 향하여 발을 옮겼다.

오십 리 정도 나아가니 해는 이미 서산에 기울고 있었다. 두 사람은 하룻밤을 지낼만한 곳을 찾기 위해 주위를 살펴보다가 차가운 물이 솟고 있는 샘을 발견하였다. '이곳에서 쉬어 갑시다. 그리고 목욕도 좀 해야겠습니다.' 우리의 영웅은 말하였다. 그리하여 그는 옷을 벗어 던지고 풀을 땅 위에 내려놓은 채, 찬 샘물에 들어가 목욕을 하였다. 그러나 그가 등을 돌려 물속으로 들어가자마자 한 마리의 뱀이 물속에서 나와 약초의 냄새를 맡는 것 같더니 재빨리 그것을 물어가 버리고 말았다. 풀을 먹자마자 뱀은 허물을 벗었으니, 그 뱀은 젊음을 되찾았던 것이다.

그 귀중한 약초가 자기의 손에서 이제 영원히 사라져버린 것을 알게 된 길가메쉬는 땅바닥에 털썩 주저앉아 울었다. 그러나 그는 바로 일어났다. 그리곤 이것이 모든 인류의 운명이라고 단념할 수밖에 없었다. 길가메쉬는 에레크 시를 향하여 발길을 옮기기 시작 하였다. 자기가 떠나왔던 곳을 향하여!."[메소포타미아 신화]

(길가메쉬 서사시는 트로이 전쟁의 영웅 오딧세우스의 모험 그리고 아테네의 영웅 테세우스의 모험 등의 원형이라 할 수 있다.)

다음은 고대 메소포타미아 문화를 고스란히 담고 있는 길가메쉬 서사시와 동형의 문화적 특성을 보여주는 그리스와 히브리인의 사고를 사례 별로 열거한 것이다.

＊

1. 오딧세이아에 등장하는
칼립소풍의 여인 주막집 주인 시두리

여정에 지친 길가메쉬를 따뜻하게 맞아준 주막집 여주인 시두리는 그리스 서사시 호메로스의 오딧세이아에 등장하는 칼립소 풍의 인물로 비유될 수 있다.

칼립소는 바다의 님프였다. 이 님프라는 이름은 신분이 낮기는 하지만 신들의 속성을 다분히 가지고 있는 일단의 여신들을 의미하였다. 칼립소는 귀향길의 여로에 지친 오디세우스를 따뜻이 맞아들여 환대하였다. 그리고 그를 사랑하게 되었고, 그를 영원히 죽지 않게 하여 언제까지나 자기 곁에서 떠나지 못하게 하려고 했었다.

길가메쉬 서사시

"… 그는 지상의 낙원을 뒤로 한채 자기의 길을 계속 걸어갔다. 드디어 발은 부르트고 피로가 쌓일 대로 쌓인 그가 앞을 바라보니 여인숙 같은 커다란 집 한 채가 보이는 게 아닌가? 아픈 발을 이끌고 터벅터벅 걸어가 집 주인을 불렀다. 이 주막집 여주인의 이름은 시두리(Siduri)였는데 멀리서 그가 오는 것을 보고 있다가 그의 초라한 모습을 보곤 떠돌이라고 판단한 나머지 말도 하지 않고 그의 눈앞에서 문을 탁 닫아버렸다. 길가메쉬는 처음엔 울화가 치밀어 문짝을 두들겨 부수고 싶었으나 그때, 여주인이 창을 통해 그를 부른 다음 박대하게 된 연유를 설명하므로, 분을 가라앉히고 자기의 신분을 밝힌 다음, 여행을 하게 된 동기와 초라한 몰골을 하게 된 이유를 말하였다. 그러자 시두리는 빗장을 풀고 반갑게 그를 맞아들였다. 그날 밤 늦게까지 두 사람은 오래도록 이야기하였다…"

2. 흙으로 사람을 만들다

길가메쉬 서사시

"… 하늘의 군주는 그들이 기원하는 소리를 듣고 아루르 여신을 불렀다. 아루르 여신은 옛날 진흙으로 인간을 빚어 만든 바로 그 여신이었다. 군주는 아루르 여신에게, '가서 진흙으로 사람을 만들되 폭군에게 지지 않을 힘센 자를 하나 만들어, 그로 하여금 길가메쉬와 싸우게 하고, 그를 치게 하라. 그러면 사람들이 구원을 받게 될 터이니.' 하고 말했다. 그리하여 여신은 손에 물을 적셔 지상에서 가져온 진흙으로 반죽을 한 다음 무서운 생물을 만들었다. 그리고 그 피조물에 엔키두(Enkidu)라고 이름을 붙여 주었다…"

(창세기2:7) "여호와 하나님이 땅의 흙으로 사람을 지으시고 생기를 그 코에 불어넣으시니 사람이 생령이 되니라"[구약 성서]

3. 구원자(메시야: 장차 올 왕으로서의 구세주)

압제자의 폭압에 지친 인간들이 해방을 원하는 기도를 올리자 신은 그들의 기도에 응답하여 그들을 구원할 구원자를 보내다.

길가메쉬 서사시

"… 그 사나이(길가메쉬)는 3분의 2가 신이고, 3분의 1은 사람이었다. 동방을 통틀어 제일가는 전사였던 까닭에 그와 맞서 싸울 수 있는 사람이나, 창으로 그를 대적할 수 있는 사람은 아무도 없었다. 그의 세도와 힘을 두려워하고 있던 에레크 시 사람들은 모두 그가 시키는 대로 따르고 있었다. 그는 철권을 휘둘러 사람들을 지배하였으며, 젊은이들을 붙잡아다가 혹사시켰고, 마음에 드는 젊은 처녀들은 아무나 자기 소유로 하고 있었다. 사람들은 더 이상 견딜 수가 없어 하늘을 우러러 구원을 청하였다. 하늘의 군주는 그들이 기원하는 소리를 듣고 아루르 여신을 불렀다. 아루르 여신은 옛날 진흙으로 인간을 빚어 만든 바로 그 여신이었다. 군주는 아루르 여신에게, '가서 진흙으로 사람을 만들되 폭군에게 지지 않을 힘센 자를 하나 만들어, 그로 하여금 길가메쉬와 싸우게 하고, 그를 치게 하라. 그러면 사람들이 구원을 받게 될 터이니.' 하고 말했다. 그리하여 여신은 손에 물을 적셔 지상에서 가져온 진흙으로 반죽을 한 다음 무서운 생물을 만들었다. 그리고 그 피조물에 엔키두(Enkidu)라고 이름을 붙여 주었다…"[메소포타미아 신화]

(느헤미야9:27) "그러므로 주께서 그들을 대적의 손에 넘기사 그들이 곤고를 당하게 하시매 그들이 환난을 당하여 주께 부르짖을 때에 주께서 하늘에서 들으

시고 주의 크신 긍휼로 그들에게 구원자들을 주어 그들을 대적의 손에서 구원하셨거늘"[구약 성서]

✦

4. 돌로 변하다

길가메쉬 서사시

"… 괴물은 야릇하고 음산한 얼굴 생김을 하고 있었는데 그 얼굴 중앙에 박힌 외눈으로 한 번 쳐다만 봐도 누구나 돌이 되고 만다…"

토머스 불핀치, 그리스 로마 신화

"… 아테나는 전쟁의 여신으로서 이 여신에 관한 이야기는 허다한 공적을 말하고 있다. 그녀는 거인 (기가스)들과의 전투에 있어서 중요한 역할을 수행하였다, 거인 팔라스를 죽인 후 그 껍질을 벗겨 옷을 만들었다. 그녀가 가진 물건은 방패와 창과 아에기스였고, 그 방패의 표면에는 페르세우스로부터 선사받은, 보는 자로 하여금 돌로 화하게 한다는 메두사의 머리가 붙어 있었다…"

페르세우스와 결혼 축하 연회

"… 기쁨에 넘치는 부모는 페르세우스와 안드로메다를 데리고 궁전으로 돌아왔다. 그곳에서는 잔치가 열리고 모두 축제의 기쁨으로 충만했다. 그런데 갑자기 떠들썩한 소리가 나더니 안드로메다의 약혼자였던 피네우스가 그 부하 일당과 더불어 뛰어들어와서 처녀는 자기 것이라며 자기에게 줄 것을 요구했다…피네우스는 아무 대답도 하지 않고 갑자기 페르세우스에게 창을 던졌다. 그러나 창은 빗나가 땅에 떨어졌다. 페르세우스도 자기의 창을 던지려 했다. 그러나 비겁한 공격자는 급히 도망쳐서 제단 뒤에 숨었다…페르세우스와 그 일당들은 얼마 동안 불리한 싸움을 계속했다. 적의 수가 압도적으로 많아 패망이 불가피한 것같이 보였다. 그때 돌연 페르세우스의 뇌리에 한 생각이 떠올랐다. '나는 형세를 역전케 하리라.' 그래서 큰소리로 '이 중에 나의 적이 아닌 자는 얼굴을 돌려라' 하고 외치면서 고르고의 머리를 높이 들었다. '그런 표술을 가지고 누구를 위협하려 하느냐?' 고 외치면서 테스켈로스는 창을 치켜들었다. 그러자 그 자세 그대로 돌로 변해 버렸다. 암픽스는 엎드린 적의 몸을 칼로 찌르려고 하였다. 그러나 그의 팔은 굳어 버려 앞으로 더 내밀 수도 없고 들이밀 수도 없었다. … 페르세우스의 한 친구 아콘테우스도 고르고를 바라보는 순간 다른 사람과 다름없이 굳어 버렸다…피네우스는 그의 부당한 시비가 낳은 이 무서운 결과를 보고 당황했다. 그는 친구들을 소리 높이 불렀다. 그러나 아무도 대답하는 사람이 없었다. 그는 그들에게 손을 대보았다. 모두 돌이 되어 있었다. 그는 얼굴을 돌린 채 무릎을 꿇고 페르세우스에게 용서를 빌었다…페르세우스는 말했다. '비겁한 자여, 나는 너를 무기로써 죽이지는 않겠다. 뿐만 아니라 너는 이 사건의 기념으로 나의 집에 보관될 것이다.' 이렇게 말하면서 그는 고르고의 머리를 피네우스가 바라보고 있는 쪽으로 돌렸다. 그러자 피네우스는 무릎을 꿇고 앉은 커다란 돌덩어리가 되었다."[토머스 불핀치, 그리스 로마 신화]

5. 의인화된 신들

신들 세계가 마치 인간 삶의 양태와 동일한 모습으로 그려지고 있다는 것이고 이런 유형의 모습은 메소포타미아 신화의 신들, 그리스 신화의 신들 그리고 성서의 창세기, 욥기, 계시록 등에 묘사된 천상의 모습과 동형이다. 구체적 사례는 다른 곳에서 설명하기로 한다.

6. 표준화된 지옥의 상상도

지옥에 관한 엔키두의 꿈, 그리스 신화나 호메로스의 서사시에 등장하는 오딧세우스가 죽은자들이 머무는 지옥에 갔을 때의 묘사 그리고 신약성서 계시록 천상의 묘사 등은 지옥에 대한 표준화된 동형의 상상도를 보여주고 있다.

다음은 지옥의 상상도에 대한 표준된 예를 열거한 것이다.

【 첫 번째, 지상에서 한가락 하던 망령들을 만나는 이야기 】

지옥에 관하여 엔키두가 꾼 꿈
"… 자신은 죽었으며 지옥의 괴상한 새가 다시 돌아올 수 없는 여행길로 재촉하고 있다는 사실을 깨닫게 되었다. 오랜 여행 끝에 캄캄한 어느 곳에 도착하였는데, 그곳에는 죽은 자의 망령이 떼지어 있었다. 그런데 이 어찌

된 일인가? 그의 주위 에는 그 옛날 지상에서 한가락 하던 인물들이 모두 모여 있는 것이 아닌가?…"[메소포타미아 신화-길가메쉬 서사시]

【 두 번째, 사자(使者)는 새의 모양을 취하고 있으며, 독수리 같은 큰 발톱으로 저승까지 영혼을 호송한다고 믿었다. 그래서 로마인들 식으로 만든 시리아인(人)들의 묘비에는 새 모양이 새겨져 있는 것을 흔히 볼 수 있다고 한다 】

엔키두가 꾼 꿈

"…지옥의 괴상한 새가 다시 돌아올 수 없는 여행길로 재촉하고 있다…"[길가메쉬 서사시]

(시편90:10) "우리의 연수가 칠십이요 강건하면 팔십이라도 그 연수의 자랑은 수고와 슬픔뿐이요 신속히 가니 우리가 날아가나이다"[구약 성서]

("날아가나이다"라는 표현을 문자 그대로 해석하면 '날개를 갖는다'라는 뜻이다.)

【 세 번째, 지옥으로 들어갈 때, 지하 터널(통로)을 지나서 여행을 한다는 통념 】

엔키두의 꿈

"…오랜 여행 끝에 캄캄한 어느 곳에 도착하였는데…"

페르세포네

"…약탈자 하이데스는 마차를 끄는 말의 이름을 하나하나 불러 대며, 머리와 목 위의 쇠고삐를 마구 당기며 말을 몰았다. 키아네 강에 도착하여 강이 앞길을 막자 하이데스는 삼지창으로 강가를 쳤다. 순간 대지가 갈라지며 명부에 이르는 통로가 열렸다…"[토머스 불핀치, 그리스 로마 신화]

【 네 번째, 심판주가 한 사람의 생전에 삶의 기록을 보고 판결하는 묘사 】

엔키두의 꿈

"…높은 곳의 옥좌에는 지옥의 여신이 앉아 있었는데, 그 주위에는 충직한 시녀들이 둘러서서 새로운 사자(死者)가 어둠 속으로 들어올 때마다 명단을 들추어 가며 그 사람이 살았을 때의 기록을 읽어가는 것이었다…"[메소포타미아 신화-길가메쉬 서사시]

(요한계시록20:11-13) "11 또 내가 크고 흰 보좌와 그 위에 앉으신 이를 보니 땅과 하늘이 그 앞에서 피하여 간 데 없더라 12 또 내가 보니 죽은 자들이 큰 자나 작은 자나 그 보좌 앞에 서 있는데 책들이 펴 있고 또 다른 책이 펴졌으니 곧 생명책이라 죽은 자들이 자기 행위를 따라 책들에 기록된 대로 심판을 받으니 13 바다가 그 가운데서 죽은 자들을 내주고 또 사망과 음부도 그 가운데서 죽은 자들을 내주매 각 사람이 자기의 행위대로 심판을 받고"[신약 성서]

(신약성서 요한계시록 서문 1장 9-11절에 의하면, 요한계시록은 예수의 제자 요한이 밧모섬에 유배되어 있을 때 꾼 꿈임을 설명하고 있다.)

7. 영원한 생명을 갈망하는 인간의 본성

길가메쉬 서사시

"… 지구의 끝에 있는 어느 섬나라에 이 세상에서 오직 한사람 죽음을 모르는 사람이 살고 있다고 하는데 그 사람은 나이가 지긋한 노인으로 이름을 우트나피슈팀이라고 했다. 길가메쉬는 그 노인을 찾아가 영원한 생명의 비밀을 배우려고 결심했다…"[메소포타미아 신화]

(창세기3:22) "여호와 하나님이 가라사대 보라 이 사람이 선악을 아는 일에 우리 중 하나 같이 되었으니 그가 그 손을 들어 생명나무 실과도 따먹고 영생할까 하노라 하시고"[구약 성서]

(마태복음19:16) "어떤 사람이 주께 와서 가로되 선생님이여 내가 무슨 선한 일을 하여야 영생을 얻으리이까"[신약 성서]

(요한복음3:16) "하나님이 세상을 이처럼 사랑하사 독생자를 주셨으니 이는 저를 믿는 자마다 멸망치 않고 영생을 얻게 하려 하심이니라"[신약 성서]

(유다서1:21) "하나님의 사랑 안에서 자기를 지키며 영생에 이르도록 우리 주 예수 그리스도의 긍휼을 기다리라"[신약 성서]

올림포스의 신들

"… 신들은 각기 자기 궁전을 가지고 있었는데, 주신(主神) 제우스의 소집이 있으면 모두 제우스의 델포이 신전에 모였다…이 올림포스의 주신이 사는 궁전의 큰 홀에서는 또한 많은 신들이 그들의 음식과 음료인 암브로시아와 넥타르를 먹고 마시며 매일 향연을 베풀고 있었다…이 연회석상에서 신들은 천상과 지상의 여러 가지 사건들을 이야기하였다…"[토머스 불핀치, 그리스 로마 신화]

참고 '암브로시아'는 신들이 먹는다고 하는 영생하게하는 식물로서, '불사'(不死)라는 뜻을 지니고 있다. 꿀보다 달고 좋은 향기가 나며 불로불사의 효력이 있다고 한다.

구약성서 창세기 3장의 '생명 나무 열매'역시 영생하게 하는 열매로 묘사되고 있다.

(창세기3:22) "여호와 하나님이 이르시되 보라 이 사람이 선악을 아는 일에 우리 중 하나 같이 되었으니 그가 그의 손을 들어 생명 나무 열매도 따먹고 영생할까 하노라 하시고"

헤라클레스

"… 헤라클레스는 그의 정복 행각 중에 이올레라고 하는 아름다운 처녀를 포로로 삼았는데, 데이아네이라의 생각에는 그가 그녀를 온당치 않을 정도로 좋아하는 것 같았다. 헤라클레스는 그의 승리를 감사하여 신들에게 희생물을 바치려고 했을 때, 의식에서 입을 흰 겉옷을 가지고 오도록 아내에게 사람을 보냈다.

데이아네이라는 사랑의 주문을 시험해 볼 절호의 기회라 생각하고 그 옷을 네소스의 피에 적셨다. 그녀는 물론 주의하여 그 피의 흔적을 남김없이 씻어 버렸지만, 마력만은 남아 있었으므로 그 옷이 헤라클레스의 몸에 닿아 따뜻하게 되자마자, 독이 그의 전신에 스며들어 격심한 고통을 주었다. 마음의 평정을 잃은 헤라클레스는 이 무서운 겉옷을 가져온 리카스를 붙잡아서 바닷속으로 던져 버렸다. 그는 그 옷을 벗으려고 했으나, 옷은 그의 몸에 달라붙어서 떨어지지 않았다. 그러자 그는 전신의 살과 더불어 그것을 갈기갈기 찢어 버렸다. 그는 처참한 모습으로 배를 타고 집으로 돌아갔다.

데이아네이라는 뜻하지 않은 자기 과실의 결과를 보고 목을 매어 스스로 목숨을 끊었다. 헤라클레스는 죽을 각오를 하고서 오이테 산에 올라 화장할 나뭇더미를 쌓고, 필록테테스에게 자기 활과 화살을 주고, 곤봉을 베고, 사자의 모피를 몸에 걸치고 나뭇더미 위에 누웠다. 그리고 마치 축전의 신탁에 임한 것처럼 침착한 얼굴로 필록테테스에게 횃불을 나무에 붙이라고 명령했다. 불길은 삽시간에 퍼져서 모든 나뭇더미를 덮었다.

신들 자신도 지상의 전사가 이와 같은 최후를 맞이하는 것을 보고 마음 아파하였다. 그러나 제우스만은 명랑한 얼굴로 그에게 말했다. '나는 그대들이 그에게 깊은 관심을 쏟은 것을 기쁘게 생각한다. 그리고 나 자신 그대들과 같이 충성스런 부하들의 지배자요, 나의 아들이 그대들의 총애를 받고 있는 것을 보니 만족스럽다. 비록 그에 대한 그대들의 관심이 그의 위업에 연유한 것이라 하더라도 내가 기쁘게 생각하는 것은 변화가 없다. 그러나 걱정 마라. 다른 모든 것을 정복한 그가 오이테 산상에서 타오르고 있는 불꽃에 정복되지는 않을 것이다. 사멸하는 것은 어머니로부터 받은 부분(육체)뿐이고, 아버지인 내게서 받은 것은 불멸이다. 나는 지상의 생명을 잃은 그를 천국에 데려오려고 하니 그대들도 다 그를 따뜻이 맞아들이기 바란다, 비록 그가 이러한 영광을 받는 것을 못마땅하게 여기는 자가 있을지라도 아무도 그가 그만한 것을 받을 만한 공적이 있다는 것을 부인할 수

는 없을 것이다.'

신들은 다 찬성했다. 헤라만은 마지막 부분이 자기를 두고 한 말인 것 같아 다소 불쾌감을 느꼈으나 남편의 결정을 유감스럽게 생각할 정도는 아니었다, 그래서 불꽃이 헤라클레스의 어머니로부터 받은 부분을 태워 버리자, 그의 신성한 부분은 손상당하지 않은 채, 도리어 새로운 생명력을 얻어 밖으로 나와 더 고상한 풍채와 위엄을 구비하게 되었다, 제우스는 그를 구름으로 싸고, 네 마리의 말이 끄는 마차에 태워 하늘에 오르게 하여 별들 사이에서 살게 했다…"[토머스 불핀치, 그리스 로마 신화]

⁜

8. 어둠 뒤에 찾아오는 낙원 곧 빛의 세계
(에덴 동산, 헤스페리데스 동산)

길가메쉬 서사시

"… 우리가 지키고 있는 이 길은 태양이 지나는 길로써 수백 리도 넘는 어두컴컴한 굴인데 사람으로선 아직 아무도 발을 디뎌 보지 못했다…길가메쉬는 조금도 두려워하는 기색이 없이 당당하게 터널로 발을 들여 놓았으나 발을 옮길 때마다 길은 어둠을 더하더니 마침내 앞뒤를 분간할 수 없을 정도로 캄캄해졌다. 그러나 앞으로 계속 나아가다가 이 길은 끝도 한도 없는 길이 아닌가 하는 생각이 들 즈음에 일진 돌풍이 그의 얼굴에 불어오더니 한 줄기 빛이 어둠을 뚫고 나타나는 것이었다. 다시 눈부신 태양 아래 나왔을 때, 길가메쉬의 눈엔 경탄해 마 지 않을 정경이 비쳤다. 그는 자신이 선경(仙境)의 한가운데 서 있고 주위엔 온통 보석이 주렁주렁 매달린 나무들로 빽빽하게 차 있음을 발견하였다. 불현 듯 발걸음을 멈춘 그에게 천상에서 태양 신의 타이르는 소리가 들려 왔다…"[메소포타미아 신화]

위 본문은 길가메쉬가 영원한 생명을 구하기 위해 동쪽 지구 끝 한 섬의 노인을 찾아 나서는 여로에서 경험한 일부분 묘사이다. 여기서 주인공 길가메쉬가 어둠의 터널을 벗어나자 밝은 빛과 함께 드러나는 아름다운 선경이 펼쳐진다. 마치 어둠의 시련을 극복하고 찬란한 희망의 세계를 경험하는 것과 같다.

이와 동형의 주제가 그리스 신화속 '에로스와 프시케'이야기에서도 나오는데, 나비의 뜻을 지닌 프시케가 터널과 같은 누에고치 속의 어두운 시련을 극복하고 나비가 되어 밝은 세상으로 날아오른다. 길가메쉬가 어둠의 터널을 빠져 나오자 지상낙원의 일종인 행복의 낙원에 이르게 되는 것과 같다.

또한 그러한 낙원에 대한 묘사는 구약성서의 에스겔서에도 유사하게 묘사되고 있다.

(에스겔서28:13) "네가 옛적에 하나님의 동산 에덴에 있어서 각종 보석 곧 홍보석과 황보석과 금강석과 황옥과 홍마노와 창옥과 청보석과 남보석과 홍옥과 황금으로 단장하였음이여 네가 지음을 받던 날에 너를 위하여 소고와 비파가 준비되었도다"

(이 동산은 그리스 신화에 나오는 헤스페리데스 동산의 모습과도 같다.)

9. 태양이 다니는 길에 대한 묘사

길가메쉬 서사시

"… 우리가 지키고 있는 이 길은 태양이 지나는 길로써 수백 리도 넘는 어두컴컴한 굴인데…"

태양의 이륜차

"… 네가 아직 뭘 모르기 때문에 신들까지도 감히 생각지 못하는 일을 해 보려 하는구나. 나 외에는 저 타오르는 태양의 차를 부릴 자는 없단다. 무서운 오른팔로 번개를 던지는 제우스까지도 이것만은 불가능하다. 그 차가 가는 길은 처음엔 험해서 말들이 아침에도 오르기 어렵고, 중간의 길은 높은 하늘에 있기 때문에 나 자신도 밑에 가로놓여 있는 지구와 바다를 정신이 아찔해서 내려다보기가 곤란할 정도다. 그리고 최후의 길은 경사가 심해서 차를 부리는데 가장 주의를 요한다…"[토머스 불핀치, 그리스 로마 신화]

(태양신 아폴론의 아들 파에톤이 아버지가 모는 태양의 이륜차를 몰아 보겠다고 간절히 청하지만 아버지는 그 이륜차가 위험하다고 말리는 내용이다. 이 대목에서 '태양의 이륜차가 가는 길'과 길가메쉬 서사시의 본문에 나오는 '태양이 지나는 길'은 동형의 사고에서 나온 묘사이다.)

10. 살아있는 사람으로서 아무나 들어갈 수 없는 신비한 세상의 입구에는 죽음의 바다나 강이 있고, 그 관문을 통과하기 위한 의례적 조건은 금령을 반드시 지켜야 한다는 것이다

길가메쉬 서사시

"… 그곳에 가려면 대양을 건너야합니다. 그러나 그 바다는 죽음의 바다랍니다. 살아서 그 바다를 건넌 사람은 아무도 없습니다. 그러나 지금 우리 집에는 우 르샤나비라는 사나이가 묵고 있습니다. 이 사나이는 늙은 현인의 뱃사공으로 이곳에 심부름을 와 있어요. 그 사람에게 잘 부탁하시면 혹시 배를 태워줄지도 모르겠네요…여주인은 길가메쉬를 뱃사공에게 소개하였다. 뱃사공은 그를 섬나라로 데려다 주기로 하였다. '그러나 한 가지 조건이 있습니다. 절대로 죽음의 물에 손을 넣어서는 안 됩니다. 또 삿대가 물에 젖게 되면 그걸 버리고 바로 새 것을 써야만 합니다. 물방울이 손 끝에 묻게 될지도 모르기 때문이올시다…'"[메소포타미아 신화]

(현인의 뱃사공이 영생을 위해 죽음의 바다를 건너려는 길가메쉬에게 한 경고인데, 이런 묘사는 마치 그리스 신화 속 돌아올 수 없는 강 즉 배를 타고 건너가는 지옥의 관문과 같다. 또한 조건을 들어주는 대신 금령을 부여하는 패턴은 그리스 신화나 성서에 종종 등장하는 이야기다.

예컨대 구약성서 창세기의 에덴동산에서의 금단의 열매나 그리스 신화의 에로스와 프시케 이야기에서 에로스가 아내인 프시케에게 절대 나의 얼굴을 보면 안 된다는 금령 등 다수가 있다. 이런 문화적 산물은 후대에 단테의 신곡, 밀턴의 실낙원, 인어공주 이야기, 신데렐라 이야기 등 다수의 유럽 문학 작품에 뿌리가 된다.)

11. 신비한 식물과 영생을 상실케한 뱀

길가메쉬 서사시

"… 노인은 뚫어지게 길가메쉬를 쳐다보다가 말했다. '한 가지 비법을 가르쳐주마! 이 바닷속에 풀 한 포기가 있는데, 그 식물은 갈매나무처럼 생겼고, 장미처럼 가시가 돋혀 있단다. 누구든지 이 풀을 구하여 그 풀을 먹는 날에는 젊음을 되찾을 수 있게 된단다.'

이 말을 듣자, 길가메쉬는 발에 무거운 돌을 매달고 바닷속으로 뛰어들었다. 정말이었다. 그는 바닷속에 있는 그 풀을 찾아냈다. 가시에 찔리지 않도록 조심하면서 풀을 뜯어 손에 넣고, 무거운 돌을 풀어 버린 다음, 파도를 따라 해변으로 밀려갔다. 그는 뱃사공인 우르샤나비에게 그 풀을 보이며 소리쳤다. '이것 보세요! 바로, 이겁니다. 백발의 늙은이를 젊어지게 하는 풀이 바로 이겁니다! 이 풀을 먹는 사람은 누구든지 새롭게 수명이 길어진다는군요! 에레크 시로 가지고 가서 사람들에게 나누어 먹이겠습니다. 그렇게 되면 제가 고생한 보람도 있게 되겠지요!'

위험한 바다를 건너 육지에 도착한 후 길가메쉬와 사공은 머나먼 에레크 시를 향하여 발을 옮겼다. 오십 리 정도 나아가니 해는 이미 서산에 기울고 있었다. 두 사람은 하룻밤을 지낼 만한 곳을 찾기 위해 주위를 살펴보다가 차가운 물이 솟고 있는 샘을 발견하였다. '이곳에서 쉬어 갑시다. 그리고 목욕도 좀 해야겠습니다.' 우리의 영웅은 말하였다. 그리하여 그는 옷을 벗어던지고 풀을 땅 위에 내려놓은 채, 찬 샘물에 들어가 목욕을 하였다. 그러나 그가 등을 돌려 물속으로 들어가자마자 한 마리의 뱀이 물속에서 나와 약초의 냄새를 맡는 것 같더니 재빨리 그것을 물어가 버리고 말았다. 풀을 먹자마자 뱀은 허물을 벗었으니, 그 뱀은 젊음을 되찾았던 것이다. 그 귀중한 약초가 자기의 손에서 이제 영원히 사라져버린 것을 알게 된 길가메쉬는 땅바닥에 털썩 주저앉아 울었다. 그러나 그는 바로 일어났다. 그리곤 이것이 모든 인류의 운명이라고 단념할 수밖에 없었다."[메소포타미아 신화]

(위의 본문-"누구든지 이 풀을 구하여 그 풀을 먹는 날에는 젊음을 되찾을 수 있게 된단다."와 구약성서 창세기 3장 5절-"너희가 그것을 먹는 날에는 너희 눈이 밝아져 하나님과 같이 되어…", 이 두 문구의 공통된 표현은 "~를 먹으면 어떤 초월적 존재가 될 수 있게 된다."라는 의미이다. 또한 길가메쉬의 꿈을 상실케 한 뱀과 성서 최초 인류가 낙원에서의 삶을 상실하게 만든 대상 역시 뱀이었다.)

<구약성서 본문 참조>

(창세기3:1-5) "1 그런데 뱀은 여호와 하나님이 지으신 들짐승 중에 가장 간교하니라 뱀이 여자에게 물어 이르되 하나님이 참으로 너희에게 동산 모든 나무의 열매를 먹지 말라 하시더냐 2 여자가 뱀에게 말하되 동산 나무의 열매를 우리가 먹을 수 있으나 3 동산 중앙에 있는 나무의 열매는 하나님의 말씀에 너희는 먹지도 말고 만지지도 말라 너희가 죽을까 하노라 하셨느니라 4 뱀이 여자에게 이르되 너희가 결코 죽지 아니하리라 5 너희가 그것을 먹는 날에는 너희 눈이 밝아져 하나님과 같이 되어 선악을 알 줄 하나님이 아심이니라"

(창세기3:23) "여호와 하나님이 에덴 동산에서 그를 내보내어 그의 근원이 된 땅을 갈게 하시니라"
(아담과 하와가 뱀의 유혹에 넘어가 금단의 열매를 먹은 대가로 에덴동산에서 추방되었음을 말한다.)

12. 신들의 숲(동산)에 있는 신성한 나무와 그 나무를 지키는 불, 천사, 괴물

구약성서 창세기 3장의 에덴동산 중앙에 있는 '선악을 알게 하는 나무 열매' 즉 '금단의 열매'와 길가메쉬 서사시에 나오는 괴물 훔바바가 지키고 있는 '신들의 신성한 숲에 있는 금단의 삼나무'는 동형의 문화적 산물이라고 할 수 있다.

길가메쉬 서사시

"… 길가메쉬를 일으켜 세워 끌어안았다. 길가메쉬는 모험을 매우 좋아하는 성격으로 위험한 유혹을 결코 참아내지 못했다. 그는 어느 날 엔키두에게 산으로 함께 가서 '신들의 신성한 숲에 있는 삼나무' 하나를 쓰러뜨리려 힘을 천하에 자랑해 보이지 않겠는가하고 제안했다. '그것은 그리 쉬운 일이 아닐 것이오. 그 숲에는 훔바바라 불리는 괴물이 지키고 있기 때문이오…' 길가메쉬는 친구에게 나쁜 일이 일어날 징조임을 알았으나 이번의 모험을 단념하지 않도록 엔키두를 격려하였다. 이제 둘은 다시 일어나 숲속으로 더 깊이 들어갔다. 길가메쉬는 도끼를 움켜잡고 금단의 삼나무 한 그루를 찍어 넘어뜨렸다. 그 나무가 요란한 소리를 내며 쓰러지자 훔바바는 깜짝 놀라 소리를 지르며 뛰쳐나왔다…"[메소포타미아 신화]

(창세기3:1-3) "1 그런데 뱀은 여호와 하나님이 지으신 들짐승 중에 가장 간교하니라 뱀이 여자에게 물어 이르되 하나님이 참으로 너희에게 동산 모든 나무의 열매를 먹지 말라 하시더냐 2 여자가 뱀에게 말하되 동산 나무의 열매를 우리가 먹을 수 있으나 3 동산 중앙에 있는 나무의 열매는 하나님의 말씀에 너희

는 먹지도 말고 만지지도 말라 너희가 죽을까 하노라 하셨느니라"[구약 성서]

(창세기3:24) "이같이 하나님이 그 사람을 쫓아내시고 에덴 동산 동쪽에 그룹들과 두루 도는 불 칼을 두어 생명 나무의 길을 지키게 하시니라"[구약 성서]

(하나님은 금단의 열매를 먹은 아담과 하와를 동산에서 추방하고 그 신성한 숲에 다시 들어올 수 없도록 그룹들과 두루 도는 불 칼을 두어 생명 나무의 길을 지키게 한 것이다.)

⚜

13. 남자를 유혹하여 사랑에 빠진 그 애인을 짐승으로 만들어 노예로 삼는 여신 그러나 영웅은 그 유혹에 넘어가지 않고 벗어나는 이야기 패턴

예컨대 영웅 길가메쉬는 여신 이쉬타르에게 유혹당하지만 그는 이것을 매정하게 거절한다. 원문에 보면 길가메쉬가 이를 거절하면서 그녀에게 다음과 같이 말한다.

"그대는 양치는 목자를 사랑했다. 그는 그대를 위해 매일 양새끼를 제물로 했다. 그대는 그를 때려눕혔다. 그리고 그를 표범으로 만들었다."

"… 그대가 소녀였을 때엔 탐므즈라는 사나이가 있었다지. 그런데 그 사나이는 어떤 꼴이 되었는가? 매년 많은 사나이들이 자기들의 운명을 슬퍼하며 죽어 갔었지. 멋부리며 그대를 찾아왔던 명청한 새 같은 사나이들은 끝내 날개가 부러지고 사자와 같이 힘이 억센 사나이도 덫을 놓아 일곱 겹의 구덩이로 떨어뜨렸으며, 개선장군과 같았던 사나이도 박차(拍車)로 몰아 세워 매질을 하여 수십 리를 달리게 한 후, 흙탕물을 마시게 하였고…"[메소포타미아 신화-길가메쉬 서사시]

이것은 애인들을 동물과 같은 노예로 변형시켰다는 의미로서, 메소포타미아 문화권에서 종종 볼 수 있는 유형의 이야기 이다. 예컨대 그리스 대서사시 오디세이아에서 오디세우스가 마녀 키르케가 사는 섬에 갔을 때의 이야기를 보면, 키르케가 오디세우스의 부하들을 돼지로 바꾸어 놓는 묘사들이 있다.

"… 그러자 키르케는 모두를 궁전 안으로 데리고 들어가서, 소파며 팔걸이 의자에 앉게 하고는, 모두들에게 치즈며 보릿가루에 노란 벌꿀을 프람노스산(産) 빨간 포도주에 타서 내놓았는데, 그 음식물에는 야릇하고 무서운 마술의 약을 섞어 놓았던 것으로, 그것은 고향 생각을 모두 잊어버리게 하는 것이었습니다. 이것을 모두에게 주고 그들이 마셔버리자, 이번에는 이내 지팡이를 휘둘러 내리치고는 돼지 우리에 가두어 넣은 것입니다. 그러자 그들은 돼지와 같은 얼굴이되고, 목소리와 살갗의 털과 몸집마저도 아주 돼지가 되어버렸는데, 그러나 정신만은 전과 다름없이 여전히 인간 그대로 였습니다…"

영웅 길가메쉬가 이쉬타르의 유혹을 물리친 것처럼, 주인공(영웅) 오디세우스만이 키르케의 유혹을 이기고 부하들을 구출해 내는 이야기는 동형의 문화적 산물이다.

14. 죽은 애인을 살려내기 위해 지옥에 들어갔다가 모험 끝에 어떤 도움으로 다시 지상으로 되돌아 나오는 이야기

길가메쉬 서사시

"여신 이쉬타르(전쟁의 신이며 사랑의 신)는 젊었을 때 수확의 신 탐무즈를 사랑했는데, 그 사랑은 탐무즈의 죽음을 초래했다. 이쉬타르는 그것을 무척 슬퍼하고 애인에게 비탄의 눈물을 뿌렸다.

탐무즈를 찾기 위해, 그리고 끔찍한 저승으로부터 살려내기 위해 그녀는 지옥에 내려가서, 〈돌아오지 않는 땅에 일단 들어간 자는 다시 나올 수 없는 집〉으로 가기로 결심했다.

그녀는 지옥의 문을 열게 하고 하나씩 하나씩 몸에 지닌 장신구를 빼앗겨 가며 일곱 개의 성곽을 의연히 뚫고 들어갔다. 그녀의 머리 위의 큰 관, 귀걸이, 목걸이, 가슴의 장식, 탄생의 보석을 박은 허리띠, 손목과 발목의 장식, 끝으로 그녀가 입은 정결의 의상, 모든것을 빼앗겼다.

이쉬타르는 지옥의 여왕 에레쉬키갈 앞에 다다라서 그녀에게 덤벼들었다. 그러나 에레쉬키갈은 자기의 심부름꾼인 남타르에게 도움을 청하여 그로 하여금 이쉬타르를 궁정에 유폐시켜 예순 가지 병에 걸리게 했다. 이렇게 해서 이쉬타르는 포로가 되었는데 그 사실이 지상에서는 고뇌요, 하늘에서도 무한한 슬픔이 되었다.

사마쉬와 그 아비 신(Sin)은 에아에게 가서 애원했다. 에아는 이쉬타르를 구하기 위해 아수슈나미르를 만들어 그를 여자로 변장시켜, 마술의 주문을 가르쳐서 돌아오지 않는 땅으로 보냈다.

그 주문은 에레쉬키갈의 의지를 구속하는 것이었기 때문에 지옥의 여왕은 저항의 아랑곳없이, 그녀는 〈위대한 마술〉에 의해 아수슈나미르에게 주박(呪縛)당해 버렸다.

에아의 주문의 힘은 더 강했다. 에레쉬키갈은 이쉬타르를 석방해 주지 않을 수 없었다. 이쉬타르는 생명의 물이 끼얹어져서 남타르에 안내되어 도중에 앞서 잃어버린 장신구를 하나하나 되찾으면서 일곱 개의 장신구를 모두 찾았다…"[메소포타미아 신화]

(이런 유형의 이야기와 동형은 그리스 서사시 호메로스의 오디세이에 나오는 이야기나, 그리스 신화에 종종 등장하는 이야기로서 죽은 자를 데려오거나 그밖에 어떤 과제를 수행하기 위해 지옥에 내려가는 오르페우스, 에로스와 프시케 이야기 등 다수가 있다.)

✦

15. 대홍수와 방주 그리고 유일하게 살아남은 의인

메소포타미아판 노아

"… 그는 먼 옛날, 신들이 지상에 일으켰던 대홍수 이야기를 들려주었다. 그리고 지혜의 신이며 생각 깊은 에아(Ea)가 어떤 방법으로 바람을 불러일으켜 자기에게 홍수를 경고하였던가를 들려주었다. 바람소리는 오두막 문짝을 흔들어 노인에게 알려 주었던 것이다.

에아의 지시에 따라 우트나피슈팀은 한 척의 방주를 만들고 송진과 역청으로 발라 물이 새지 않게 하였다. 그리고 나서 가족들과 가축을 그 배에 싣고 물이 불고 비바람이 휘몰아치며 천둥이 끊이지 않는 7일 동안을 물 위에서 표류하였던 것이다. 칠일째 되는 날 방주는 세계의 끝에 있는 어느 산에 닿았다. 노인은 이제 물이 줄어들었는지 알아보기 위하여 창을 통하여 한 마리의 비둘기를 날려보내 보았다. 비둘기는 즉시 돌아왔다.

내려가 쉴 곳이 없었기 때문이었다. 이번에는 제비를 날려 보냈다. 제비도 곧 돌아왔다. 마지막으로 까마귀를 날려보내 보았다. 그러나 까마귀는 돌아오지 않았다. 노인은 가족과 가축을 내보내고 신들에게 감사의 기도를 드렸다…"[메소포타미아 신화-길가메쉬 서사시]

이 이야기에서 노인이 영생하게 된 것은 지금 스스로 밝힌 것처럼 신들의 각별한 은총으로 얻어진 것이지, 결코 길가메쉬가 상상하고 있었던 것처럼 어떠한 지식을 소유하거나 인간의 선한 행위로서 그렇게 될 수 있는 것이 아니라는 말이다. 왜냐하면 대홍수는 사람들의 죄로 기인된 신의 심판으로서 임했다는 고대 메소포타미아 인들의 사고를 담고 있기 때문이다.

이런 문화적 산물은 훗날 팔레스틴으로 이주한 히브리인들의 구약성서 창세기 6,7,8장의 노아 때의 대홍수 이야기로 전해졌을 것이다.

(창세기6:5-22) "5 여호와께서 사람의 죄악이 세상에 가득함과 그의 마음으로 생각하는 모든 계획이 항상 악할 뿐임을 보시고 6 땅 위에 사람 지으셨음을 한탄하사 마음에 근심하시고 7 이르시되 내가 창조한 사람을 내가 지면에서 쓸어버리되 사람으로부터 가축과 기는 것과 공중의 새까지 그리하리니 이는 내가 그것들을 지었음을 한탄함이니라 하시니라 8 그러나 노아는 여호와께 은혜를 입었더라 9…10…11 그 때에 온 땅이 하나님 앞에 부패하여 포악함이 땅에 가득한지라 12 하나님이 보신즉 땅이 부패하였으니 이는 땅에서 모든 혈육 있는 자의 행위가 부패함이었더라 13 하나님이 노아에게 이르시되 모든 혈육 있

는 자의 포악함이 땅에 가득하므로 그 끝 날이 내 앞에 이르렀으니 내가 그들을 땅과 함께 멸하리라 14 너는 고페르 나무로 너를 위하여 방주를 만들되 그 안에 칸들을 막고 역청을 그 안팎에 칠하라 15…16…17 내가 홍수를 땅에 일으켜 무릇 생명의 기운이 있는 모든 육체를 천하에서 멸절하리니 땅에 있는 것들이 다 죽으리라 18 그러나 너와는 내가 내 언약을 세우리니 너는 네 아들들과 네 아내와 네 며느리들과 함께 그 방주로 들어가고 19 혈육 있는 모든 생물을 너는 각기 암수 한 쌍씩 방주로 이끌어들여 너와 함께 생명을 보존하게 하되 20 새가 그 종류대로, 가축이 그 종류대로, 땅에 기는 모든 것이 그 종류대로 각기 둘씩 네게로 나아오리니 그 생명을 보존하게 하라 21…22…"[구약 성서]

(창세기7:10-24) "10 칠 일 후에 홍수가 땅에 덮이니 11 노아가 육백 세 되던 해 둘째 달 곧 그 달 열이렛날이라 그 날에 큰 깊음의 샘들이 터지며 하늘의 창문들이 열려 12 사십 주야를 비가 땅에 쏟아졌더라 13…14…15 무릇 생명의 기운이 있는 육체가 둘씩 노아에게 나아와 방주로 들어갔으니 16 들어간 것들은 모든 것의 암수라 하나님이 그에게 명하신 대로 들어가매 여호와께서 그를 들여보내고 문을 닫으시니라 17 홍수가 땅에 사십 일 동안 계속된지라 물이 많아져 방주가 땅에서 떠올랐고 18 물이 더 많아져 땅에 넘치매 방주가 물 위에 떠 다녔으며 19 물이 땅에 더욱 넘치매 천하의 높은 산이 다 잠겼더니 20 물이 불어서 십오 규빗이나 오르니 산들이 잠긴지라 21 땅 위에 움직이는 생물이 다 죽었으니 곧 새와 가축과 들짐승과 땅에 기는 모든 것과 모든 사람이라 22 육지에 있어 그 코에 생명의 기운의 숨이 있는 것은 다 죽었더라 23 지면의 모든 생물을 쓸어버리시니 곧 사람과 가축과 기는 것과 공중의 새까지라 이들은 땅에서 쓸어버림을 당하였으되 오직 노아와 그와 함께 방주에 있던 자들만 남았더라 24…"[구약 성서]

(창세기8:1-21) "1…2…3 물이 땅에서 물러가고 점점 물러가서 백오십 일 후에 줄어들고 4…5…6 사십 일을 지나서 노아가 그 방주에 낸 창문을 열고 7 까마귀를 내놓으매 까마귀가 물이 땅에서 마르기까지 날아 왕래하였더라 8 그가 또

비둘기를 내놓아 지면에서 물이 줄어들었는지를 알고자 하매 9 온 지면에 물이 있으므로 비둘기가 발 붙일 곳을 찾지 못하고 방주로 돌아와 그에게로 오는지라 그가 손을 내밀어 방주 안 자기에게로 받아들이고 10 또 칠 일을 기다려 다시 비둘기를 방주에서 내놓으매 11 저녁때에 비둘기가 그에게로 돌아왔는데 그 입에 감람나무 새 잎사귀가 있는지라 이에 노아가 땅에 물이 줄어든 줄을 알았으며 12 또 칠 일을 기다려 비둘기를 내놓으매 다시는 그에게로 돌아오지 아니하였더라 13…14 둘째 달 스무이렛날에 땅이 말랐더라 15 하나님이 노아에게 말씀하여 이르시되 16 너는 네 아내와 네 아들들과 네 며느리들과 함께 방주에서 나오고 17 너와 함께 한 모든 혈육 있는 생물 곧 새와 가축과 땅에 기는 모든 것을 다 이끌어내라 이것들이 땅에서 생육하고 땅에서 번성하리라 하시매 18…19…20 노아가 여호와께 제단을 쌓고 모든 정결한 짐승과 모든 정결한 새 중에서 제물을 취하여 번제로 제단에 드렸더니 21 여호와께서 그 향기를 받으시고 그 중심에 이르시되 내가 다시는 사람으로 말미암아 땅을 저주하지 아니하리니 이는 사람의 마음이 계획하는 바가 어려서부터 악함이라 내가 전에 행한 것 같이 모든 생물을 다시 멸하지 아니하리니"[구약 성서]

프로메테우스와 판도라

"… 다음에는 '청동시대'가 왔는데, 이 시대는 사람의 기질이 전시대보다 훨씬 거칠었고, 걸핏하면 무기를 들고 싸우려 했다. 그러나 아직도 극심하리만큼 사악하지는 않았다. 가장 무섭고 나쁜시대는 '철의 시대'였다. 죄악은 홍수처럼 넘쳐흘렀고, 겸양과 진실과 명예도 헌신짝처럼 사라졌다.

그 대신 사기와 간사한 지혜와 폭력과 사악한 이욕이 나타났다 … 가족의 사랑도 땅에 떨어졌다. 대지는 살육의 피로 물들었고 신들은 하나하나 대지를 저버렸는데, 아스트라이아(죄 없고 청순한 여신), 테미스('정의의 신'의 딸) 만이 남아있다가 지상을 떠난 뒤 하늘의 별사이에 자리잡고 처녀좌가 되었다.

제우스는 이런 상태를 보고 크게 노하여 회의를 열고자 신들을 소집하였다. 신들은 주신의 소집에 응하여 하늘의 궁전을 향해 떠났다 … 제우스는 신들이 모이자 그들을 향하여 말하기 시작하였다. 그는 지상의 무서운 상태를 설명하고 나서, 자기는 그 주민들을 다 멸망케 하고 그들과는 다른, 더 살 가치가 있고 신을 더 숭배하는 새로운 종족들을 만들 작정이라는 선언을 하고서 회의는 끝을 맺었다.

그리고 나서 제우스는 번개를 손에 쥐고서는 그것을 던져 이 세계를 불태워 버리려고 했다. 그러나 불이 일어나면 하늘도 화재를 면하지 못하리라 생각한 제우스는 그의 계획을 바꾸어 세계를 물바다로 만들려고 하였다. 그는 비구름이 불어 흐트러지는 북풍을 사슬로 붙들어 매고 남풍을 보냈다. 그러자 순식간에 하늘 전체가 암흑으로 뒤덮였다.

구름이 사방에서 몰려와 굉장한 소리를 내며 서로 부딪쳤다. 비는 폭포처럼 쏟아졌다. 곡식은 쓰러지고 한 해 동안의 농부들의 노력은 순식간에 수포로 돌아갔다.

제우스는 자기의 물만 가지고는 만족하지 않고 동생인 포세이돈을 불러 그의 물도 도와주기를 청했다. 포세이돈은 강을 범람케 하여 그 물로 대지를 덮었다. 동시에 그는 지진을 일으켜 대지를 뒤흔들었고 해일을 일으켜 해안을 휩쓸게 하였다.

가축과 인간, 그리고 가옥이 유실되고 신성한 담으로 둘러싸였던 지상의 신전들까지도 더럽혀졌다. 유실되지 않은 큰 건물들은 모조리 물 속에 잠겼고, 그 높은 탑까지도 물속에 침몰되었다.

이제 모든 것은 바다가 되었다. 해변이 없는 바다가 되었다. 여기저기 돌

출한 산정에는 간혹 사람이 남아 있었고 최근까지 쟁기질을 하던 소수의 사람들만 작은 배를 타고 노를 저었다.

물고기들은 나뭇가지 사이에서 헤엄을 치고, 닻은 정원 안에 던져졌다. 온순한 양이 종전까지 놀고 있던 곳에는 사나운 물개가 뛰놀았다. 늑대는 양 사이에서 헤엄치고 누런 사자와 범은 물속에서 몸부림쳤다.

물속에서는 멧돼지의 힘도 사슴의 재빠름도 소용이 없었다. 새들은 날다가 지쳤지만 앉아 쉴 곳이 없기 때문에 물속으로 떨어졌다. 물난리를 면한 생물들도 마침내는 굶어 죽었다.

모든 산 중에서 오직 파르나소스 산만이 물위에 솟아 있었다. 그리고 거기에는 프로메테우스의 일족인 데우칼리온(프로메테우스의 아들)과 그의 아내 피라(에피메테우스의 딸)가 피난 와 있었다.

남편은 정직한 사람이었고 아내도 신들의 충실한 숭배자였다. 제우스는 이 부부 이외에 살아남아 있는 자가 한 사람도 없는 것을 보았다. 그리고 그들의 흠잡을데 없는 생애와 경건한 태도를 돌이켜 보고는 북풍에 명령하여 구름을 쫓고, 공중을 지상에, 지상을 공중에 나타나게 하였다. 포세이돈도 아들 트리톤으로 하여금 물에게 퇴각을 명하게 하였다. 물은 복종하였고, 바다는 해안으로 돌아가고 내는 하상(河床)으로 돌아갔다.

그때 데우칼리온은 피라에게 이렇게 말했다.

'오, 아내여! 생존하고 있는 유일한 여인이여-우리는 처음에는 혈연(두 사람의 아버지는 형제)과 결혼의 인연으로 맺어졌고, 지금은 공동의 재난에 의하여 맺어졌소. 우리가 조상 프로메테우스와 같은 힘을 가져, 그가 처음에 새로운 종족을 만든 것처럼 그것을 갱생시킬 수 있다면 얼마나 좋을까. 그러나 이 일은 우리에겐 힘겨운 일이므로 저기 있는 신전에 가서 신들에게 장

차 우리가 무엇을 해야 좋을지 물어 보기로 합시다.'

그들은 신전으로 들어갔다.

그 신전은 더러운 이끼들로 더럽혀져 있었다. 두 사람이 제단에 접근해 보니 거기에는 성화도 타고 있지 않았다. 그들은 땅에 엎드려서 테미스 여신에게, 어떻게 하면 멸망한 인류를 전과 같이 만들 수 있는지 가르쳐 주십사고 기도를 올렸다…"[토머스 불핀치, 그리스 로마 신화]

16. 반신 반인의 영웅의 모습

길가메쉬 서사시

"옛날에 에레크라는 도시에 길가메쉬(Gilgamesh)라고 하는 용감하고 무서운 사람이 살고 있었다. 그 사나이는 3분의 2가 신이고, 3분의 1은 사람이었다…"

헤라클레스

"… 헤라클레스는 제우스와 알크메네 사이에서 태어난 아들이다. 헤라는 인간과의 사이에서 태어난 남편의 자녀에 대하여 늘 적의를 품고 있었으므로…걱정 마라. 다른 모든 것을 정복한 그가 오이테 산상에서 타오르고 있는 불꽃에 정복되지는 않을 것이다. 사멸하는 것은 어머니로부터 받은 부분(육체를 말한다)뿐이고, 아버지인 내게서 받은 것은 불멸이다…"[토머스 불핀치, 그리스 로마 신화]

(헤라클레스는 신인 부친과 인간인 모친과의 사이에서 태어난 반신반인의 성질을 가진 영웅이다. 때문에 그가 죽은 것은 육신이고 신성의 영혼은 영원히 죽지 않는 것으로 묘사되고 있다.)

(로마서1:3-4) "3 그의 아들에 관하여 말하면 육신으로는 다윗의 혈통에서 나셨고 4 성결의 영으로는 죽은 자들 가운데서 부활하사 능력으로 하나님의 아들로 선포되셨으니 곧 우리 주 예수 그리스도시니라"[신약 성서]

(신약성서의 구세주 그리스도 예수는 성육신의 몸 즉 신의 아들이 완전한 인간의 몸으로 세상에 오신 분으로 묘사되고 있다. 그리스도 예수는 완전한 신인 동시에 완전한 육체를 지닌 반신 반인의 존재라는 의미이다.)

⚜

17. 메소포타미아와 히브리인들의 '신년제'

메소포타미아의 제례 중에서 제일 중요시된 것은 봄에 거행된 신년제이다. 이 제례에서는 의식이 며칠 동안에 계속되는데 중심적 의식은 새해 아침에 행해지는 "거룩한 결혼"이다. 여기에서는 왕이 우르크의 초기 지배자 두무지(성서에는 탐무스)의 역할을 맡는다. 이 의식은 두무지가 우루크의 수호신인 이난나와 결혼 했을 때 최초에 행했다고 전해지는 의식을 재현한 것이라고 한다.

왕과 여신의 거룩한 결혼에는 두 가지의 목적이 있다. 땅을 계속 기름지게 하기 위해, 그리고 여신과 결혼을 하므로써 생명을 연장시키고자 했기 때문이다.

1) 메소포타미아 지역의 신년제

"…그대가 소녀였을 때엔 '탐므즈'라는 사나이가 있었다지. 그런데 그 사나이는 어떤 꼴이 되었는가? 매년 많은 사나이들이 자기들의 운명을 슬퍼하며 죽어 갔었지…"[메소포타미아 신화-길가메쉬 서사시]

(여신 이쉬타르가 영웅 길가메쉬를 유혹할 때, 길가메쉬가 여신에게 한 말)

"… 여자는 그를 바라보며 부드럽게 속삭였다. '엔키두님, 이제 당신은 신들과 같이 멋진 분이 되셨는데 무엇 때문에 짐승들과 떠돌아다니려 하십니까? 자, 이제 에레크 시로 가지 않으실래요?…남녀의 신들이 살고 있는 화려한 신전으로 모시겠습니다.' 이 말을 듣고 엔키두는 매우 기뻐하였다…두 사람이 도시에 도착한 것은 그 해 마지막 날 밤(歲暮)이었다. 마침 축제무드가 절정에 달해 있었고, 왕은 여신과의 신성한 혼례식에서 신랑으로서의 역할을 맡기 위하여 신전을 향해 가고 있던 때였다…"[메소포타미아 신화-길가메쉬 서사시]

여기서 '축제무드가 절정에 달했던, 두 사람이 도시에 도착한 것은 그 해 마지막 날 밤 새모(歲暮)이었다.'라는 말은 새해 첫 날의 결혼식 즉 '신년제' 전날 밤 상황을 묘사하고 있다.

2) 히브리 인들의 신년제

(에스겔8:14) "그가 또 나를 데리고 여호와의 전으로 들어가는 북문에 이르시기로 보니 거기에 여인들이 앉아 담무스를 위하여 애곡하더라"[구약 성서]

여기서 "탐무즈(스)"(Tammuz), [히 , חמוז]는 이스라엘의 포로후 유대력의 제4월로, 태양력의 6-7월에 해당된다. '식물의 신'(담무즈)를 위해 애곡하는 의식이 이 달에 행해진데서 이 이름이 있었다.

즉 히브리 성서에 '탐무스'는 고대 메소포타미아의 '신년 제'에서 유래했음을 알 수 있다.

신약성서 (요한복음2:1-11)의 구세주 예수의 공생애 첫 이적이 갈릴리 가나의 혼인잔치에서 있었음을 보여주는 묘사는 마치 신년 제와 마찬 가지로 이제 그리스도의 새 역사가 신혼 부부의 새 삶이 시작되는 것과 같다.

이러한 정기 종교의식이 고대 인간들의 생활에 장래의 전망과 질서를 부여해 왔다는 것과 그러한 의식이 인근 여러 민족에게까지 오랜 세월 전파되고 이어져 왔다는 것은 강대하고 불가해한 자연의 힘이 풍요를 갈망하는 인간을 얼마나 두려움에 떨게 했는지 알 수 있다.

제3장

신들의 전쟁 이야기

메소포타미아 신화에 나오는 '신들의 전쟁' 이야기는 바빌로니아(바벨론) 신년의 축제 4일째 되는 날 사원 안채에서 대제사장에 의해 장엄하게 낭송되던 것으로, 축제시에 사용하던 '가사집'과 같은 원시적인 성가(聖歌)였다.

신년 축제는 봄이 시작 될 때 10일부터 11일간 거행되었고, 몇몇 도시에서는 초가을에 거행되었다. 이 축제의 주제는 생명의 갱신이었다.

즉 주신(마르두크)은 혼돈이 이끄는 악마의 군대와 싸워 그들을 쳐부수고 나서 창조의 질서를 다시 확립하는 것으로 묘사되었다. 여기서 주신 마르두크는 신들의 전쟁에서 승리하여 최고의 신이 되었고, 창조의 신이며 모든 우주 질서를 주관하는 왕 중의 왕으로서, 마치 그리스 신화 신들의 전쟁에서 승리한 제우스와 신약성서 계시록의 이야기처럼 주신이 혼돈이 이끄는 악마의 군대와 싸워 그들을 쳐부수고 나서 창조의 질서를 다시 확립하는 것과 같다.

이 신들 전쟁이야기의 양태는 마치 지상 정치세계에서 왕권을 놓고 벌어지는 역성혁명이나 왕자의 난과 같다. 예컨대, 신들이 사는 곳에서 이 전쟁문제를 놓고 의논하는 천상회합 묘사 등이 그 한 사례이다.

19세기에 아수르바니팔(BC 662-626) 서재에서 나온 '신들 전쟁 이야기' 원본 점토판은 대영제국 박물관에 있다.

그 점토판에 수록된 이야기 원문 자체는 바빌론에서 전해진 것이다. 왜냐하면 그 이야기의 내용이 그 도시에서 행해졌던 형식을 보여주고 있기 때문이다. 따라서 그 이야기의 주인공은 바빌로니아 수도의 주신 '말둑'으로 간주되며, 그 도시에 있던 거대한 신전 누각 에사길라는 주신 말둑을 기리기 위해 세워졌던 것이다.

그러나 1915년에 기원전 2000년경의 것으로 추정되는 이 이야기의 더 오래된 고본이 아시리아의 고대 수도 아수르에서 발견되었다.

거기서의 주인공은 그 나라의 신인 아수르였고 그것이 봉납된 곳은 아시리아 수도의 유명한 이 신의 신전이었다.

이 '신들의 전쟁 이야기'는 이전에 독립적으로 존속되어 온 많은 이야기들을 외형상 일관된 이야기로 만들어 주고 있다.

따라서 아마도 이 '신들의 전쟁 이야기'가 오늘날의 형태로까지 발전하는 데에는 많은 시간이 걸렸을 것으로 보인다.

마치 유대교나 기독교인들의 구약성서가 처음에는 구비형태 또는 개별 낱권으로 전해내려 오다가 후에 오늘날과 같이 한 권으로 편집된 것과 같다.

"옛날 옛날 아주 먼 옛날, 아직 하늘과 땅도 없을 때, 세상에는 다만 물과 그 물을 지배하고 있는 두 존재만이 있었다. 신선한 물은 아푸스의 소유였고, 소금물은 그의 아내 티아마트의 소유였다. 그러나 그 무렵 이 두 가지는 함께 섞여 있었으므로, 아직 강이라든가 바다같은 것은 존재하지도 않았다.

그들은 마침내 결혼하여 큰 두 아이를 낳았으니, 남자 아이는 라무이고 여자 아이는 라하무였다. 다시 이들이 결합하여 안샤와 키샤를 낳았다. 안샤는 하늘 위의 영이었고, 키샤는 땅에 사는 영이었는데, 이들한테서 아누 혹은 하늘이 태어났다. 아누의 아들 에아는 막강한 만큼 예지도 넘쳐, 그의 부모는 물론 그이전의 누구보다도 빼어났다. 에아가 태어난 후 신들의 가족은 급작스럽게 불어나서 시끄럽기가 이만저만이 아니었다. 펄쩍펄쩍 뛰고, 달리고, 호들갑스럽고, 젖 먹던 힘까지 다해 소리지르는 바람에, 불쌍한 증조할머니 티아마트는 마침내 신경 쇠약중에 걸리고 말았다. 그렇지만 할머니는 불평 한마디 하지 않고 속으로만 삭일뿐이었다.

'애들은 역시 애들이야' 하면서 '고칠 수 없을 때는 참는 도리밖에 없지'라고 생각하였다.

그러나 증조할아버지 아푸스는 성미가 달랐다. 어느 날 그는 더 이상 그 소란을 견딜 수가 없었다. 그리하여 아푸스는 그가 상담이나 기분풀이하기 위해 집에 데리고 있는 난쟁이 뭄무를 불러 왔다. '자, 나하고 같이 티아마트에게 가서 이걸 말해 봐야겠다.' 하며 둘이서 티아마트한테로 가 아이들 문제를 어떻게 했으면 좋겠는지 의논 하였다. 그러나 아푸스는 조용하게 의논할 기분이 아니었으므로 큰 소리를 쳤다. '들어보구려, 할멈. 나는 이제 더 이상 참을 수가 없소! 낮에는 낮대로 잠시도 편할 날이 없고, 밤에는 한숨도 잘 수가 없단 말이오. 어떻게 해야 편안히 지낼 수 있겠소? 그래, 내 저놈들을 당장 없애 버려야겠소.'

이런 말을 듣자, 티아마트는 새파랗게 질려 화를 버럭 내며 아푸스에게 이렇게 말했다.

'무슨 말씀을 하는 거예요? 그래, 우리 손으로 만든 것을 우리 손으로 없애버리자는 말씀이세요? 물론, 저 아이들이 우리의 신경을 거슬리게 만드는 것은 사실이지만 본래, 아이들이란 모두 어른들을 귀찮게 구는 법이에요. 그러니 그 정도는 참아야지 별 수 없지 않겠어요!'

그러나 그녀의 이와 같은 말도 아무런 소용이 없었다. 그녀가 이렇게 말하자, 뭄무는 주인 곁에 바짝 다가가 귀에 속삭였다. '주인님! 못들은 체하십시오. 조용하기를 바라신다면 주저치 마시고 저것들을 그냥 없애 버리십시오!' 뭄무의 조언을 듣고 아푸스는 흡족한 생각이 들었는지 난쟁이를 덥석 안아 자기 무릎 위에 앉혀 놓고 목을 껴안고 입을 맞추어 주었다. 그러고 나서 그들은 신들에게 나아가 자기들이 결심한 바를 말해 주었다. 이 결정을 들은 신들의 놀라움이란 이루 말할 수 없었다. 그들은 그저 하늘 이쪽저쪽을 몰려다니며 손을 비비고 어쩔 줄을 모르다가 급기야 슬픔에 빠진 듯 주저앉아 자기들 머리에 떨어질 재난을 탄식할 뿐이었다.

단지 에아만은 그렇지 않았다. 하늘의 무리들 중 총명하게 뛰어나고 민첩하기 이를 데 없고 지략에도 능한 에아는 이미 앞날을 예측하고 선수를 쳐서 대책을 꾸며 놓은 지 오래였다. 그의 모든 형제자매들이 모여서 대책도 없이 탄식만 하고 있을 때, 에아는 작전을 세우느라 분주하였다. 그는 한마디 말도 없이 갑자기 자리에서 일어나 물통을 가져다 물을 가득히 채웠다. 그리곤 거기에 영험 있는 주문을 외우더니 아푸스와 뭄무 쪽으로 그 물통을 가지고 가서 그들에게 마시라고 하였다.

잠시 후 아푸스는 잠에 곯아떨어졌고, 뭄무는 졸음을 견디지 못해 이리 꾸벅 저리 꾸벅하면서도 잠을 쫓으려 했지만, 잘 안 되는 모양이었다. 에아는 때를 놓칠세라 번개처럼 날쌘 동작으로 아푸스의 옷과 왕관을 벗기고, 후광도 떼어낸 다음 그가 살던 집을 점령하였다.

천하에 고약한 자문위원 뭄무에 대해서는 꽁꽁 묶고 코를 꿰어 방울을 달아 지하 감방으로 끌고 가 쳐넣었다. 이처럼 자기 적을 정벌하고 자기의 승리를 기록한 기념탑을 세운 후, 그는 아늑하고 아름다운 방을 꾸며 담키

나를 신부로 맞이하였다.

이 성스럽고 행복한 곳에서, 신들 가운데서 가장 강한 왕자 중의 왕자, 왕 중의 왕인 말둑(마르두크) 신이 태어난 것이다.

그는 여신들의 품에 안겨 자라면서 여신들의 젖과 함께 그들이 지닌 위엄과 권력을 빨아먹었다. 그의 모습은 부드럽고 유연했으며, 눈은 현란하게 빛났고, 걸음걸이는 당당하였다. 그는 그가 탄생하던 날 벌써 다 자랐다. 아버지 에아는 그를 보자 너무나 기뻐서 파안대소하였다. 그리고 그를 승인하는 표시를 부여함과 동시에 그에게 신성을 두 배로 주기로 결정하였다. 그리하여 에아는 말둑에게, 인간의 마음으론 상상할 수도 없고 인간의 말로는 표현할 수조차 없는 당당한 형상을 부여하였다.

말둑은 눈과 귀를 각기 4개씩 갖고 있었으며, 그가 입술을 움직이면 거기선 불이 쏟아져 나왔다. 키는 굉장히 컸고, 사지도 그에 따라 클 수밖에 없었는데, 열 명의 신들이 발하는 휘황찬란한 후광을 의상으로 차려 입고 있었다. 그러나 그는 매우 모험적인 기질을 타고난지라, 자라면서 엉뚱한 장난을 치기 시작하였는데, 갈수록 난폭해졌다.

한때는 장난삼아 바람을 가죽끈으로 매어 버렸기 때문에, 바람을 말뚝이 택하는 곳으로 바람을 불 수밖에 없었다. 또 어떤 때는, 천상의 거처를 지키는 용의 입에 망태기를 씌워 틀어막았다. 이제 신들도 더 이상 참을 수 없었는지 티아마트에게 가서 불평을 늘어놓았다.

'말둑이 일을 얼마나 뒤죽박죽으로 만들고 있는지 알고나 계십니까? 그 애의 장난에는 넌더리가 난답니다. 그런데도 가만히 앉아서 보고만 계실 겁니까? 허구한 날 못된 짓만 골라 하고 다닌답니다. 지난날 아푸스와 뭄무가 뭐라고 했을 때에도 당신은 그저 가만히 있었지요?

당신은 아푸스가 만든 큰 톱을 가지고 있으면서도, 아푸스가 위태롭게 되었을 때, 그것을 써볼 생각은 하지도 않았지요! 그 결과가 어떻게 되었습니까? 당신은 과부신세가 되고 말았지 않습니까? 남편을 위해 일을 다하지 못했을지라도, 아이들을 위해선 무언가 해주셔야 합니다! 이제 말둑을 호되게 혼내 주십시오!'

이렇게 추궁을 당하자 티아마트도 동의하지 않을 수 없었다. '좋다! 그럼, 우리 모두 함께 가 그 아이와 싸우자! 그러나 경고해두지만 우리 모두가 덤비더라도 그 아이를 당하지 못할 것이다. 원군이 없으면 승산이 없다! 그러니 우선 그것들을 조금 만들어 두어야 할 것이야.' 이리하여 티아마트를 중심으로 신들이 모여 작전 회의를 열었다.

저들은 밤낮을 가리지 않고 작전 계획을 세웠다. 그러는 동안 티아마트는 무시무시한 짐승들을 만들었다. 그놈들은 날카로운 이빨과 뻐드러진 어금니를 갖고 있었고 혈관에는 피 대신 독액이 주입되었다. 광란하는 괴물들도 만들었는데 활활 타오르는 불꽃에 둘러싸인 저들에게서 섬광이 번뜩이는 것을 보게 되면 어느 누구라도 꼬리를 감추고 도망치지 않을 수 없을 것이다.

살무사, 용, 맘모스, 큰 사자, 미친 개, 전갈, 광폭한 폭풍의 악귀들, 나는 용, 켄타우로스 등 11종에 이르는 소름이 끼치는 존재들은 싸움에 나서면 무서움을 모르는 전사들이었기에 이들의 공격을 막아낼 자는 아무도 없었다. 다음에 티아마트는 킹구라 불리는 신을 총사령관으로 임명하였다.

'킹구, 그대는 군기를 높이 들고 전군을 지휘하며, 사기가 떨어지지 않도록 해야 한다. 그대의 명령은 아무도 거역 못 할 것이니. 보라, 이는 내가 그

대를 높은 자리에 앉혔음이며, 따라서 그대는 나의 반려자가 될 것이니라!'
이렇게 말하며 티아마트는 그에게 권력의 상징을 부여하고, 그의 가슴엔
운명을 결정하는 커다란 결정의 패찰(tablets of decision)을 달아주었다. 취임
식을 마치고 나서 티아마트와 킹구는 신들을 향하여 큰 소리로 외쳤다.

'불이 타오르고, 불길이 치솟아도, 그대들은 그것을 불어 끌지어다! 강한
자가 힘을 잃고, 오만한 자가 패주할 것이로다!' 이러한 말이 귓가에 울리
는 소리를 들으며 군사들은 출발을 하였다.

한편, 말둑은 무슨 일이 진행되고 있는지 전혀 알지 못하고 있었다. 그러
나 아버지 에아는 자기의 사랑하는 아들에게 위험이 닥치고 있다는 것을
알고 크게 분노했다. 그는 너무나 흥분한 나머지 차분하게 생각할 여유도
갖지 못하고 앉아서 걱정만 할 뿐이었다. 그러나 흥분이 가라앉고 냉정하
게 사태를 볼 수 있게 되자, 좋은 계획이 머리에 떠올랐다.

에아는 즉시 일어나 안샤에게 달려갔다. 기민하고 현명한 에아는 나이
지긋한 신의 마음을 움직이는 방법을 잘 알고 있었다. '티아마트는 하늘의
궁정에 대하여 반역을 꾀하고 있습니다.' 하며 말문을 연 에아는, 티아마트
가 신들을 모은 사실과, 무서운 괴물들을 만든 사실 그리고 이미 전투를 시
작하였다는 사실을 안샤에게 보고하였다.

이 말을 듣자 안샤는 노여움에 가득 차 자기 무릎을 치며 입술을 꽉 깨물
었으니 마음에 불길한 생각으로 가득하였다.

'에아야, 너는 지난날 아푸스와 뭄무를 없애면서 너의 기개를 보여 주었
다. 이제, 다시 나아가 킹구와 티아마트를 죽여라!' 그리하여 에아는 전진
해오는 적군과 맞섰으나, 선두에서 달려오고 있는 괴물들과 그것들을 감싸
고 있는 화염을 보자 무서운 생각이 들어 퇴각하고 말았다. 에아가 패주하

였다는 보고를 받자, 안샤는 매우 당황하여 아들 아누를 불러 말하였다.

'너는 나의 장남으로 아무도 당할 수 없는 영웅이다. 이제 가서 티아마트를 만나고 오너라. 우선 그녀를 어르고 달래보다가 정말로 말을 듣지 않을 때에는 네가 나를 대신하여 왔노라고 말하고 복종하도록 만들어라!'

아누는 즉시 티아마트에게로 갔다. 그러나 그도 노여움에 부르르 떨고 있는 이 여신의 무시무시한 모습을 보자 겁에 질려 에아처럼 도망치고 말았다. 그가 다녀와서 안샤에게 사태의 전말을 보고하자, 안샤는 에아를 보며 실의에 빠진 듯 고개를 흔들었다. 하늘의 무리들은 모여 수군거렸다.

'이것 보게나, 티아마트와 맞섰다가 살아 돌아올 수 있는 자가 하나도 없다는군 그래!' 신들은 모여 앉아 오돌오돌 떨며 마음을 붙이지 못하고 있었다. 마침내 안샤가 왕좌에서 일어나 신들을 위엄 있게 내려다보며 말했다.

'우리를 대신할 수 있는 전사는 오직 하나, 저 용감한 전사, 두려움을 모르는 호담한 말둑뿐이다!' 이 말을 듣고 에아는 즉시 말둑(마르두크)을 내실로 불러들여 은밀히 이야기했다. 에아는 그에게 티아마트의 계획을 모두 이야기해 주었다. 그렇지만 그 계획이 말둑 자신을 향한 것이라는 점은 이야기하지 않았다. 그가 안샤에게 말한 바와 같이 '티아마트의 모반은 하늘의 궁정에 대해 일으킨 모반'이라고 말했다. 그의 얼굴엔 진지한 빛이 나타났다.

'말둑아, 아버지로서 너에게 이르는 것이니, 잘 듣고 내 말을 따르거라. 너의 증조할아버지이신 안샤님을 만나뵙도록 하여라. 너의 형제자매들이 너에 관해 불평을 할 때에도 안샤 님은 언제나 네 편을 드셨고, 너에게는 따뜻한 애정을 베풀고 계시다. 그분 앞에 나아갈 때에는 당당하게, 말은 무인답게 명료하게 하여야 한다. 반드시 기뻐하실 것이다.'

말둑은 아버지가 명하신 대로 안샤를 찾아뵙고, 당당한 태도를 지으며 걸었다. 용맹스러운 그의 표정과 태도를 보자 안샤의 가슴은 힘이 솟는 것 같아 다정하게 말둑에게 입맞추어 주었다. 말둑은 깊이 감동하여 이렇게 말했다.

'안샤 할아버님, 저는 언제나 증조할아버님을 사랑하고 있사오며, 증조할아버님을 위한 일이라면 물불을 가리지 않는다는 점을 잘 아시리라 믿습니다. 티아마트가 어떻게 하늘의 궁정에 모반을 하고 있는지 아버지로부터 들었습니다. 조금도 걱정하실 것 없습니다. 티아마트는 여자에 지나지 않습니다. 이제 싸울 준비가 다 되었습니다.

증조할아버님께서 티아마트의 목을 짓밟도록 해드리겠나이다.', '오오, 갸륵한지고!' 하며 안샤는 즐거운 듯 말했다. '가서, 그녀를 만나라. 처음에는 말로 타이르도록 하고, 듣지 않을 땐, 주문을 외워서라도 그녀를 달래보도록 해보아라. 그래도 듣지 않을 경우, 폭풍의 전차를 몰아 싸우도록 하라.'

말둑은 에아의 아들답게 용감했을 뿐 아니라, 머리도 민첩하게 돌아갔고 또 야심도 만만찮았다. '다시 없는 기회다! 괴물들을 물리치고, 천상의 명예를 지키면 보상도 내리실 것 아닌가?' 그는 생각했다. 그리하여 넓은 어깨를 펴고 증조할아버지를 바라보며 감히 말했다.

'안샤 할아버님, 지금이라도 나갈 준비가 다 되었습니다. 그러하오나 제가 티아마트를 정복하고 증조할아버님의 생명을 구하게 되면, 저를 신들의 우두머리로 삼아 주셔야 합니다. 지금 모두 불러 모으시고 약속해 주십시오. 지금 이 시각으로부터 결정을 내리는 자는 저뿐이옵고, 제가 말하는 것이 곧 법이 될 것이라고 선언을 하십시오.'

이 말을 들은 안샤는 자기의 심복 가가를 불러 말했다.

'바다 밑에 계신 늙으신 나의 부모님, 라무와 라하무에게 다녀오게. 두분에게 티아마트가 하늘의 궁정에 모반을 일으켰는데, 말둑이 신들의 우두머리가 되는 조건으로 티아마트와 싸우겠노라 한다고 말씀드리게. 이 문제는 나 혼자서 결정할 수 있는 일이 아닌 것 같으니 설명을 드리게. 왜냐하면 그 문제가 위에 있는 신들에 대해서만이 아니라 아래에 있는 신들에게도 영향을 끼치는 중차대한 문제이기 때문이네. 그분들의 구역에 사는 모든 신들을 불러 모아 이곳으로 보내시어 같이 상의할 수 있게 해 달라고 잘 말씀드리게.'

가가는 라무와 라하무를 찾아가 안샤의 말을 전하고, 이제까지의 전말을 이야기했다. 그리고 라무와 라하무는 즉시 자기들 구역의 신들에게 하늘의 궁정 회합에 참가토록 지시하였다.

신들이 출두 명령을 받았을 때, 그들은 자신들의 귀를 의심하였다. '뭐가 심상찮은 일이 일어난 게로군. 티아마트가 이같이 모반을 일으키다니, 우리가 가서 진상을 알아보는 것이 좋겠구먼.'하며 그들은 숙덕거렸다.

마침내 하늘의 궁정에는 사방에서 모여든 남녀의 신들로 북적거렸다. 그들은 서로 마주칠 때마다 발걸음을 멈추고 포옹하며 인사말을 나누었다. 모두 모이자 주안상이 베풀어져 일동은 연회석에 앉았다. 최종결정이 내려질 무렵에는 참석자들은 모두 기분좋은 상태에 있었으므로 의안이 제출되어도 누구 하나 이의를 제기하든가 토를 다는 자는 하나도 없었다. 급히 단상이 마련되고 말둑이 개선장군과 같이 단상에 오르자 모든 신들은 우뢰와 같은 박수와 찬사를 보내어 의안을 승인하였다.

'우리들의 우두머리이신 말둑이시여! 당신이 하신 말은 그대로 법이 될 것이오니 높이거나 낮추거나 뜻대로 하소서. 아무가 지닌 모든 권력을 말둑에게 그리고 말둑을 전세계의 왕으로 삼자! 그가 쏘는 화살이 한 발도 빗나가지 않기를!' 누군가가 화려한 옷 한 벌을 가지고 왔다.

'말둑이시여, 당신이 가지신 힘을 보여 주십시오! 한 마디 말씀으로 이웃이 갈기갈기 찢어졌다가, 한 마디 말씀으로 본래대로 되게 해보십시오!' 그리하여 말둑이 명령을 하자, 옷을 갈기갈기 찢어졌고, 다시 명령을 하자 본래대로 되었다.(원본에서 사용된 단어는 '사라지다'라는 뜻으로도 해석될 수 있다. 그러므로 어떤 학자들은 말둑이 그 의상을 사라지게 한 다음, 다시 나타나게 했노라고 생각한다.) 그러자 말둑의 범상치 않은 능력을 본 신들은 그를 믿고 무릎 꿇어 소리 높여 찬양하였다.

'말둑이야말로 우리의 왕이시다. 말둑이야말로 우리의 왕이시다.' 그들은 그의 손에 왕홀을 쥐어 주며 왕좌에 앉히고 왕의 휘장을 건네주었다. 그들은 그에게 훌륭한 검을 주면서 말했다.

'자, 이 검으로 티아마트의 목을 베고, 바람을 일으켜, 그녀의 피를 날려 버리십시오!'

신들이 돌아가자 말둑은 즉시 무기를 정비하여 전쟁 준비를 하였다. 활시위를 당겨 화살을 재고, 활촉에는 번개를 달아 두었으므로 그의 전신은 빛에 싸여 휘황찬란하였다. 그리고 그는 적을 사로잡기 위하여 그물을 쥐고, 거센 폭풍을 겨드랑이에 끼고 행군하기로 하였다. 만반의 준비가 끝나자 말둑은 벼락을 손에 들고, 폭풍의 전차에 올라탔다.

노여움과 잔혹 그리고 폭풍과 질풍이라는 네 마리의 괴물이 전차를 끌었으며, 모두들 예리한 독알을 가지고 있었다. 말둑은 악의 힘을 막기 위하여 입가에 붉은 칠을 하였고, 손에는 티아마트와 그녀의 맹수들이 내뿜는 악취를 묻히지 않기 위하여 향내 나는 풀을 들고 있었다. 그렇게 하고 나서 그는 출전하였던 것이다.

킹구를 비롯한 선봉에 서 있는 적군들은 말둑이 달려오는 모습을 보자 부들부들 떨었다. 이런 자가 나타나리라고는 생각조차 못했기 때문이었다. 작전은 지리멸렬되고 말았다. 그러나 티아마트는 두려워하지도 떨지도 않았다. 그녀는 용감하게 전진하였으며, 그녀가 부르는 군가는 천지를 진동하였다. '네 비록 앞에 서서 뽐내고 있으나, 네가 바칠 것은 항복뿐이리. 자, 만군의 신들이 예 왔노라! 너를 무찌르기 위하여.' 그러나 그 노랫소리가 그의 귓가에 와닿기도 전에 말둑은 티아마트에게 곤봉을 휘두르며 큰소리로 외쳤다.

'그대의 힘이 막강하고, 그대 분명 모든 신들 중의 여왕이었으나, 그대 마음 속엔 옳은 것이 간직되어 있지 않고, 분쟁과 다툼만이 있을 뿐. 그대를 우리의 고조할머니로서 깍듯이 모셔 왔으나 마음 속엔 원한만이 가득하여, 형제가 형제끼리 다투고, 자식이 아비에게 대항하도다. 잔인하고 비열한 흑심덩이, 생자나 사자의 신뢰를 저버리고, 아푸스가 떠나가자, 킹구를 맞이하였도다! 이 무슨 만용이며, 무례한 꼴인가? 옛 신들에게 도전하다니, 괴물들에게나 의존하여, 그것들을 이끌고 진격하다니. 내 이르노니, 그대 혼자 오라! 부하들은 눈앞에 알짱거리지 마라 하고, 단둘이 겨루어 보자, 단둘이서 싸움을 겨루어 보자!'

이 노래에 티아마트는 피가 거꾸로 흐르는 것 같은 충격을 받아 좌우를 살피지도 않고 무작정 이 무뢰한을 삼킬 듯이 돌진하였다. 째어지는 목소리로 욕지거리를 내뱉으며 맹렬히 앞을 향해 덤벼들었으므로, 곁에서 진격하던 신들도 다시 무기를 고쳐 잡았다. 그러나, 말둑은 말할 수 없이 빨랐다. 티아마트가 덤벼든다고 느꼈을 때 그는 이미 번개처럼 날렵하게 그녀가 달려오는 길목에 그물을 던져 그녀를 잡아올리고 말았는데, 그녀는 꼼짝없이 그물 속에 갇혀 날뛰는 꼴이 되고 말았다. 그러자 후미에서 진군하던 폭풍을 전방으로 불러냈다.

폭풍은 세차게 앞으로 진격하여 티아마트의 벌려진 입을 향해 맹공을 가했으므로 티아마트는 입을 다물 수 없게 되었다. 때를 놓칠세라 말둑은 시위를 당겨 벌려진 입에 화살을 쏘았다. 화살은 티아마트의 내장 깊숙이 박히면서 혈관을 꿰뚫고, 심장을 파열시켰다. 드디어 거대한 그녀의 육체도 힘을 잃고 쓰러지고 말았다. 말둑은 그녀를 묶고 생기를 뽑은 다음 큰대자로 늘어진 시체를 밟고 섰다.

티아마트의 군대는 우두머리가 쓰러지는 것을 보자, 대오를 흐트리며 도망가려 하였으나, 말둑의 군대는 그 퇴로를 막고 그들의 무기를 빼앗고 쇠사슬로 묶어 버렸다. 말둑은 그들을 그물로 묶어 땅굴에 던져 넣고 영원히 포로로 썩게 하였다. 열한 마리의 괴물도 밧줄에 묶어 곤죽이 될 정도로 밟아 뭉갰으므로, 힘을 잃고 매우 온순한 동물이 되어, 가죽 끈에 묶이게 되었다. 킹구에 관하여는 특별한 판결을 내렸으니, 킹구는 더 이상 신들과 어울릴 수 없게 되었다.

티아마트의 일당을 대강 처치하고 나서 말둑은 다시 티아마트의 주검을 향해 발길을 옮겼다. 그리곤 커다란 곤봉을 들어 티아마트의 두개골을 힘껏 내리쳤다. 산산조각이 난 혈관에서 튀어 나온 피는 바람이 실어가 버렸다. 안샤와 에아 등 모든 신들은 말둑의 솜씨를 보고 기뻐 날뛰며 안도의 숨을 몰아쉬었다. 그들은 제물을 받쳐 들고 나와 말둑을 둘러쌌다. 그러나 말둑은 그런 물건을 받기 위하여 우물쭈물하고 있을 수는 없었다. 새로운 임무로 바빠졌기 때문이었다.

티아마트의 죽음은 그에게 있어서 새로운 질서의 시작을 의미하였다. 쭉 뻗은 티아마트의 사체를 조개처럼 두 쪽으로 가른 다음, 너비를 잰 다음, 그 한쪽으론 하늘의 궁창을 삼았고, 궁창 아래에 있는 물의 깊이를 재고, 너비를 잰 다음, 나머지 반쪽으론 그걸 덮을 덮개로 만들었으니, 그 덮개가 땅의 기초가 되었다. 그리곤 아누를 궁창의 영역에 살게 하고 엔릴을 하늘과 땅 사이에, 그리고 에아를 땅 아래에 있는 물에 살게 하였다. 그리하여 아누는 하늘의 신이 되고 엔릴은 공기의 신이 되었으며, 에아는 대양의 신이 되었다.

이제 말둑은 다른 모든 신들에게도 자리를 정해주었으며, 빛나는 것들을 만들어 하늘에서 빛나도록 하였으니, 해라든가 달, 별들은 이렇게 하여 생겨났다. 말둑은 그들이 움직이는 시간과 계절을 정해 주고, 별에는 궤도를 만들어 주었다. 또한 달들의 길이를 정해 주었다. 동쪽 하늘에는 태양이 솟아오를 입구를 만들고, 서쪽 하늘에는 저녁에 그곳으로 나가기 위한 출구를 만들었다. 그러나 이렇게 모든 것이 정해지자, 신들은 말둑의 주위에 모여들어 잔소리를 하기 시작하였다.

'왕께서는 우리들의 위치를 정해 주시고 각기 임무를 부여해 주셨습니다마는, 우리들이 일하는 동안 우리를 위해 일하며 우리를 돌봐 줄 자를 결정하지 않았습니다. 도대체 누가 우리들의 집안일을 돌보며 식사준비를 해주게 됩니까?'

이 말을 듣고 말둑은 깊은 생각에 잠기는 것 같더니 갑자기 얼굴을 들고 혼잣말을 하였다. '옳거니! 뼈와 피로 꼭두각시들을 만들자! 내 그것들을 인간이라고 부르겠다. 신들이 자기 일을 할 때, 인간으로 하여금 신에게 봉사하게 하고, 신의 용무를 돌봐 주도록 하면 되겠구나!' 그러나 이러한 계획을 에아에게 말하자, 이 늙고 약삭빠른 신은 곧바로 말하였다. '뭐 하려고 새로운 피와 뼈를 만들려 하는가? 모반을 일으켰던 자들의 것을 쓰면 될 게 아닌가?' 그리하여 말둑은 묶여 있는 포로들을 데려다가, 너희들 중에서 누가 모반을 획책한 장본인인가 하고 다그쳤다. 모반을 일으킨 장본인을 처형하려는 뜻에서였다. 그러나 포로들은 모두 티아마트의 졸개들뿐이었으므로, 그 누구도 전쟁의 책임을 진다는 것은 생각조차 할 수 없는 노릇이었다. 그들은 이구동성으로 대답하였다.

'킹구가 장본인입니다. 킹구가 우리의 사령관이었습니다. 그가 이 공격을 계획하고 지도하였습니다.' 이리하여 킹구는 감옥에서 끌려나와 에아의 손에 넘겨졌다. 에아는 그의 목을 자르고 혈관을 도려내 그것으로 인간이라 불리는 꼭두각시를 만들었다. 신들은 크게 기뻐하며 말둑을 에워쌌다. '오오, 말둑이시여! 당신은 우리들의 짐을 덜어 주고 노고를 가볍게 해주셨습니다. 그러므로 저희들은 땅 위에 당신이 쉴 수 있는 신전을 지어 이것으로 감사의 표적을 삼겠습니다. 해마다 우리들도 그 신전에 모여 당신께 경의를 표하고 당신을 찬양하겠습니다.'

줄곧 2년간에 걸쳐 신들은 벽돌과 모르타르를 사용하여 열심히 일하였다. 그리하여 3년째 되던 해에 바빌론 시가 완성되었고, 그 도시 안에는 에사길라 궁정 곧 말둑의 신전이 우뚝 솟아오르게 되었다. 이 건물이 완성되자 모든 신들이 그곳에 모여 축하연을 베풀었다. 말둑도 그들에 둘러싸여 정좌하고, 그들의 찬사를 받으면서 운명의 법과 전세계의 운명을 선포하였다. 그리고 나서 적을 쓰러뜨린 큰 활은 온 세상이 볼 수 있도록 하늘에 걸어 놓았다."[메소포타미아 신화]

* * *

고대 메소포타미아 문화를 고스란히 담고 있는 '신들의 전쟁 이야기'와 동형의 문화적 특성을 보여주고 있는 히브리와 그리스인들의 사고를 사례 별로 열거하면 다음과 같다.

✦

1. 신의 창조 행위는, 신 자신이 하고 싶은 일을 말로 입 밖으로 내기만 하면 실현된다고 생각했다

신들의 전쟁

"… '말둑이시여, 당신이 가지신 힘을 보여 주십시오! 한 마디 말씀으로 이 옷이 갈기갈기 찢어졌다가, 한 마디 말씀으로 본래대로 되게 해보십시오!' 그리하여 말둑이 명령을 하자, 옷을 갈기갈기 찢어졌고, 다시 명령을 하자 본래대로 되었다…"[메소포타미아 신화]

(앞에서 언급한 바와 같이 메소포타미아인에게 신의 행위는 신 자신이 하고 싶은 일을 말로 입 밖으로 내기만 하면 실현되었다. 이런 영향을 받은 히브리인들의 성서에서도 동일한 문화적 관점을 볼 수 있다.)

(창세기1:3-10) "3하나님이 이르시되 빛이 있으라 하시니 빛이 있었고 4…5 하나님이 빛을 낮이라 부르시고 어둠을 밤이라 부르시니라 저녁이 되고 아침이 되니 이는 첫째 날이니라 6 하나님이 이르시되 물 가운데에 궁창이 있어 물과

물로 나뉘라 하시고 7 하나님이 궁창을 만드사 궁창 아래의 물과 궁창 위의 물로 나뉘게 하시니 그대로 되니라 8 하나님이 궁창을 하늘이라 부르시니라 저녁이 되고 아침이 되니 이는 둘째 날이니라 9 하나님이 이르시되 천하의 물이 한 곳으로 모이고 뭍이 드러나라 하시니 그대로 되니라 10 하나님이 뭍을 땅이라 부르시고 모인 물을 바다라 부르시니 하나님이 보시기에 좋았더라"[구약 성서]

(마태복음4:1-4) "1 그 때에 예수께서 성령에게 이끌리어 마귀에게 시험을 받으러 광야로 가사 2 사십 일을 밤낮으로 금식하신 후에 주리신지라 3 시험하는 자가 예수께 나아와서 이르되 네가 만일 하나님의 아들이어든 명하여 이 돌들로 떡덩이가 되게 하라 4 예수께서 대답하여 이르시되 기록되었으되 사람이 떡으로만 살 것이 아니요 하나님의 입으로부터 나오는 모든 말씀으로 살 것이라 하였느니라 하시니"[신약 성서]

("하나님이 이르시되…", "명하여…", "하나님의 입으로부터 나오는 모든 말씀으로…" 라고 묘사하고 있다. 즉 히브리 인들 역시 신이 말로 입 밖으로 내기만 하면 실현된다는 동일한 문화적 신념을 갖고 있었다.)

❖

2. 부정한 것으로부터 방호하는 수단으로 붉은색을 사용하였다

악귀로부터 방호하는 수단으로 원시인들은 붉은 색을 흔히 사용하였다. 인류학자 제임스 조지 프레이저 책-'황금가지'에 따르면 카피르족의 여인들은 산후에 붉은 진흙을 몸에 바른다. 한편 갈레라스와 타벨로레제족 사이에서는, 성년식을 행할 때 아이들의 몸에 붉은 안료를 바른다. 또한 같은 이치에서, 빨간색 실은 원시인의 주술에서 적이나 암흑의 힘을 상징적으로 '묶는 것'으로 가끔 정해지고 있다고 한다. 성서의 이스라엘에서도 붉은 색은 부정(不淨)한 것을 제거한다고 믿었다.

신들의 전쟁

"… 말둑은 악의 힘을 막기 위하여 입가에 붉은 칠을 하였고…"

(민수기19:2) "여호와께서 명령하시는 법의 율례를 이제 이르노니 이스라엘 자손에게 일러서 온전하여 흠이 없고 아직 멍에 메지 아니한 붉은 암송아지를 네게로 끌어오게 하고"[구약 성서]

(여호수아2:17,18) "17 그 사람들이 그에게 이르되 네가 우리에게 서약하게 한 이 맹세에 대하여 우리가 허물이 없게 하리니 18 우리가 이 땅에 들어올 때에 우리를 달아 내린 창문에 이 붉은 줄을 매고 네 부모와 형제와 네 아버지의 가족을 다 네 집에 모으라"[구약 성서]

(이스라엘이 가나안 여리고성을 정복할 때, 이스라엘 정탐꾼을 숨겨준 '라합'의 가족들은 분별하여 살려 주었는데, 그것은 사전에 창문에 붉은 줄을 매어 놓으라는 약속을 했고, 라합은 여리고성이 정복당할 때 그 약속대로 했기 때문에 이스라엘 사람들이 구별 할 수 있었던 것이다. 즉 붉은 색의 의미는 위험을 막아주는 방호 역할을 말한다.)

3. 위험을 막아주는 신비한 풀(약초)

신들의 전쟁

"… 손에는 티아마트와 그녀의 맹수들이 내뿜는 악취를 묻히지 않기 위하여 향내 나는 풀을 들고 있었다…"[메소포타미아 신화]

호메로스의 그리스 서사시 '오딧세이아'

"… 여신(키르케)은 손님들을 별실로 안내하여 술과 여러 가지 진미를 대접했다. 그들이 실컷 먹고 마시고 있을 때. 키르케는 마법의 지팡이를 그들 하나하나에게 살짝 댔다. 그러자 그들은 모두 바로 돼지로 변해 버렸다. 머리와 몸뚱이와 목소리와 털은 돼지로 변했으나, 정신은 전과 같았다. 키르케는 그들을 돼지우리 속에 가두고 도토리 및 기타 돼지가 좋아하는 다른 먹이를 주었다.

에우릴로코스는 급히 배 있는 곳으로 돌아가 사정을 이야기했다. 이에 오디세우스는 자신이 가서 어떠한 방법으로든지 동료들을 구출해 보리라 결심했다. 그가 혼자 걸어가고 있을 때 한 젊은이가 그의 여러 가지 모험을 아는 양 친절히 그에게 말을 걸어왔다, 젊은이는 헤르메스라는 사람으로, 오디세우스에게 키르케의 마술에 관하여 알려 주고, 그녀에게 접근하면 위험하다고 말했다. 그러나 오디세우스를 단념시킬 수는 없었으므로 헤르메스는 마술에 대항하는 강력한 힘을 가지고 있는 약초를 그에게 주고 그 사용법을 가르쳐 주었다…"[토머스 불핀치, 그리스 로마 신화]

4. 궁창 아래 물과 궁창 위의 물, 땅, 해, 달, 별의 질서

수메르인이 생각한 하늘은 거대한 둥근지붕 같은 것으로서 그 속에 창공, 별, 달, 태양이 있고 그것이 밑에 있는 도시들에 빛을 던져 주고 있다. 또한 그리스 신화의 이야기처럼, 지구는 둥근 원반 모양으로 태양이 낮에는 동쪽 입구에서 나와 창공을 가로질러 낮이 되게 했고, 다시 서쪽출구를 통과하여 원반 아래 땅속을 통과할 때를 밤이라고 했고, 다시 동쪽 문을 통해 해가 나오는 것을 아침으로 생각했다.

신들의 전쟁

"… 새로운 임무로 바빠졌기 때문이었다. 티아마트의 죽음은 그에게 있어서 새로운 질서의 시작을 의미하였다. 쭉 뻗은 티아마트의 사체를 조개처럼 두 쪽으로 가른 다음, 너비를 잰 다음, 그 한쪽으론 하늘의 궁창을 삼았고, 궁창 아래에 있는 물의 깊이를 재고, 너비를 잰 다음, 나머지 반쪽으론 그걸 덮을 덮개로 만들었으니, 그 덮개가 땅의 기초가 되었다. 그리곤 아누(하늘신)를 궁창의 영역에 살게 하고 엔릴(대기의 신)을 하늘과 땅 사이에, 그리고 에아(물고기)를 땅 아래에 있는 물에 살게 하였다. 그리하여 아누는 하늘의 신이 되고 엔릴은 공기의 신이 되었으며, 에아는 대양의 신이 되었다. 이제 말둑은 다른 모든 신들에게도 자리를 정해주었으며, 빛나는 것들을 만들어 하늘에서 빛나도록 하였으니, 해라든가 달, 별들은 이렇게 하여 생겨났다. 말둑은 그들이 움직이는 시간과 계절을 정해 주고, 별에는 궤도를 만들어 주었다. 또한 달들의 길이를 정해 주었다. 동쪽 하늘에는 태양이 솟아오를 입구를 만들고, 서쪽 하늘에는 저녁에 그곳으로 나가기 위한

출구를 만들었다…"[메소포타미아 신화]

(창세기1:7-18…) "7 하나님이 궁창을 만드사 궁창 아래의 물과 궁창 위의 물로
나뉘게 하시니 그대로 되니라 8 하나님이 궁창을 하늘이라 부르시니라 저녁이
되고 아침이 되니 이는 둘째 날이니라 9 하나님이 이르시되 천하의 물이 한 곳
으로 모이고 뭍이 드러나라 하시니 그대로 되니라 10 하나님이 뭍을 땅이라 부
르시고 모인 물을 바다라 부르시니 하나님이 보시기에 좋았더라 11 하나님이
이르시되 땅은 풀과 씨 맺는 채소와 각기 종류대로 씨 가진 열매 맺는 나무를
내라 하시니 그대로 되어 12 땅이 풀과 각기 종류대로 씨 맺는 채소와 각기 종
류대로 씨 가진 열매 맺는 나무를 내니 하나님이 보시기에 좋았더라 13 저녁이
되고 아침이 되니 이는 셋째 날이니라 14 하나님이 이르시되 하늘의 궁창에 광
명체들이 있어 낮과 밤을 나뉘게 하고 그것들로 징조와 계절과 날과 해를 이루
게 하라 15 또 광명체들이 하늘의 궁창에 있어 땅을 비추라 하시니 그대로 되니
라 16 하나님이 두 큰 광명체를 만드사 큰 광명체로 낮을 주관하게 하시고 작은
광명체로 밤을 주관하게 하시며 또 별들을 만드시고 17 하나님이 그것들을 하
늘의 궁창에 두어 땅을 비추게 하시며 18 낮과 밤을 주관하게 하시고 빛과 어둠
을 나뉘게 하시니 하나님이 보시기에 좋았더라"[구약 성서]

5. 신들의 종 인간

신들의 전쟁

"… 말둑은 깊은 생각에 잠기는 것 같더니 갑자기 얼굴을 들고 혼잣말을
하였다. '옳거니! 뼈와 피로 꼭두각시들을 만들자! 내 그것들을 인간이라고
부르겠다. 신들이 자기 일을 할 때, 인간으로 하여금 신에게 봉사하게 하

고, 신의 용무를 돌봐 주도록 하면 되겠구나!'…"[메소포타미아 신화]

(창세기32:10) "나는 주께서 주의 종에게 베푸신 모든 은총과 모든 진리를 조금이라도 감당할 수 없사오나 내가 내 지팡이만 가지고 이 요단을 건넜더니 지금은 두떼나 이루었나이다"[구약 성서]

(여호수아1:1) "여호와의 종 모세가 죽은 후에 여호와께서 모세의 시종 눈의 아들 여호수아에게 일러 가라사대"[구약 성서]

(사무엘하7:20) "주 여호와는 종을 아시오니 다윗이 다시 주께 무슨 말씀을 하오리이까"[구약 성서]

(열왕기상3:7) "나의 하나님 여호와여 주께서 종으로 종의 아비 다윗을 대신하여 왕이 되게 하셨사오나 종은 작은 아이라 출입할 줄을 알지 못하고"[구약 성서]

(로마서6:22) "그러나 이제는 너희가 죄에게서 해방되고 하나님께 종이 되어 거룩함에 이르는 열매를 얻었으니 이 마지막은 영생이라"[신약 성서]

(요한계시록15:3) "하나님의 종 모세의 노래, 어린 양의 노래를 불러 가로되 주 하나님 곧 전능하신 이시여 하시는 일이 크고 기이하시도다 만국의 왕이시여 주의 길이 의롭고 참되시도다"[신약 성서]

(위 성서 본문의 '종'은 신을 섬기는 사람들을 의미한다.)

6. 신들의 거처 신전

신들의 전쟁

"… '오오, 말둑이시여! 당신은 우리들의 짐을 덜어 주고 노고를 가볍게 해주셨습니다. 그러므로 저희들은 땅 위에 당신이 쉴 수 있는 신전을 지어 이것으로 감사의 표적을 삼겠습니다. 해마다 우리들도 그 신전에 모여 당신께 경의를 표하고 당신을 찬양하겠습니다.'…"[메소포타미아 신화]

(창세기28:19) "그 곳 이름을 벧엘이라 하였더라 이 성의 옛 이름은 루스더라"

('벧엘'[Bethel, בֵּית אֵל]: '하나님의 집'이라는 뜻으로, 야곱이 밧단아람 외삼촌 라반의 집으로 가던 여정중 밤에 꿈속에서 하나님을 만난 장소, 이 곳이 나중에 신이 거처하는 성전이 된다.)

(열왕기상5:3) "당신도 알거니와 내 아버지 다윗이 사방의 전쟁으로 말미암아 그의 하나님 여호와의 이름을 위하여 성전을 건축하지 못하고…"[구약 성서]

(성서에서 신이 거처하는 성전은 거의 예루살렘에 집중되어 있는데, 제1은 솔로몬의 성전, 제2는 스룹바벨의 성전, 제3은 헤롯의 성전이 있었다.)

토머스 불핀치, 그리스 로마 신화

델포이의 아폴론 신전, 제우스 신전, 트로포니오스 신전의 신탁소(Oracle), 아스클레피오스 신전의 신탁소, 아피스 신전의 신탁소 등이 있다,

7. 만물의 근원은 물이었고 그 물의 주인은 신이었다

(물의 '神性'화)

매년 범람하는 티그리스강과 유프라테스 강 사이에 살았던 메소포타미아 인들에게 물은 저항할 수 없는 절대자로서 신격화 되었고, 후에 민족 대이동기에 고대 근동의 여러 나라로 그러한 문화가 전파된 것으로 보인다. 때문에 그리스 신화나 히브리인들의 성서의 기록을 보면 물은 신성시 되어 흔히 강물에서 정결 의식이 행해졌다.

예컨대, 신약성서의 세례 요한이 요단 강에서 정결의식을 행하는 이야기나, 구약성서의 나아만 장군이 나병에 걸렸을 때, 요단 강에서 일곱 번 씻음으로 병이 치유된 이야기가 나온다. 그리고 구약성서의 아기 모세를 나일강에 두거나, 로마의 시조 아기 로물루스가 강가에 버려졌지만, 늑대가 젖을 먹이고 딱따구리가 먹을 것을 공급해 주어 살아남아 결국 로마 최초 집정관이 된다.

이처럼 정치적으로 생명의 위협을 받았던 인물들이 강가에 놓여 살아남는 이야기는 신의 은총으로 생명이 보존되었음을 의미한다.

신들의 전쟁

"옛날 옛날 아주 먼 옛날, 아직 하늘과 땅도 없을 때, 세상에는 다만 물과 그 물을 지배하고 있는 두 존재만이 있었다. 신선한 물은 아푸스의 소유였고, 소금물은 그의 아내 티아마트의 소유였다. 그러나 그 무렵 이 두 가지는 함께 섞여 있었으므로, 아직 강이라든가 바다같은 것은 존재하지도 않았다.

그들은 마침내 결혼하여 큰 두 아이를 낳았으니, 남자 아이는 라무이고 여자 아이는 라하무 였다. 다시 이들이 결합하여 안샤와 키샤를 낳았다. 안샤는 하늘 위의 영이었고, 키샤는 땅에 사는 영이었는데, 이들한테서 아누 혹은 하늘이 태어났다. 아누의 아들 에아는 막강한 만큼 예지도 넘쳐, 그의 부모는 물론 그이전의 누구보다도 빼어났다. 에아가 태어난 후 신들의 가족은 급작스럽게 불어나서 시끄럽기가 이만저만이 아니었다…"[메소포타미아 신화]

(창세기1:6-8) "6 하나님이 이르시되 물 가운데에 궁창이 있어 물과 물로 나뉘라 하시고 7 하나님이 궁창을 만드사 궁창 아래의 물과 궁창 위의 물로 나뉘게 하시니 그대로 되니라 8 하나님이 궁창을 하늘이라 부르시니라 저녁이 되고 아침이 되니 이는 둘째 날이니라"[구약 성서]

(마태복음3:6) "자기들의 죄를 자복하고 요단 강에서 그에게 세례를 받더니"[신약 성서]

(여기서 세례를 받는 행위는 거룩한 물로 죄를 씻는 정결의식을 말한다.)

(출애굽기1:22-2:1-3) "22 그러므로 바로가 그의 모든 백성에게 명령하여 이르되 아들이 태어나거든 너희는 그를 나일 강에 던지고 딸이거든 살려두라 하였더라 1 레위 가족 중 한 사람이 가서 레위 여자에게 장가 들어 2 그 여자가 임신하여 아들을 낳으니 그가 잘 생긴 것을 보고 석 달 동안 그를 숨겼으나 3 더 숨길 수 없게 되매 그를 위하여 갈대 상자를 가져다가 역청과 나무 진을 칠하고 아기를 거기 담아 나일 강 가 갈대 사이에 두고"[구약 성서]

(이 이야기는 유대민족이 이집트의 지배하에 있을 때, 이집트 왕 바로는 유대민족의 수를 줄이기 위해 유대인 남자 아이가 태어나면 모두 죽이라는 명령을 내렸었다. 이때 모세의 부모는 아이를 살리기 위해 아이를 갈대 상자에 담아 나일강에 두었던 것이다. 즉 신의 은총으로 아이가 살아남기를 바라는 믿음으로 강가 갈대 사이에 두었던 것이다. 결국 아이는 이집트 공주의 손에 살아남아 모세는 이집트 왕자가 된다.)

로물루스

"… 알바 왕가는 아이네아스의 직계 후손들로 이어져 내려온 것이다. 그리고 마침내 누미토르와 아물리우스라는 형제의 대까지 이르렀다. 아물리우스는 누미토르에게 모든 것을 똑같은 몫으로 나누자고 제안하였다. 그리고 트로이로부터 가져온 황금과 보물을 왕국의 가치와 맞먹을 정도로 쌓아놓고 선택하도록 하였다. 누미토르는 왕국을 선택하였다. 하지만 재물을 사용하여 누미토르보다 더 많은 일을 해낼 수 있게 된 아물리우스는 아주 손쉽게 누미토르의 왕국을 빼앗았다. 그는 누미토르의 딸이 장차 아들 낳을 것을 두려워하여, 그녀를 베스타 여신의 사제로 만들었따.

평생을 처녀로 살아가야만 하는 처지에 묶어 놓은 것이다. 그 여자의 이름은 실비아였다고도 한다. 하지만 얼마 지나지 않아서 누미토르의 딸이 벌써 뱃속에 아이를 가지고 있음이 발각되었다. 이것은 베스타의 율법에 완전히 어긋나는 행위로서, 가장 잔인한 극형을 받아야만 하는 일이었다. 그러나 왕의 딸인 안토가 그녀를 위하여 아버지에게 탄원을 하였다. 누미토르의 딸은 감금되어 어느 누구도 만날 수 없게 되었다. 왕이 알지 못하는 사이에 아이를 낳지 못하도록 하기 위해서였다. 때가 되어 그녀는 몸집이 크고 잘생긴 두 아들을 낳았다. 아물리우스는 더욱 두려워하여 한 신하를 시켜 아이들을 갖다버리라고 명하였다. 어떤 역사가들은 이 신하의 이름이 파우스투루스였다고 하고, 또 다른 이들은 아이들을 양육한 사람이 파우스툴루스였다고도 한다. 어쨌든 그는 아이들을 버리기 위해 바구니에 담아서 강으로 내려갔다. 그러나 강이 세차고 사납게 흐르는 것을 보고 가까이 가기를 두려워하여 아이들을 강둑 위에 떨어뜨려놓고 돌아왔다.

강물은 점점 불어나 마침내 아이들이 담긴 바구니를 싣고 흘러갔다. 그 바구니는 어느 아늑한 장소에 도달하였다. 그 곳은 오늘날 케르마누스라고 불리며, 옛날에는 게르마누스라고 불렸다.

이 이름은 아마도 쌍둥이 형제를 의미하는 게르마니라는 말에서 유래되었을 것이다. 이 근처에는 루미나리스라고 불리는 무화과나무 한 그루가 자라고 있었다. 이 나무의 이름은 로물루스의 이름에서 딴 것이 아니면, 루비네이트이라는 말에서 유래된 것이라고 생각된다. 왜냐하면 한낮의 열기를 피해 소 떼들이 그 나무 그늘 밑에 모여 되새김질을 하였기 때문이다. 또는 늑대가 거기서 아이들에게 젖을 먹였다는 전설에서 유래된 것일지도 모른다.

고대 사람들은 모든 생물의 젖을 루마라고 불렀다. 그뿐만 아니라 어린 아이들을 돌보아주는 여신을 루밀리아라고 한다. 이 여신에게 제사를 드릴 때는 포도주를 올리지 않고 제단에 우유를 따라 바친다. 어쨌든 전설에 따르면, 아기들이 여기에 누워 있는 동안 늑대가 와서 젖을 먹여주고, 딱따구리도 계속해서 먹을 것을 날라다주며 아기를 돌보았다고 한다…"[플루타르크 영웅전]

(권력을 잡은 아물리우스는 누미토르의 후손을 끊기 위해 누미토르 딸 실비아의 쌍둥이 아이를 신하로 하여금 버리라고 하였다. 그러나 명령을 받은 신하는 두려워하며 아이를 강가에 두고 돌아갔다. 두 아이는 결국 살아남았고, 그 두 아이 중 한 아이 로물루스가 로마의 최초 집정관이 된다. 즉 고대인들에게 물은 신성한 것으로써, 죄를 씻거나 생명을 살리는 거룩한 대상이었다.)

리쿠르고스

"… 그들의 으뜸가는 진미는 '검은 국'이라는 것이었다. 노인들은 그 국을 너무나도 즐긴 나머지, 고기는 젊은 사람들의 몫으로 돌리고 이 국만을 먹었다. 이 국이 너무나 유명하자, 폰투스의 왕이 라케다이몬의 요리사를 불러서 검은 국을 만들도록 하였다고 한다. 하지만 한입 먹자마자, 그 맛이 너무나 고약해서 더 이상 먹을 수가 없었다. 그때에 요리사가 왕에게 말했다. '왕이시여, 이 국의 진정한 맛을 보시려면 먼저 에우로타스강에 가서 목욕을 하셔야 합니다.'…"[플루타르크 영웅전]

(열왕기하5:10-14) "10 엘리사가 사자를 그에게 보내 이르되 너는 가서 요단 강에 몸을 일곱 번 씻으라 네 살이 회복되어 깨끗하리라 하는지라 11 나아만이 노하여 물러가며 이르되 내 생각에는 그가 내게로 나와 서서 그의 하나님 여호와의 이름을 부르고 그의 손을 그 부위 위에 흔들어 나병을 고칠까 하였도다 12 다메섹 강 아바나와 바르발은 이스라엘 모든 강물보다 낫지 아니하냐 내가 거기서 몸을 씻으면 깨끗하게 되지 아니하랴 하고 몸을 돌려 분노하여 떠나니 13 그의 종들이 나아와서 말하여 이르되 내 아버지여 선지자가 당신에게 큰 일을 행하라 말하였더면 행하지 아니하였으리이까 하물며 당신에게 이르기를 씻어

깨끗하게 하라 함이리이까 하니 14 나아만이 이에 내려가서 하나님의 사람의 말대로 요단 강에 일곱 번 몸을 잠그니 그의 살이 어린 아이의 살 같이 회복되어 깨끗하게 되었더라"[구약 성서]

(나아만은 BC 900년경 아람 왕 벤하닷 1세의 군대장관으로서 국왕과 백성들의 경의를 한 몸에 받고 있던 구국공신이었다. 그러나 그는 나병 환자였다. 다만 이스라엘처럼 수리아에서는 격리된 생활이 강요되지는 않았다고 한다. 나아만 아내의 몸종이었던 한 이스라엘 소녀가 나병을 고칠 수 있는 이스라엘 사마리아의 예언자 엘리사를 알려주었고 장군은 그 예언자를 찾아갔다. 그런데 엘리사는 직접 그를 만나지 않고 사자를 통하여 '요단 강에서 일곱 번 몸을 씻으라'고 명령했다'. 그러자 나아만은 모욕을 느끼고 되돌아가려고 했으나 함께했던 종들의 강권대로 요단 강에서 일곱 번 몸을 씻고 깨끗하게 치유 되었다는 이야기다.

즉 질병의 원인은 죄 때문이고 신성한 물에 몸을 씻음으로 그 죄가 씻겨나갔다는 말이다.)

(위 이야기들의 묘사를 통해 추론 할 수 있는 것은 메소포타미아 지역에 거주하던 최초의 문명인들은 땅과 그 밖의 피조물들이 있기 전의 최초의 근원 물질을 물로 생각했던 것 같다. 그들의 초기 도시들이 실제로 유프라테스 강과 티그리스 강 사이의 늪 지대위에 세워졌고 매년 우기 때마다 홍수를 겪으며 그 물을 지배하는 것이 하늘의 신들이라고 믿었을 것이다. 때문에 많은 신전을 세우고 신께 제사를 드렸던 것이 제사문화의 기초가 된 것이다. 바벨탑 등이 그것이다.)

8. 영웅신은 다자란 성인으로 태어나 초인적 능력을 소유한 다는 생각

신들의 전쟁

"… 그는 아늑하고 아름다운 방을 꾸며 담키나를 신부로 맞이하였다. 이 성스럽고 행복한 곳에서, 신들 가운데서 가장 강한 왕자 중의 왕자, 왕 중의 왕인 말둑신이 태어난 것이다. 그는 여신들의 품에 안겨 자라면서 여신들의 젖과 함께 그들이 지닌 위엄과 권력을 빨아먹었다. 그의 모습은 부드럽고 유연했으며, 눈은 현란하게 빛났고, 걸음걸이는 당당하였다. 그는 그가 탄생하던 날 벌써 다 자랐다. 아버지 에아는 그를 보자 너무나 기뻐서 파안대소하였다. 그리고 그를 승인하는 표시를 부여함과 동시에 그에게 신성을 두 배로 주기로 결정하였다. 그리하여 에아는 말둑에게, 인간의 마음으론 상상할 수도 없고 인간의 말로는 표현할 수조차 없는 당당한 형상을 부여하였다. 말둑은 눈과 귀를 각기 4개씩 갖고 있었으며, 그가 입술을 움직이면 거기선 불이 쏟아져 나왔다. 키는 굉장히 컸고, 사지도 그에 따라 클 수밖에 없었는데, 열 명의 신들이 발하는 휘황찬란한 후광을 의상으로 차려 입고 있었다…"[메소포타미아 신화]

토머스 불핀치, 그리스 로마 신화

"… 제우스는 자기의 권력을 수호하기 위하여 즉석에서 메티스를 삼켜버렸다. 달이 차서 애기를 낳을 때가 되자 제우스는 헤파이스토스에게 명령하여 도끼로 자기의 머리를 쪼개도록 했다 그러자 두개골 속으로부터 완전 무장한 자태로 여아가 뛰어나왔다. 이것이 아테나이다…"

(이처럼 영웅신 말둑은 성인으로 태어난 것으로 묘사되고 있으며, 그리
스 신화의 아테나 여신과 헤라클레스 역시 이와 동형의 문화적 산물이라고
할 수 있다.)

⚜

9. 바람을 가죽 끈으로 매어 잔잔케하는 묘사

신들의 전쟁
"… 말둑신이 … 한때는 장난삼아 바람을 가죽끈으로 매어 버렸기 때문
에…"

호메로스의 그리스 서사시 '오딧세이아'
"…오디세우스는 다음에는 아이올로스 섬에 도착하였다. 제우스는 이
섬의 왕에게 모든 바람의 지배권을 위탁하고 있었기 때문에 왕은 바람을
내보내거나 멈추는 것을 마음대로 할 수 있었다, 왕은 오디세우스를 친절
히 접대하고 떠날 때는 해롭고 위험한 바람은 모두 가죽자루에다 담아 은
사슬로 매어 그들에게 주고 순풍에 명령하여 배를 그들의 고국으로 인도해
주도록 하였다…"[토머스 불핀치, 그리스 로마 신화]

프로메테우스와 판도라
"… 제우스는 신들이 모이자 그들을 향하여 말하기 시작하였다. 그는 지
상의 무서운 상태를 설명하고 나서, 자기는 그 주민들을 다 멸망케 하고 그
들과는 다른, 더 살 가치가 있고 신을 더 숭배하는 새로운 종족들을 만들

작정이라는 선언을 하고서 회의는 끝을 맺었다. 그러고나서 제우스는 번개를 손에 쥐고서는 그것을 던져 이 세계를 불태워 버리려고 했다. 그러나 불이 일어나면 하늘도 화재를 면하지 못하리라 생각한 제우스는 그의 계획을 바꾸어 세계를 물바다로 만들려고 하였다. 그는 비구름이 불어 흐트러지는 북풍을 사슬로 붙들어 매고 남풍을 보냈다. 그러자 순식간에 하늘 전체가 암흑으로 뒤덮였다…"[토머스 불핀치, 그리스 로마 신화]

그밖의 문화적 특성

❖

1. 신들이 각기 정해진 서열과 역할에 따라 세상을 관장한다고 생각했다

메소포타미아 사람들은 필요할 때마다 새로운 신을 만들어냄으로써 세상의 여러 영역을 관장하도록 하였다. 이러한 생각은 인간 사회의 제도권의 양태를 신들의 세계에 적용한 것으로 볼 수 있다.

예컨대 남아있는 기록들을 보면 기원전 2500년에는 이미 수백 주(柱)의 신이 명부에 올라 있고 그것이 저마다 이름과 독자적인 영역을 갖고 있다. 그 신들은 중요성, 영향력, 권력에 의해 서열이 정해져 있었다. 이런 문화적 사고를 이어받은 그리스인들의 신화에도 역시 동형이다.

예컨대 올림포스 신들의 제1세대인 크로노스의 자녀들과 제우스로부터 탄생한 신으로서 고전 시대 올림포스의 '제2세대는 시초부터 각자의 운명에 의해 정해진 고유한 속성과 영역을 가지고 있었다.

히브리인들의 초기 원시역사의 인류에서도 이와 같은 인간의 속성과 영역을 소개하고 있다.

예컨대 구약성서 (창세기 4장)에 야발은 가축을 치는 자의 조상이며, 유발은 수금과 퉁소를 잡는 모든 자의 조상, 두발가인은 구리와 쇠로 여러 가지 기구를 만드는 자 등이 묘사되고 있다.

❖

2. 신을 찬양하는 노래(시)

엔릴(ENLIL)은 아카드어로 엘릴(ELLIL), 수메르 신화에서 가장 지혜롭다고 하는 신 엔키는 엔릴의 배다른 형이다. 아누(하늘 신)와 엔키(땅 또는 물의 신)에 버금가는 신으로, 메소포타미아 남부의 정치상, 종교상의 중심지가 된 도시 니푸르의 수호신이었다. 기원전 2500년 이후의 약 1000년 동안 엔릴은 수메르의 수많은 신 중에서 지고의 지배자였으며 바빌로니아인도 앗시리아인도 어느 정도는 그것을 받아들였다. 엔릴이라는 이름은 수메르의 복합어로서 '대기의 지배자'라는 뜻이다.

다음은 시인들이 엔릴을 찬양하기 위해 쓴 시이다.

"엔릴, 그 뜻은 멀리 사방에 미치고 그 말씀은 고상하고 존엄하며 그 결정은 변함없어 먼 훗날까지의 운명을 결정한다. 눈을 들면 일망무제 휘두르는 장대는 땅의 중심을 더듬는다. 아버지인 엔릴이 우뚝 솟은 거룩한 단에 듬직하게 앉을 때 땅의 신들은 그 앞에 머리를 숙이고 하늘의 신들은 그 앞에 무릎을 꿇는다…"[메소포타미아 신화]

다음은 구약 성서에 기록된 하나님(신)을 찬양하는 시이다.

(잠언30:5) "하나님의 말씀은 다 순전하며 하나님은 그를 의지하는 자의 방패시라"

(시편12:6) "여호와의 말씀은 순결함이여 흙 도가니에 일곱번 단련한 은 같도다"

(시편18:30) "하나님의 도는 완전하고 여호와의 말씀은 정미하니 저는 자기에게 피하는 모든 자의 방패시로다"

(시편33:4) "여호와의 말씀은 정직하며 그 행사는 다 진실하시도다"

(시편119:105) "주의 말씀은 내 발에 등이요 내 길에 빛이니이다"

(시편66:1-9) "1 온 땅이여 하나님께 즐거운 소리를 낼지어다 2 그의 이름의 영광을 찬양하고 영화롭게 찬송할지어다 3 하나님께 아뢰기를 주의 일이 어찌 그리 엄위하신지요 주의 큰 권능으로 말미암아 주의 원수가 주께 복종할 것이며 4 온 땅이 주께 경배하고 주를 노래하며 주의 이름을 노래하리이다 할지어다 (셀라) 5 와서 하나님께서 행하신 것을 보라 사람의 아들들에게 행하심이 엄위하시도다 6 하나님이 바다를 변하여 육지가 되게 하셨으므로 무리가 걸어서 강을 건너고 우리가 거기서 주로 말미암아 기뻐하였도다 7 그가 그의 능력으로 영원히 다스리시며 그의 눈으로 나라들을 살피시나니 거역하는 자들은 교만하지 말지어다 (셀라) 8 만민들아 우리 하나님을 송축하며 그의 찬양 소리를 들리게 할지어다 9 그는 우리 영혼을 살려 두시고 우리의 실족함을 허락하지 아니

하시는 주시로다"

(출애굽기15:1-19) "승리의 찬가"(모세의 노래)
"1 이 때에 모세와 이스라엘 자손이 이 노래로 여호와께 노래하니 일렀으되 내가 여호와를 찬송하리니 그는 높고 영화로우심이요 말과 그 탄 자를 바다에 던지셨음이로다 2 여호와는 나의 힘이요 노래시며 나의 구원이시로다 그는 나의 하나님이시니 내가 그를 찬송할 것이요 내 아버지의 하나님이시니 내가 그를 높이리로다 3 여호와는 용사시니 여호와는 그의 이름이시로다 4 그가 바로의 병거와 그의 군대를 바다에 던지시니 최고의 지휘관들이 홍해에 잠겼고 5 깊은 물이 그들을 덮으니 그들이 돌처럼 깊음 속에 가라앉았도다 6 여호와여 주의 오른손이 권능으로 영광을 나타내시니이다 여호와여 주의 오른손이 원수를 부수시니이다 7 주께서 주의 큰 위엄으로 주를 거스르는 자를 엎으시니이다 주께서 진노를 발하시니 그 진노가 그들을 지푸라기 같이 사르니이다 8 주의 콧김에 물이 쌓이되 파도가 언덕 같이 일어서고 큰 물이 바다 가운데 엉기니이다 9 원수가 말하기를 내가 뒤쫓아 따라잡아 탈취물을 나누리라, 내가 그들로 말미암아 내 욕망을 채우리라, 내가 내 칼을 빼리니 내 손이 그들을 멸하리라 하였으나 10 주께서 바람을 일으키시매 바다가 그들을 덮으니 그들이 거센 물에 납 같이 잠겼나이다 11 여호와여 신 중에 주와 같은 자가 누구니이까 주와 같이 거룩함으로 영광스러우며 찬송할 만한 위엄이 있으며 기이한 일을 행하는 자가 누구니이까 12 주께서 오른손을 드신즉 땅이 그들을 삼켰나이다 13 주의 인자하심으로 주께서 구속하신 백성을 인도하시되 주의 힘으로 그들을 주의 거룩한 처소에 들어가게 하시나이다 14 여러 나라가 듣고 떨며 블레셋 주민이 두려움에 잡히며 15 에돔 두령들이 놀라고 모압 영웅이 떨림에 잡히며 가나안 주민이 다 낙담하나이다 16 놀람과 두려움이 그들에게 임하매 주의 팔이 크므로 그들이 돌 같이 침묵하였사오니 여호와여 주의 백성이 통과하기까지 곧 주께서 사신 백성이 통과하기까지였나이다 17 주께서 백성을 인도하사 그들을 주의 기업의 산에 심으시리이다 여호와여 이는 주의 처소를 삼으시려고 예비하신 것이라 주여 이것이 주의 손으로 세우신 성소로소이다 18 여호와께서 영원무궁

하도록 다스리시도다 하였더라 19 바로의 말과 병거와 마병이 함께 바다에 들어가매 여호와께서 바닷물을 그들 위에 되돌려 흐르게 하셨으나 이스라엘 자손은 바다 가운데서 마른 땅으로 지나간지라"

⁂

3. 메소포타미아 인들에게 신의 속성은 마치 신의 의인화 형태이다

메소포타미아인들이 생각한 신의 특성은 가장 강력하고 현명한 신이라 하더라도 인간과 비슷하여, 결혼, 자식, 질투, 사랑, 왕의 궁정과 신하들 그리고 정사를 논하는 모습, 위계와 지위, 전쟁, 두려움, 탐심, 여성신 남성신, 하늘의 신들과 대지와 지옥 등 그들의 욕구는 인간과 같으나 다만 불사라는 점이 달랐고, 태양의 이륜마차나 하늘을 나르는 배와 구름을 타고 여행을 하기도 한다.

다음은 신이 마치 사람처럼 아름다운 여신에게 미혹당하여 납치한 그녀를 자신의 아내로 삼는 이야기의 예이다.

"인간이 창조되기 전, 신만이 니푸르의 거리에 살고 있던 시절의 어느 날, 운하의 물가를 걷고 있던 엔릴은 젊고 아름다운 여신 닌릴이 미역을 감고 있는 것을 목격했다. 그는 당장 그녀를 손에 넣기로 마음먹었고, 닌릴이 자신은 아직 어린아이에 불과하다고 호소했지만 그는 그녀의 청을 거절했다."[메소포타미아 신화]

이런 유형의 이야기는 그리스 신화에도 다수가 있다. 예컨대 제우스신이 아름다운 여인을 다양한 방법으로 구애하여 욕구를 성취 한다던가, 아프로디테여신의 도움을 받아 트로이의 왕자 파리스가 스파르타의 왕 메넬라오스의 아내 헬레나를 납치한 이야기 그리고 트로이전쟁에서 총 사령관 아가멤논이 아킬레오스의 여인을 빼앗아간 이유로 아킬레오스가 초기 전쟁에 가담하지 않은 이야기 등 다수가 있다.

다음은 에로스의 화살을 맞은 하이데스가 들에서 꽃을 꺾던 페르세포네(곡물의 종자)에게 연정을 느껴 그녀를 명부로 데려가자 페르세포네의 모친 케레스 여신이 자기 딸을 찾아 나서는 이야기의 일부 본문이다.

페르세포네

"… 엔나의 골짜기 숲 속에는 나뭇잎으로 가려진 호수가 하나 있었다, 숲은 태양의 강렬한 광선이 내리쬐는 것을 막고 습기 찬 지면은 꽃으로 덮여 있어서 그곳은 언제나 봄이었다. 이곳에서 페르세포네는 백합꽃과 오랑캐꽃을 바구니와 앞치마에 하나 가득 따놓고 동무들과 놀고 있었다, 이때 하이데스가 그녀를 보고는 연정을 느껴 납치하였다. 그녀는 살려 달라고 어머니와 동무들에게 외쳤다. 그리고 놀란 나머지 앞치맛자락을 놓쳐서 꽃을 모두 땅에 떨어뜨렸다. 이 꽃을 잃은 것이 또 하나의 새로운 슬픔처럼 느껴졌다. 약탈자 하이데스는 마차를 끄는 말의 이름을 하나하나 불러 대며, 머리와 목 위의 쇠고삐를 마구 당기며 말을 몰았다. 키아네 강에 도착하여 강이 앞길을 막자 하이데스는 삼지창으로 강가를 쳤다. 순간 대지가 갈라지며 명부에 이르는 통로가 열렸다…"[토머스 불핀치, 그리스 로마 신화]

그밖에도 신적 의인화의 예로는 신들 전쟁에서의 죽고 죽이는 모습이나 저승에서의 또다른 삶의 양태가 있고, 천상에서 신들의 회합 모습 등이 있다. 그리고 히브리 성서에서도 신들이 사람의 딸과 결혼하는 이야기, 질투하는 하나님, 등 다수가 있다.

⚜

4. 구약성서 욥기서와 메소포타미아판 욥 이야기

메소포타미아판 욥

"… 주인공의 이름은 알려져 있지 않았으나, 그 사나이는 돈이 많고 어질고, 가족과 친구도 많았으나 어느 날 갑자기 외톨박이가 되고 원인을 알 수 없는 병에 걸렸다. 그는 고통과 비탄에 싸여 자기의 운명을 탄식하며 신을 향해 눈물로 호소했다. '내 바른 말은 거짓이 되고 말았다 … 악의를 가진 병이 내 몸을 에워싸고 있다…나의 신이여…대체 언제까지 나를 무시하시고 지켜주지도 않은 채 버려 둘 것입니까'…"[메소포타미아 신화]

(이 수메르판 욥의 이야기는 구약성서 '욥기'처럼 의인에게 불행이 찾아와 신을 원망하지만 종국에 가서는 행복한 결말로 끝난다.)

구약 성서 욥 이야기

(욥기1:1) "우스 땅에 욥이라 불리는 사람이 있었는데 그 사람은 온전하고 정직하여 하나님을 경외하며 악에서 떠난 자더라"[구약 성서]

(욥기3:25-26) "25 내가 두려워하는 그것이 내게 임하고 내가 무서워하는 그것이 내 몸에 미쳤구나 26 나에게는 평온도 없고 안일도 없고 휴식도 없고 다만 불안만이 있구나"[구약 성서]

(욥기7:20-21) "20 사람을 감찰하시는 이여 내가 범죄하였던들 주께 무슨 해가 되오리이까 어찌하여 나를 당신의 과녁으로 삼으셔서 내게 무거운 짐이 되게 하셨나이까 21 주께서 어찌하여 내 허물을 사하여 주지 아니하시며 내 죄악을 제거하여 버리지 아니하시나이까 내가 이제 흙에 누우리니 주께서 나를 애써 찾으실지라도 내가 남아 있지 아니하리이다"

(욥기30:26-31) "26 내가 복을 바랐더니 화가 왔고 광명을 기다렸더니 흑암이 왔구나 27 내 마음이 들끓어 고요함이 없구나 환난 날이 내게 임하였구나 28 나는 햇볕에 쬐지 않고도 검어진 피부를 가지고 걸으며 회중 가운데 서서 도움을 부르짖고 있느니라 29나는 이리의 형제요 타조의 벗이로구나 30 나를 덮고 있는 피부는 검어졌고 내 뼈는 열기로 말미암아 탔구나 31 내 수금은 통곡이 되었고 내 피리는 애곡이 되었구나"

구약 성서 욥기 요약

"욥은 자식도, 막대한 재산도 있어서, 동방 사람들 중에서 가장 큰 자였으며, 하나님 보시기에도 의로운 자였다. 그러나 하나님의 허락하에 벌어진 사단의 시험으로 모든 재산과 건강을 상실하고 신을 원망하며 탄식하고 있을 때, 이 문제를 놓고 방문한 세 친구와 토론을 벌이는데, 결국 결말부에 하나님이 논쟁의 해답을 제시하고 욥은 고난받기 이전보다 더 큰 축복을 받는다는 이야기로 막을 내린다"

욥기 1장 1절 욥의 고향 '우스'(Uz)[עוץ]는 여러 설이 있지만, '돌레마이오스'의 주장을 따라 유브라데 강의 서쪽 광야일 것으로 추측한다.

즉 욥의 고향이 히브리인의 조상 아브람의 고향 갈대아 우르가 속해있는 메소포타미아 지역이라는 말이다.)

❖

5. 뇌우와 바람의 신들(바람은 동시에 풍요의 신)

뇌우의 신 아다드는 그리스 신화의 제우스처럼, 보통 소의 등에 올라 타한 손에 번개를 든 모습으로 표현되어 있는 번갯불과 폭풍의 신이었다. 뇌우의 쇠사슬을 풀어 놓고 뇌명을 울리게 하고, 격앙하는 바람으로 수목을 꿇어 엎드리게 하는 것이 그였다.

❖

6. 태양신과 그가 타는 이륜차

메소포타미아 신화의 태양신 '샤마쉬'는 구약성서 '열왕기하'의 '불수레와 불말' 그리고 그리스 신화의 태양신 아폴론이 타는 '태양의 이륜차' 등의 원형이다.

태양의 이륜차

"파에톤은 아폴론과 님프인 클리메네 사이에서 태어난 아들이다. 어느날 한 친구가. 파에톤에게 네가 무슨 신의 아들이냐고 비웃었다. 파에톤은 화가 나고 자존심이 상한 나머지 집으로 돌아와 어머니에게 그 이야기를 하고 이렇게 말했다. '어머니, 만일 제가 정말 신의 아들이라면 그 증거를 보여 주십시오' … 클리메네는 하늘을 향해 손을 들고 말했다, '내가 네게 한 말이라는 것에 대한 증인으로서, 우리들을 내려다보고 있는 태양신을 내세우겠다 만약 내 말이 거짓이라면 당장 죽어도 한이 없다. 그리고 너 자신이 가서 물어 보는 데 별로 큰 힘이 들지 않을게다. 태양이 떠오르는 나라는 우리 나라와 인접해 있다. 가서 태양신에게 너를 자기의 아들로 인정하느냐고 물어 보아라' … 클리메네의 아들은 험한 오르막길을 올라가서 논쟁거리가 된 그의 아버지의 궁으로 들어갔다. 그리고 아버지가 있는 곳으로 갔는데 광선이 너무 강했기 때문에 가까이 가지 못하고 발을 멈추었다. 아폴론은 자줏빛 옷을 입고, 금강석을 박은 듯 반짝이는 왕좌에 앉아 있었다 … 태양신 아폴론은 삼라만상을 내려다볼 수 있는 눈을 가지고 있었기 때문에 바로 이 진기하고 장려한 광경에 눈을 굴리고 있는 젊은이의 모습을 발견하고 대체 무슨 일로 왔느냐고 물었다. 젊은이는 대답했다.

'오-끝없는 세계의 빛, 빛나는 태양의 신, 나의 아버지시여! -이렇게 불러도 좋다면- 제발 제가 당신의 아들이라는 것을 알 수 있는 증거를 보여 주십시오.' … 아폴론은 머리에 쓰고 있던 빛나는 관을 벗어 옆에 놓고, 젊은이에게 좀더 가까이 오라고 명령했다. 그리고 그를 끌어안으면서 말했다. '너는 내 아들임에 틀림이 없다. 나는 너의 어머니가 너에게 말한 바를 확증한다. 너의 의심을 풀기 위하여 무엇이든지 네가 원하는 선물을 줄 테니 말해 보아라…' 파에톤은 즉석에서 태양의 이륜차를 하루만이라도 좋으니 부리게 해달라고 하였다. 부친은 약속한 것을 후회했다. 몇 번이나 머리를 흔들어 거절하면서 말했다.

'너는 너무 경솔한 말을 하는구나. 그 부탁만은 내 거부하고 싶구나, 너
도 철회하기를 바란다. 그런 청을 들어 준다는 건 도리어 너에게 해가 될지
도 모를 뿐더러 너의 연령과 힘에도 벅차단다. 너는 인간인데도 인간의 힘
에 겨운 것을 원하고 있다. 네가 아직 뭘 모르기 때문에 신들까지도 감히
생각지 못하는 일을 해보려 하는구나. 나 외에는 저 타오르는 태양의 차를
부릴 자는 없단다…"[토머스 불핀치, 그리스 로마 신화]

(열왕기하2:11) "두 사람이 길을 가며 말하더니 불수레와 불말들이 두 사람을
갈라놓고 엘리야가 회오리 바람으로 하늘로 올라가더라"[구약 성서]

(열왕기하6:17) "기도하여 이르되 여호와여 원하건대 그의 눈을 열어서 보게 하
옵소서 하니 여호와께서 그 청년의 눈을 여시매 그가 보니 불말과 불병거가 산
에 가득하여 엘리사를 둘렀더라"[구약 성서]

(아람군대가 이스라엘의 선지자 엘리사를 잡으려고 포위했을 때 하나님
이 하늘에서 불말과 불병거 즉 그리스 신화에서는 태양의 이륜차를 탄 하
늘 군대를 보내어 그를 지켜준다는 내용이다.)

(시편68:17) "하나님의 병거는 천천이요 만만이라 주께서 그 중에 계심이 시내
산 성소에 계심 같도다"[구약 성서]

이외에도 메소포타미아 신화의 태양신 '샤마쉬'는 예언 또는 점술 그리
고 재판의 권한을 갖는데, 이 역시 그리스 신화의 태양신 아폴론의 원형이
며, 본질상 그들에게 태양은 어둠의 상대적 존재로 빛 곧 선을 의미했다.

제4장

그리스와 히브리 문화

다음은 메소포타미아 문화를 이어받은 그리스인과 히브리인들의 문화를 비교하여 살펴본다.

신약성서 요한계시록에 의하면 종말에 가까우면 세상은 악의 세력으로 가득 채워진다. 선한 사람들은 이미 하늘로 올라가 하나님과 함께 있기 때문이다. 그러다 때가 되면 세상을 지배하게 된 악마의 세력들이 그리스도가 이끄는 천사의 군대와 결전을 벌이게 되고, 결국 악마의 세력은 영원히 소멸하게 된다고 한다. 선과 악이 충돌해 선이 영원한 승리를 거둔다는 것이다.

참고로 밀턴의 '실낙원'은 이런 내용을 주제로 쓰인 이야기이다. 이러한 줄거리는 이미 하나님의 섭리에 의해 예정되어 있으므로 그 누구도 바꿀 수 없다는 것이다. 즉 기본적으로 역사의 진행 방향을 필연에 입각해 설명하고 있다. 인간은 신이 결정해놓은 각본에 따라 살 수 밖에 없다는 것이다. 따라서 인간의 역사는 필연으로 점철되어온 것이 성서의 관점이다.

구약성서에 따르면 전쟁의 승패는 신의 손에 달려있고, 인류 역사의 주관자가 신이다. 마치 '그리스 신화'나 호메로스의 '일리아드 오딧세이'에서 보여 주듯이 신들이 사는 올림포스에서 최고의 신 제우스가 이미 정해놓은 각본대로 전쟁의 승패가 결정되는 것과 같다.

예컨대 아카이아, 이오니아, 도리스 세 연합군과 트로이를 중심으로 한 연합군의 싸움에서 양측은 나름대로 열심히 엎치락뒤치락 진퇴를 거듭하지만 결국은 제우스의 계획대로 아가멤논을 주축으로 한 세 연합군이 트로이를 멸망시킨다.

그리스 비극에 등장하는 오이디푸스의 운명(아들 오이디푸스가 아버지 라이오스를 죽이고 어머니와 결혼한다는 신탁을 받는다. 라이오스가 그 운명을 바꾸려고 시도했으나 운명을 바꿀 수 없었다),

이처럼 성서나 그리스 신화의 공통된 흐름은 신의 각본에 따라 역사가 필연으로 흘러간다. 이런 문화적 관점이 한마디로 표현된 것이 구약성서 욥기서 1장 21절에 언급된 "… 주신 이도 여호와시요 거두신 이도 여호와시오니 여호와의 이름이 찬송을 받으실지니이다 하고"라 할 수 있다.

이런 고대 근동의 문화적 뿌리에서 나온 것이 서양문화의 뿌리인 히브리 또는 헬레니즘 문화이다. 칼빈주의도 이런 맥락에서 나온 관점이라 할 수 있다.

이런 문화적 사고를 이해하지 못하는 많은 기독교인들은 구약성서에 다윗이 골리앗과 싸울때의 고백이나 이스라엘이 가나안 정복 때의 고백 등에 표현되는 '전쟁은 하나님의 손에 달려있다'는 말을 문자적으로 해석해서 세상의 모든 전쟁이 하나님의 주권에 달려있다고 곡해하는 경우가 있었다.

예컨대 2012-3년? 세월호 사건마저도 그런 식으로 일부 종교계에서 해석하여 그 참혹한 불행도 하나님의 섭리라는 말을 하는 목회자들도 많았다. 그러나 성서의 본문을 잘 살펴보면 '전쟁은 하나님의 손에 달려 있다'는 말이 등장하는 곳은 선민 이스라엘이 블레셋과 혹은 가나안 정복당시 이스라엘에 저항하는 민족과의 전쟁 이야기에 기록되어 있다. 즉 구약성서에서 말하는 그 '전쟁'은 세상의 모든 전쟁을 의미하는 것이 아니라 하나님으로부터 선택받고 인도와 보호를 받고 있다고 생각하는 이스라엘 민족의 민족주의적 신앙관과 선민의식에서 나온 고백이라고 할 수 있다. 이스라엘 사람들이 믿고 있었던 야웨 하나님은 오직 히브리인들만을 위한 히브리인들의 주신 개념에서 나온 신앙고백이라 할 수 있다.

사실 인류 문명사를 보면 과거나 지금이나 인류는 땅따먹기 혹은 패권을 위해 빼앗고 빼앗기는 끊임없는 전쟁을 벌여온 것이 사실이다.

❧

1. 신들의 나라에서 최고의 신이 천상과 지상의 일로 회의를 소집한다거나 그 회의의 결과를 집행하는 묘사/ 신들의 나라에서 주신이 되기 위해 벌어지는 혁명전쟁

마치 인간 세상에서 한 나라의 왕과 신하들이 궁전에 모여 왕의 백성을 '어떻게 다스릴 것인가'하는 통치 방법을 토론하고 왕과 신하가 의견합일을 보거나 왕의 직권으로 신하에게 명령이 하달되면 세상에 그 지시가 집행되는 양태나, 신들이 사는 천상의 올림포스에서 최고의 신 제우스가 땅 위 인간들의 행태를 관찰하고 또한 그 조짐이 의심스러우면 직접 땅에 내려와 인간들이 신들에 대항하여 역모 행위들을 꾸미고 있지는 않는지 탐지한 후에 인간의 교만한 음모를 발견했을 때는 신들이 땅에 내려와 그 음모를 행하지 못하도록 조치하는 모습.

그리고 제왕 국가시대에 왕위 계승 문제를 놓고 왕자의 난이 벌어졌던 것처럼, 하늘나라도 이와같이 묘사하고 있다.

즉 신들의 세계도 인간세상의 통치 방식과 동일하게 묘사되고 있다. 이런 유형의 그리스와 히브리 인들의 문화적 사고는 메소포타미아 신화와 동형이다.

【 첫 번째, 신들의 나라에서 최고의 신이 천상과 지상의 일로 회의를 소집한다거나 그 회의의 결과를 집행하는 묘사 】

올림포스의 신들

"… 신들은 각기 자기 궁전을 가지고 있었는데, 주신(主神) 제우스의 소집이 있으면 모두 제우스의 델포이 신전에 모였다. 지상이나 수중 또는 지하에 살고 있는 신들까지도 모여들었다.

이 올림포스의 주신이 사는 궁전의 큰 홀에서는 또한 많은 신들이 그들의 음식과 음료인 암브로시아와 넥타르를 먹고 마시며 매일 향연을 베풀고 있었다. 그리고 아름다운 여신 헤베가 넥타르 잔을 날랐다,

이 연회석상에서 신들은 천상과 지상의 여러 가지 사건들을 이야기하였다, 그리고 그들이 넥타르를 마시고 있을 때면 음악의 신 아폴론이 리라"를 타면서 그들을 즐겁게 해주었다…"[토머스 불핀치, 그리스 로마 신화]

프로메테우스와 판도라

"… 다음에는 '청동시대'가 왔는데, 이 시대는 사람의 기질이 전시대보다 훨씬 거칠었고, 걸핏하면 무기를 들고 싸우려 했다. 그러나 아직도 극심하리만큼 사악하지는 않았다.

가장 무섭고 나쁜 시대는 '철의 시대'였다. 죄악은 홍수처럼 넘쳐흘렀고, 겸양과 진실과 명예도 헌신짝처럼 사라졌다. 그 대신 사기와 간사한 지혜와 폭력과 사악한 이욕이 나타났다. 뱃사람은 바람에 돛을 달고, 수목은 산에서 벌채되어 배의 용골(龍骨)이 되었고, 대양을 성가시게 했다. 이제까지는 공동으로 경작되던 땅이 분할되어 사유재산이 되기 시작하였다.

사람들은 땅의 표면에서 산출되는 것에 만족하지 않고, 그 내부까지 파서 광물을 끄집어내지 않으면 안 되었다. 이리하여 유해한 철과 더욱 유해한 금이 산출되었고 철과 황금(뇌물)을 무기로 전쟁이 일어났다. 손님은 그의 친구 집에 있어도 안전하지 못하였다. 사위와 장인, 형제와 자매, 남편과 아내는 서로 믿지 못하였다. 자식들은 재산을 상속받기 위하여 부친이 죽기를 바랬다.

가족의 사랑도 땅에 떨어졌다. 대지는 살육의 피로 물들었고 신들은 하나하나 대지를 저버렸는데, 아스트라이아[죄 없고 청순한 여신-테미스(정의의 신)의 딸] 만이 남아있다가 지상을 떠난 뒤 하늘의 별사이에 자리잡고 처녀좌가 되었다.

제우스는 이런 상태를 보고 크게 노하여 회의를 열고자 신들을 소집하였다. 신들은 주신의 소집에 응하여 하늘의 궁전을 향해 떠났다. 청명한 밤에는 누구나 볼 수 있는 이 길이 공중을 가로지르고 있었는데, 이것을 은하라고 불렀다, 이 길가에는 유명한 신들의 궁전이 즐비하게 늘어서 있었고, 공중의 일반 서민들은 길 양쪽에서 훨씬 떨어져서 살고 있었다.

제우스는 신들이 모이자 그들을 향하여 말하기 시작하였다. 그는 지상의 무서운 상태를 설명하고 나서, 자기는 그 주민들을 다 멸망케 하고 그들과는 다른, 더 살 가치가 있고 신을 더 숭배하는 새로운 종족들을 만들 작정이라는 선언을 하고서 회의는 끝을 맺었다. 그러고나서 제우스는 번개를 손에 쥐고서는 그것을 던져 이 세계를 불태워 버리려고 했다···"[토머스 불핀치, 그리스 로마 신화]

(욥기1:6-12) "6 하루는 하나님의 아들들이 와서 여호와 앞에 섰고 사탄도 그들 가운데에 온지라 7 여호와께서 사탄에게 이르시되 네가 어디서 왔느냐 사탄이 여호와께 대답하여 이르되 땅을 두루 돌아 여기저기 다녀왔나이다 8 여호와께서 사탄에게 이르시되 네가 내 종 욥을 주의하여 보았느냐 그와 같이 온전하고 정직하여 하나님을 경외하며 악에서 떠난 자는 세상에 없느니라 9 사탄이 여호와께 대답하여 이르되 욥이 어찌 까닭 없이 하나님을 경외하리이까 10 주께서 그와 그의 집과 그의 모든 소유물을 울타리로 두르심 때문이 아니니이까 주께서 그의 손으로 하는 바를 복되게 하사 그의 소유물이 땅에 넘치게 하셨음이니이다 11 이제 주의 손을 펴서 그의 모든 소유물을 치소서 그리하시면 틀림없이 주를 향하여 욕하지 않겠나이까 12 여호와께서 사탄에게 이르시되 내가 그의 소유물을 다 네 손에 맡기노라 다만 그의 몸에는 네 손을 대지 말지니라 사탄이 곧 여호와 앞에서 물러가니라"[구약 성서]

(위의 이야기는 구약성서 욥기서의 일부로써, 천상에서 지상의 욥을 두고 하나님과 사단이 의논하는 내용이다.)

(창세기11:1-7) "1 온 땅의 언어가 하나요 말이 하나였더라 2 이에 그들이 동방으로 옮기다가 시날 평지를 만나 거기 거류하며 3 서로 말하되 자, 벽돌을 만들어 견고히 굽자 하고 이에 벽돌로 돌을 대신하며 역청으로 진흙을 대신하고 4 또 말하되 자, 성읍과 탑을 건설하여 그 탑 꼭대기를 하늘에 닿게 하여 우리 이름을 내고 온 지면에 흩어짐을 면하자 하였더니 5 여호와께서 사람들이 건설하는 그 성읍과 탑을 보려고 내려오셨더라 6 여호와께서 이르시되 이 무리가 한 족속이요 언어도 하나이므로 이같이 시작하였으니 이 후로는 그 하고자 하는 일을 막을 수 없으리로다 7 자, 우리가 내려가서 거기서 그들의 언어를 혼잡하게 하여 그들이 서로 알아듣지 못하게 하자 하시고"[구약 성서]

(위 본문의 내용은 지상의 인간들이 서로 힘을 합쳐 탑을 높이 쌓아 하늘 즉 신들이 거주하는 천상의 영역까지 접근하려고 하자, 천상의 신들이 서로 의논한 끝에 인간들의 언어를 혼잡하게 하여, 그들이 협력하여 탑 쌓는 일을 못하도록 막는다는 이야기다.)

【 두 번째, 신들의 나라에서 주신이 되기 위해 벌어지는 혁명전쟁 】

올림포스의 신들

"책에 따라 크로노스에 관한 묘사가 아주 다른데, 어떤 책에는 그의 치세는 결백과 순결의 황금시대였다고 묘사되어 있는 반면에, 다른 책에는 자기의 아들을 마구 잡아먹는 괴물이라고 씌어져 있다.

후자의 책에 따르면, 제우스가 아버지에게 먹히는 운명을 간신히 면하고 성장하여, 메티스를 아내로 맞이하게 되었는데, 그녀가 시아버지인 크로노스에게 어떤 약을 마시게 하여 먹은 아이들을 다 토하게 했다고 한다. 그 후 제우스는 그의 형제자매와 더불어 그들의 아버지인 크로노스와 그의 형제인 티탄 신족들에 대해 폭동을 일으켰다. 그래서 그들을 정복하자 그 중의 어떤 자는 타타로스(지옥)에 가두고 또 다른 자들에게는 다른 형벌을 가했다. 그리고 아틀라스라는 신은 어깨로 하늘을 떠메고 있으라는 선고를 받았다.

크로노스를 폐위시킨 제우스는 그의 동생들과 포세이돈(넵투누스)과 하이데스(플루톤)과 더불어 크로노스의 영토를 분할하였다. 제우스는 하늘을, 포세이돈은 바다를 그리고 하이데스는 죽은 사람들의 나라를 차지하였다. 그리고 지구와 올림포스는 세 사람의 공유 재산으로 하였다. 이리하여 제우스는 신과 인간들의 왕이 되었다.

이렇게 신들이 사는 올림포스에서 크로노스의 막내아들 제우스는 티탄들과의 혁명전쟁에서 승리하여 형제들을 권력의 자리에 앉혔고 제우스 자신은 새로운 우두머리가 되었던 것이다…"[토머스 불핀치, 그리스 로마 신화]

페르세포네

"… 제우스와 그의 형제들이 티탄 신족을 추방하여 그들을 명부로 추방해 버리자, 또 새로운 적이 신들에게 반항하며 일어났다. 그들은 티폰, 브리아레오스, 엔켈라도스 등의 거인족이었다. 그들 가운데 어떤 자는 백 개의 팔을 가지고 있었고, 어떤 자는 불을 내뿜었다. 그들은 마침내 정복되고 에트나 산 밑에 생매장되었는데, 그들은 아직도 때때로 그곳에서 도망치려고 몸부림을 쳐서 섬 전체에 지진을 일으키곤 한다, 그들의 숨결은 산을 뚫고 상승하기도 하는데(세칭 화산의 분화) 이들 괴물이 추락할 때 지구를 진동시켜 명부의 왕인 하이데스를 놀라게 하였다…"[토머스 불핀치, 그리스 로마 신화]

(요한계시록12:7-9) "7 하늘에 전쟁이 있으니 미가엘과 그의 사자들이 용과 더불어 싸울새 용과 그의 사자들도 싸우나 8 이기지 못하여 다시 하늘에서 그들이 있을 곳을 얻지 못한지라 9 큰 용이 내쫓기니 옛 뱀 곧 마귀라고도 하고 사탄이라고도 하며 온 천하를 꾀는 자 그가 땅으로 내쫓기니 그의 사자들도 그와 함께 내쫓기니라"[신약 성서]

(요한계시록20:1-10) "1 또 내가 보매 천사가 무저갱의 열쇠와 큰 쇠사슬을 그

의 손에 가지고 하늘로부터 내려와서 2 용을 잡으니 곧 옛 뱀이요 마귀요 사탄이라 잡아서 천 년 동안 결박하여 3 무저갱에 던져 넣어 잠그고 그 위에 인봉하여 천 년이 차도록 다시는 만국을 미혹하지 못하게 하였는데 그 후에는 반드시 잠깐 놓이리라 4 또 내가 보좌들을 보니 거기에 앉은 자들이 있어 심판하는 권세를 받았더라 또 내가 보니 예수를 증언함과 하나님의 말씀 때문에 목 베임을 당한 자들의 영혼들과 또 짐승과 그의 우상에게 경배하지 아니하고 그들의 이마와 손에 그의 표를 받지 아니한 자들이 살아서 그리스도와 더불어 천 년 동안 왕 노릇 하니 5 (그 나머지 죽은 자들은 그 천 년이 차기까지 살지 못하더라) 이는 첫째 부활이라 6 이 첫째 부활에 참여하는 자들은 복이 있고 거룩하도다 둘째 사망이 그들을 다스리는 권세가 없고 도리어 그들이 하나님과 그리스도의 제사장이 되어 천 년 동안 그리스도와 더불어 왕 노릇 하리라 7 천 년이 차매 사탄이 그 옥에서 놓여 8 나와서 땅의 사방 백성 곧 곡과 마곡을 미혹하고 모아 싸움을 붙이리니 그 수가 바다의 모래 같으리라 9 그들이 지면에 널리 퍼져 성도들의 진과 사랑하시는 성을 두르매 하늘에서 불이 내려와 그들을 태워버리고 10 또 그들을 미혹하는 마귀가 불과 유황 못에 던져지니 거기는 그 짐승과 거짓 선지자도 있어 세세토록 밤낮 괴로움을 받으리라"[신약 성서]

참고 (3절)"무저갱에 던져 넣어 ... "(He threw him into the Abyss,..)

여기서 'Abyss'(헬,'아뷔소스')[ἄβυσσος]: 지옥의 심연, 측정할 수 없는 깊음, 오르쿠스의 저승, 지구의 가장 낮은 곳(죽은 자의 거처 특히 악마의 거처), 밑빠진, 무한한.

(베드로후서2:4) "하나님이 범죄한 천사들을 용서하지 아니하시고 지옥에 던져 어두운 구덩이에 두어 심판 때까지 지키게 하셨으며"[신약 성서]

(위의 본문은 하늘의 선한 천사들과 천상의 왕좌를 차지하기 위해 하나

님과 대적한 반역 천사 사단의 무리들과의 전쟁에서, 패한 반역의 무리들은 땅으로 추방되고 그 쫓겨난 사단의 무리들이 무저갱에 감금되는 묘사이다. 즉 주권을 놓고 천상에서 벌어지는 신들의 혁명 전쟁이 묘사된 부분이다.)

2. 신의 저주로 척박한 땅으로 변한 대지

페르세포네

"… 케레스(곡물의 여신)는 딸을 찾아 끊임없이 이 땅에서 저 땅으로, 또 바다와 강을 건너 헤매다가, 마침내 그녀가 출발한 시켈리아 섬으로 돌아왔다. 그녀 자신의 영토로 달아나는 길을 연 곳이었다. 그 강의 님프는 여신에게 자기가 목격한 사실을 들려주고 싶었으나 하이데스를 두려워한 나머지 감히 말을 하지 못했다. 오직 페르세포네가 도망칠 때 떨어뜨린 허리띠를 들고서 그것을 바람에 나부끼게 하여 어머니의 발 밑으로 가게 했다. 케레스는 그것을 보고 이제는 그녀의 딸이 죽었다고 확신했으나, 아직 그 이유를 몰랐으므로 죄도 없는 대지에게 누명을 씌웠다. 그녀는 말했다. '배은망덕한 땅아, 나는 너를 비옥하게 하고 풀과 자양분이 많은 곡식으로 덮어주었다, 그러나 앞으로는 그러한 은총을 받지 못할 것이다.' 그러자 가축은 죽어 버렸고, 쟁기는 밭고랑에서 파손되고, 종자는 싹이 트지 않았다. 가뭄이 아니면 장마가 들었다. 새는 종자를 쪼았으며 자라는 것은 엉겅퀴와 가시덤불뿐이었다…"[토머스 불핀치, 그리스 로마 신화]

(창세기3:17-19) "17 아담에게 이르시되 네가 네 아내의 말을 듣고 내가 네게 먹지 말라 한 나무의 열매를 먹었은즉 땅은 너로 말미암아 저주를 받고 너는 네 평생에 수고하여야 그 소산을 먹으리라 18 땅이 네게 가시덤불과 엉겅퀴를 낼 것이라 네가 먹을 것은 밭의 채소인즉 19 네가 흙으로 돌아갈 때까지 얼굴에 땀을 흘려야 먹을 것을 먹으리니 네가 그것에서 취함을 입었음이라 너는 흙이니 흙으로 돌아갈 것이니라 하시니라"[구약 성서]

(아담과 하와가 뱀의 유혹에 넘어가, 선악을 알게 하는 금단의 열매를 먹고 신과 같이 되려는 교만을 품었을 때, 신으로부터 받은 벌.)

◈

3. 시대를 금 은 동 철 진흙 등으로 묘사/ 세상이 창조되기 전의 상황을 'Chaos'(천지창조이전의 무질서, 혼돈)으로 묘사/ 인간은 흙으로 만들었으며 신의 형상대로 창조되다/ 최초로 창조된 여성 '판도라'(헬라어 뜻: 모든 선물을 받은 여자)와 '하와'(히브리어 뜻: 모든 산자의 어머니)

【 첫 번째, 시대를 금, 은, 동, 철, 진흙 등으로 묘사 】

프로메테우스와 판도라

"… 이렇게 해서 세상에 주민이 살게 되었는데, 그 최초의 시대는 죄악이 없는 행복한 시대로서, '황금시대'라고 불렸다… 다음에는 '은의 시대'가 왔다,… 다음에는 '청동시대'가 왔는데, 이 시대는 사람의 기질이 전시대보다 훨씬 거칠었고, 걸핏하면 무기를 들고 싸우려 했다. 그러나 아직도 극심하리만큼 사악하지는 않았다. 가장 무섭고 나쁜 시대는 '철의 시대'였다. 죄악은 홍수처럼 넘쳐흘렀고, 겸양과 진실과 명예도 헌신짝처럼 사라졌다…"[토머스 불핀치, 그리스 로마 신화]

(다니엘2:32, 33) "32 그 우상의 머리는 순금이요 가슴과 두 팔은 은이요 배와 넓적다리는 놋이요 33 그 종아리는 쇠요 그 발은 얼마는 쇠요 얼마는 진흙이었나이다"[구약 성서]

(신 바벨론왕 느부갓네살왕이 꾼 거상의 꿈에서 금, 은, 동, 철, 진흙 등의 묘사는 시대를 의미하는 표현이다.)

【 두 번째, 세상이 창조되기 전의 상황을 'Chaos'(천지창조이전의-무질서 상태, 혼돈)으로 묘사하고 있다 】

세계 창조는 바로 이 세계에 살고 있는 인간의 흥미를 더 없이 자극하는 문제다. 고대 그리스 인들과 히브리인들은 서로 천지창조에 대한 비슷한 관점을 갖고 있었다.

프로메테우스와 판도라

"… 땅과 바다와 하늘이 창조되기 전에는 만물은 다 같은 모양이었는데, 이 카오스는 형태 없는 혼돈의 덩어리요 하나의 죽어 있는 거대한 덩어리에 불과하였으나…"[토머스 불핀치, 그리스 로마 신화]

(창세기1:2) "땅이 혼돈하고 공허하며 흑암이 깊음 위에 있고 하나님의 영은 수면 위에 운행하시니라"[구약 성서]

참고 여기서 "혼돈"(formless)는 히브리어-'토후'[חֹהוּ]: 무형, 혼란, 혼돈, 비현실, 공허, 무질서한 곳, 헛됨.

【 세 번째, 인간은 흙으로 만들었으며 신의 형상대로 창조되었다는 생각 】

프로메테우스와 판도라

"… 프로메테우스는 이 대지에서 혼을 조금 떼어 내어 물로 반죽하여 인간을 신의 형상과 같이 만들었다. 프로메테우스는 인간에게 직립자세를 주었으므로 다른 동물은 다 얼굴을 밑으로 향하고 지상을 바라보는데 인간만은 얼굴을 하늘로 향해 별을 바라보았다…"[토머스 불핀치, 그리스 로마 신화]

(창세기2:7) "여호와 하나님이 땅의 흙으로 사람을 지으시고 생기를 그 코에 불어넣으시니 사람이 생령이 되니라"[구약 성서]

(창세기1:27) "하나님이 자기 형상 곧 하나님의 형상대로 사람을 창조하시되 남자와 여자를 창조하시고"[구약 성서]

【 네 번째, 최초로 창조된 여성 '판도라'(모든 선물을 받은 여자)와 '하와'(모든 산 자의 어머니) 】

프로메테우스와 판도라

"… 여자는 아직 만들어지지 않았다. 제우스가 여자를 만들어서 프로메테우스와 그의 동생에게 보냈다는 것이다. 그것은 두 형제에 대해서는 하늘로부터 불을 훔친 외람된 짓을 벌하기 위해서요, 인간에 대해서는 그 선물을 받은 죄를 벌하기 위해서였다. 최초로 만들어진 여자는 판도라(모든 선물을 받은 여인이라는 뜻) 라고 불렸다. 그녀는 하늘에서 만들어졌는데, 그녀를 완성하기 위해 모든 신들이 약간씩 기여하였다. 아프로디테는 미를 주었고 헤르메스는 설득력을, 아폴론은 음악…등을 주었다. 이렇게 해서 만들어진 판도라는 지상으로 옮겨져 에피메테우스에게 주어졌다…"[토머스 불핀치, 그리스 로마 신화]

(창세기3:20) "아담이 그의 아내의 이름을 하와라 불렀으니 그는 모든 산 자의 어머니가 됨이더라"[구약 성서]

4. 한 나라의 왕은 신에 의해 선택받고 세워진다는 사고/ 위험에 처한 사람의 피난처로 여겨졌던 신전/ 신성한 강물로 죄를 씻는 관습/ 문서화 하지 않고 현장 실습교육을 통해 중요 법이나 관습을 숙지시키는 생활교육법

【 첫 번째, 한 나라의 왕은 신에 의해 선택받고 세워진다는 사고 】

리쿠르고스

"… '그들이 아폴론으로부터 신탁을 듣고 하나도 빠짐없이 피토에서부터 조국까지 가져왔나니 하늘이 정하신 왕들이여, 이 땅을 사랑하사 이 나라의 의회를 첫째로 세우셨으니, 그 다음의 원로이고 가장 마지막이 평민이다. 신성한 레트라를 우리 모두가 받아들이자.' …"[플루타르크 영웅전]

(사무엘상10:1) "이에 사무엘이 기름병을 가져다가 사울의 머리에 붓고 입맞추며 이르되 여호와께서 네게 기름을 부으사 그의 기업의 지도자로 삼지 아니하셨느냐"[구약 성서]

('여호와'는 이스라엘 민족의 하나님이며, 이스라엘의 초대왕 사울이 신에 의해 선택받고 세워졌음을 의미하는 묘사이다.)

(사무엘하5:3) "이에 이스라엘 모든 장로가 헤브론에 이르러 왕에게 나아오매 다윗 왕이 헤브론에서 여호와 앞에 그들과 언약을 맺으매 그들이 다윗에게 기름을 부어 이스라엘 왕으로 삼으니라"[구약 성서]

(열왕기하11:12) "여호야다가 왕자를 인도하여 내어 왕관을 씌우며 율법책을 주고 기름을 부어 왕으로 삼으매 무리가 박수하며 왕의 만세를 부르니라"[구약 성서]

(이스라엘에 있어서는 특히 제사장, 왕, 선지자의 임직에 있어서 머리에 기름을 부었다. 그러나 가장 많은 것은 왕 임직의 경우로서 제사장 사무엘이 사울과 다윗에게 그리고 제사장 사독이 솔로몬에게 기름을 부어 왕으로 세운 것은 기름을 붓는 자가 하나님의 이름으로 하나님에 의한 선택 즉 임명을 공적으로 표시하는 의식적 행위이고, 특히 왕의 경우에는 그 즉위를 공인하는 백성의 정치적 행위이기도 했다. 기름을 붓는 자가 누구이든 그 권위의 근원이 하나님께 돌려지는 것에 이 행위의 신성함이 있다. 그러므로 왕은 "여호와 앞에 기름부음을 받은 자"로 불리운다.)

【 두 번째, 위험에 처한 사람의 피난처로 여겨졌던 신전 】

리쿠르고스

"… 이 마지막 명령 때문에 부자들은 리쿠르고스에게 원한을 품고 소동을 일으켰다고 한다. 부자들은 리쿠르고스를 반대하는 일당들을 모아서 욕을 하며 돌을 던졌다. 마침내 리쿠르고스는 장터에서 달아나지 않을 수 없었다. 그리고 목숨을 건지기 위해 신전에 몸을 숨겼다 …"[플루타르크 영웅전]

로물루스

"… 노예나 범법자들은 정당한 방법으로는 아내를 구할 수 없었던 것이다. 그러므로 그들은 강제로 납치해간 부녀자들에게 보통 사람들 이상으로 예의와 존중을 다하였다. 새로운 도시의 기반을 닦은 지 오래 지나지 않아, 쌍둥이 형제는 모든 도망자들을 위한 '피난처 성소'를 개방하였다. 그리고 그 곳을 아실레우스 신의 신전이라고 불렀다. 형제는 모든 종류의 사람들을 받아들이고 보호하며 아무도 돌려보내지 않았다…"[플루타르크 영웅전]

(열왕기상1:50-53) "50 아도니야도 솔로몬을 두려워하여 일어나 가서 제단 뿔을 잡으니 51 어떤 사람이 솔로몬에게 말하여 이르되 아도니야가 솔로몬 왕을 두려워하여 지금 제단 뿔을 잡고 말하기를 솔로몬 왕이 오늘 칼로 자기 종을 죽이지 않겠다고 내게 맹세하기를 원한다 하나이다 52 솔로몬이 이르되 그가 만일 선한 사람일진대 그의 머리털 하나도 땅에 떨어지지 아니하려니와 그에게 악한 것이 보이면 죽으리라 하고 53 사람을 보내어 그를 제단에서 이끌어 내리니 그가 와서 솔로몬 왕께 절하매 솔로몬이 이르기를 네 집으로 가라 하였더라"[구약 성서]

(아도니야는 헤브론에서 난 다윗의 넷째 아들로서, 형들 암논과 압살롬이 죽은 다음 다윗왕의 뒤를 이은 적자 였다. 그러나 왕비 밧세바는 자기의 소생 솔로몬에게 왕위를 계승시키려고 선지자 나단의 도움을 얻어 궁전에서 아도니야에 대항하는 당파를 조직했다. 이 왕자의 난에서 패한 아도니야가 솔로몬을 두려워하여 제단 뿔을 잡고, 솔로몬이 자기를 죽이지 않기를 원했던 묘사이다.)

(열왕기상2:28) "그 소문이 요압에게 들리매 그가 여호와의 장막으로 도망하여 제단 뿔을 잡으니 이는 그가 다윗을 떠나 압살롬을 따르지 아니하였으나 아도니야를 따랐음이더라"[구약 성서]

(위 본문 '제단' altar의 히브리 원어는 '미즈베아흐'[מִזְבֵּחַ], '뿔' hornss 는 '케렌'[קֶרֶן] : 제단의-뿔, 상징적으로 '힘, 능력, 구원'을 의미 한다. 이 '제단 뿔'은 성전 계단의 네 귀퉁이에 있는 청동제 용기를 말하는 것으로(출 27:2) 종종 형용적으로 힘, 강력한 도움, 구원 등 도피를 상징한다.)

【 세 번째, 신성한 강물로 죄를 씻는 관습.(강물의 신성화) 】

고대부터 현재에 이르기까지 일부 지역에서는 질병의 원인을 그 사람의 죄에서 기인한 것으로 여겼고, 그 질병을 고치기 위해서는 신성한 강물로 몸을 씻어야 죄 곧 질병을 치유 받을 수 있다고 생각했다. 그래서 그 지역 사람들은 일정한 시기에 그 신성한 강물로 몸을 씻는 성스런 예식을 해왔다. 예컨대 고대 근동의 문화권 이외에도 인도에서는 지금까지 절기에 겐지즈 강에서 정화의 의식을 행한다.

이처럼, 고대근동의 강(물)은 신성시 되었다. 때문에 사람들은 질병 곧 죄 씻음을 위해 신성한 강물로 죄를 씻었고, 강물을 생명수 또는 성전에서 나온 물 등으로 묘사 했다.

예컨대 메소포타미아 신화에 의하면 강물이 각각 신격화되어 있었고, 그것들은 단순히 모든 것의 창조자로서뿐만 아니라, 신들의 정의의 수단으로 여겨졌다. 당시 사람들은 강물에 대하여 이렇게 말했다고 한다.

"여러 사람의 판가름을 하는 자야말로 그대 오 위대한 강이여! 오 위대한 강! 오 성소(聖所)에서 흘러나오는 것"

그러므로 로마의 시조이며 지도자였던 로물루스나 히브리 인들의 지도자 모세는 모두 태어났을 무렵 정치적으로 생명의 위협을 받았으나 모두 강으로 피신 시켜 신의 은총으로 살아남아 위대한 지도자가 되었다는 이야기가 전해진다.

로물루스

"… 알바 왕가는 아이네아스의 직계 후손들로 이어져 내려온 것이다. 그리고 마침내 누미토르와 아물리우스라는 형제의 대까지 이르렀다. 아물리우스는 누미토르에게 모든 것을 똑같은 몫으로 나누자고 제안하였다. 그리고 트로이로부터 가져온 황금과 보물을 왕국의 가치와 맞먹을 정도로 쌓아놓고 선택하도록 하였다. 누미토르는 왕국을 선택하였다. 하지만 재물을 사용하여 누미토르보다 더 많은 일을 해낼 수 있게 된 아물리우스는 아주 손쉽게 누미토르의 왕국을 빼앗았다.

그는 누미토르의 딸이 장차 아들 낳을 것을 두려워하여, 그녀를 베스타 여신의 사제로 만들었다. 평생을 처녀로 살아가야만 하는 처지에 묶어 놓은 것이다. 그 여자의 이름은 실비아였다고도 한다. 하지만 얼마 지나지 않아서 누미토르의 딸이 벌써 뱃속에 아이를 가지고 있음이 발각되었다. 이것은 베스타의 율법에 완전히 어긋나는 행위로서, 가장 잔인한 극형을 받아야만 하는 일이었다. 그러나 왕의 딸인 안토가 그녀를 위하여 아버지에게 탄원을 하였다. 누미토르의 딸은 감금되어 어느 누구도 만날 수 없게 되었다. 왕이 알지 못하는 사이에 아이를 낳지 못하도록 하기 위해서였다. 때가 되어 그녀는 몸집이 크고 잘생긴 두 아들을 낳았다. 아물리우스는 더욱 두려워하여 한 신하를 시켜 아이들을 갖다버리라고 명하였다. 어떤 역사가들은 이 신하의 이름이 파우스투루스였다고 하고, 또 다른 이들은 아이들을 양육한 사람이 파우스툴루스였다고도 한다. 어쨌든 그는 아이들을 버리기 위해 바구니에 담아서 강으로 내려갔다. 그러나 강이 세차고 사납게 흐르는 것을 보고 가까이 가기를 두려워하여 아이들을 강둑 위에 떨어뜨려놓고 돌아왔다.

강물은 점점 불어나 마침내 아이들이 담긴 바구니를 싣고 흘러갔다. 그 바구니는 어느 아늑한 장소에 도달하였다. 그 곳은 오늘날 케르마누스라고 불리며, 옛날에는 게르마누스라고 불렸다. 이 이름은 아마도 쌍둥이 형제를 의미하는 게르마니라는 말에서 유래되었을 것이다. 이 근처에는 루미나리스라고 불리는 무화과나무 한 그루가 자라고 있었다. 이 나무의 이름은 로물루스의 이름에서 딴 것이 아니면, 루비네이트 이라는 말에서 유래된 것이라고 생각된다. 왜냐하면 한낮의 열기를 피해 소 떼들이 그 나무 그늘 밑에 모여 되새김질을 하였기 때문이다. 또는 늑대가 거기서 아이들에게 젖을 먹였다는 전설에서 유래된 것일지도 모른다. 고대 사람들은 모든 생물의 젖을 루마라고 불렀다. 그뿐만 아니라 어린아이들을 돌보아주는 여신을 루밀리아라고 한다. 이 여신에게 제사를 드릴 때는 포도주를 올리지 않고 제단에 우유를 따라 바친다.

어쨌든 전설에 따르면, 아기들이 여기에 누워 있는 동안 늑대가 와서 젖을 먹여주고, 딱따구리도 계속해서 먹을 것을 날라다주며 아기를 돌보았다고 한다…"[플루타르크 영웅전]

(출애굽기2:1-10) "히브리인의 지도자 모세의 출생기"

"1 레위 가족 중 한 사람이 가서 레위 여자에게 장가 들어 2 그 여자가 임신하여 아들을 낳으니 그가 잘 생긴 것을 보고 석 달 동안 그를 숨겼으나 3 더 숨길 수 없게 되매 그를 위하여 갈대 상자를 가져다가 역청과 나무 진을 칠하고 아기를 거기 담아 나일 강 가 갈대 사이에 두고 4 그의 누이가 어떻게 되는지를 알려고 멀리 섰더니 5 바로의 딸이 목욕하러 나일 강으로 내려오고 시녀들은 나일 강 가를 거닐 때에 그가 갈대 사이의 상자를 보고 시녀를 보내어 가져다가 6 열고 그 아기를 보니 아기가 우는지라 그가 그를 불쌍히 여겨 이르되 이는 히브리 사람의 아기로다 7 그의 누이가 바로의 딸에게 이르되 내가 가서 당신을 위하여 히브리 여인 중에서 유모를 불러다가 이 아기에게 젖을 먹이게 하리이까 8 바로의 딸이 그에게 이르되 가라 하매 그 소녀가 가서 그 아기의 어머니를 불러오니 9 바로의 딸이 그에게 이르되 이 아기를 데려다가 나를 위하여 젖을 먹이라 내가 그 삯을 주리라 여인이 아기를 데려다가 젖을 먹이더니 10 그 아기가 자라매 바로의 딸에게로 데려가니 그가 그의 아들이 되니라 그가 그의 이름을 모세라 하여 이르되 이는 내가 그를 물에서 건져내었음이라 하였더라"[구약 성서]

(히브리 민족의 주거지였던 팔레스틴의 기근 때, 그 민족이 애굽 땅으로 이주하여 여러해가 지나자 차츰 히브리 민족의 수가 늘어나고 강성해졌다. 그러자 애굽왕은 자국의 위협을 느끼고 그들의 세력을 약화시킬 모략으로 태어난 아이 중 여자는 살리고 남자 아이들만 죽이라는 명령을 내렸을 때, 당시 태어난 아기 '모세'의 부모가 아이를 살리기 위해 그 아기를 나일강에 두었고 결국 살아남아 이집트 왕자가 되고 히브리 민족을 이집트의 노예 생활로부터 구원해 내는 지도자가 된다는 이야기다.)

리쿠르고스

"… 그들의 으뜸가는 진미는 '검은 국'이라는 것이었다. 노인들은 그 국을 너무나도 즐긴 나머지, 고기는 젊은 사람들의 몫으로 돌리고 이 국만을 먹었다. 이 국이 너무나 유명하자, 폰투스의 왕이 라케다이몬의 요리사를 불러서 검은 국을 만들도록 하였다고 한다. 하지만 한입 먹자마자, 그 맛이 너무나 고약해서 더 이상 먹을 수가 없었다. 그때에 요리사가 왕에게 말했다. '왕이시여, 이 국의 진정한 맛을 보시려면 먼저 에우로타스강에 가서 목욕을 하셔야 합니다.'…"[플루타르크 영웅전]

(폰투스 왕의 입맛에만 국의 맛이 고약했던 것은 왕의 죄가 많았다는 의미이고 요리사가 왕에게 강에 가서 목욕을 하라는 권고를 한 것은 신성한 강물로 죄를 씻어야만 국의 진미를 느낄 수 있다는 의미이다.)

미다스 왕

"… '팍타로스 강이 시작되는 곳까지 거슬러올라가, 그곳에 머리와 몸을 담가라. 그리고 네가 범한 과오와 그에 대한 죄를 벗어라.' 미다스는 디오니소스가 일러 준 대로 하였다. 그리고 강물에 손을 대자, 금을 창조하는 힘은 물속으로 사라졌다.."[토머스 불핀치, 그리스 로마 신화]

(열왕기하5:10-14) "10 엘리사가 사자를 그에게 보내 이르되 너는 가서 요단 강에 몸을 일곱 번 씻으라 네 살이 회복되어 깨끗하리라 하는지라 11 나아만이 노하여 물러가며 이르되 내 생각에는 그가 내게로 나와 서서 그의 하나님 여호와의 이름을 부르고 그의 손을 그 부위 위에 흔들어 나병을 고칠까 하였도다 12 다메섹 강 아바나와 바르발은 이스라엘 모든 강물보다 낫지 아니하냐 내가 거

기서 몸을 씻으면 깨끗하게 되지 아니하랴 하고 몸을 돌려 분노하여 떠나니 13 그의 종들이 나아와서 말하여 이르되 내 아버지여 선지자가 당신에게 큰 일을 행하라 말하였더면 행하지 아니하였으리이까 하물며 당신에게 이르기를 씻어 깨끗하게 하라 함이리이까 하니 14 나아만이 이에 내려가서 하나님의 사람의 말대로 요단 강에 일곱 번 몸을 잠그니 그의 살이 어린 아이의 살 같이 회복되어 깨끗하게 되었더라"[구약 성서]

(나아만은 BC 900년경 아람 왕 벤하닷 I세의 군대장관으로서 국왕과 백성들의 경의를 한 몸에 받고 있던 구국공신이었다. 그러나 그는 나병 환자였다. 다만 이스라엘처럼 수리아에서는 격리된 생활이 강요되지는 않았다고 한다. 나아만 아내의 몸종이었던 한 이스라엘 소녀가 나병을 고칠 수 있는 이스라엘 사마리아의 예언자 엘리사를 알려주었고 장군은 그 예언자를 찾아갔다. 그런데 엘리사는 직접 그를 만나지 않고 사자를 통하여 '요단 강에서 일곱 번 몸을 씻으라'고 명령했다'. 그러자 나아만은 모욕을 느끼고 되돌아가려고 했으나 함께했던 종들의 강권대로 요단 강에서 일곱 번 몸을 씻고 깨끗하게 치유 되었다는 이야기다.)

(마태복음3:4-6) "4 이 요한은 낙타털 옷을 입고 허리에 가죽 띠를 띠고 음식은 메뚜기와 석청이었더라 5 이 때에 예루살렘과 온 유대와 요단 강 사방에서 다 그에게 나아와 6 자기들의 죄를 자복하고 요단 강에서 그에게 세례를 받더니"[신약 성서]

(세례 요한이 죄를 씻는 성례를 요단 강 물로 행했던 이야기)

【 네 번째, 문서화 하지 않고 현장 실습교육을 통해 중요 법이나 관습을 숙지시키는 생활교육법 】

이런 교육법이 나온 배경은, 어떤 법령을 문서화 할 경우 필요할 경우에만 일부 관련자가 법령을 열람하면 된다는 인식이 늘어나 결국 일상생활에서 멀어지고 망각되기 때문에 반복적으로 현장교육을 통해 숙지시키려는 의도에서 나왔다고 할 수 있다.

리쿠르고스

"… 리쿠르고스는 어떠한 법령도 문자화하지 않으려고 했다. 레트라에는 그것을 금지하는 조항까지 있었다. 리쿠르고스는 가장 중요한 사항들과 공공복리에 직접적으로 관련이 있는 사항들은 좋은 교육을 통하여 젊은 사람들의 마음 속에 직접 새겨 놓아야만 더욱 확실하게 남는 법이라고 생각했던 것이다. 행동 원리들의 최상의 법률가인 교육에 의해서 백성들 사이에 굳게 뿌리를 박는다면, 어떤 강제적인 수단보다도 더욱 강력한 보장이 되는 셈이었다…"[플루타르크 영웅전]

참고 '리쿠르고스'는 스파르타에 새로운 사회주의 법 제도를 정착시킨 지도자.

'천재가 된 제롬': 유대인 자녀 교육에 관한 책

이 책에 의하면 유대인의 자녀교육 전통은 역사를 기록하지 않고 부모의 자녀교육을 통해 더욱 철저히 그들의 율법에 기초한 전통과 관습 그리고 역사를 이어 왔음을 소개하고 있다. 왜냐하면 기록을 남겨 놓으면 오히려 언제나 책의 내용을 열람하면 된다는 인식이 기억을 망각하게 만들기 때문이라는 것이다.

이런 연유로 유대인들은 오랜 세월 문서화된 역사책이 없었으므로 1세기 초 로마 치세때 황제는 유대민족을 다스리기 위해 유대인으로서 로마 황제 밑에 있었던 요세푸스로 하여금 유대 민족의 역사를 저술 하도록 의뢰 했던 것이다. 바로 그 책이 '유대 전쟁사'이다.[『요세푸스』-유대 전쟁사]

참고 요세푸스(주후 37-100년경)는 유대인으로서 로마 플라비우스 가문의 가신이 되어 로마시민권을 획득한다. 그는 거기서 유대민족의 역사를 저술 하라는 의뢰를 받고 저술한 첫 작품이 베스파시안 치세 말년 황제의 의뢰로 저술되고 발간된 '유대 전쟁사'이다.

그 책은 원래 로마가 유대를 지배하기 위해 의뢰 된 것이지만, 실상 저자는 그 반대로 저술했다고 한다.

5. 신성시되는 지도자가 죽을 때 나타나는 하늘의 진노 표현으로서의 천둥소리와 지진 그리고 그 죽은 자의 육신이 영혼과 함께 신이 되거나, 그 육신이 영혼과 함께 부활하여 승천하는 이야기

그리스 신화의 에로스와 프시케 이야기에서 '프시케'란 헬라어로 '나비'를 뜻한다. 나비는 느릿느릿 배로 기어다니는 모충의 생활을 끝마친 뒤, 자기가 지금까지 누워 있던 무덤 속에서 아름다운 날개를 파닥거리며 뛰쳐나오면, 밝은 대낮에 훨훨 날아다니며 더없이 향기롭고 감미로운 봄의 생산물을 먹는다.

이처럼 프시케는 갖은 고난에 의해서 정화된 후에 진정하고 순수한 행복을 누릴 수 있는 인간의 영혼으로 승화된다. 그래서 프시케는 제우스에 의해 누에가 고치 속의 어둠을 뚫고 나비가 되어 세상을 향해 승리의 날개를 펴듯이 고난(사망)을 이겨낸 뒤 비로소 남편 에로스와 재회하게 되고 그 사랑의 열매로서 '쾌락'이라는 딸을 낳게 된다. 그리고 제우스에 의해 불사의 신이 된다. 그러므로 나비는 영혼 불멸의 예시라고 할 수 있을 것이다.

이런 부활사상은 2차대전 당시 히틀러의 유대인 수용소에 감금 되었던 유대인들이 감옥의 벽에 나비의 그림을 새겨놓은 것도 이런 부활사상을 담고 있다.

로물루스

"… 로물루스의 가장 큰 실정은 전쟁으로 얻은 토지를 군인들에게 나누어주고, 베이엔테스에서 잡아온 볼모를 원로원의 반대에도 불구하고 제마음대로 돌려보낸 일이다. 그 때문에 그는 일부러 원로원을 모욕한 것이 되었다. 이런 일이 있은 까닭은 그 후 얼마되지 않아 로물루스가 이상스럽게 행방불명되자, 이것이 원로원이 꾸민 것 아닌가 하는 의심을 받게 된 일로 증명된다.

로물루스가 행방불명된 것은 그 시대에 퀸틸리스라고 부른 7월 7일이었는데, 일자 이외에는 전혀 알려진 사실이 없다. 예나 지금이나 이와 같이 까닭 모를 일이 생기는 일이 종종 있다.

'스키피오 아프리카누스'가 자기 집에서 저녁 먹은 뒤 까닭 모르게 죽었을 때 사람들은 무슨 속병으로 죽었다. 음독 자살이다. 또는 밤중에 원수들이 목을 눌러 죽였다고들 하였다. 그의 시체를 누구나 볼 수 있었기 때문에 이런 온갖 억측이 생겼으나, 로물루스는 별안간 행방불명되었으며 시체는 물론 입던 옷조각 하나 아무도 보지 못하였다.

어떤 사람들은 억측하기를 원로들이 불카누스의 신전 안에서 달려들어 그를 죽이고 시체는 동강이를 내어 제각기 옷 속에 감춰가지고 갔다고 하고, 다른 사람들은 생각하기를 그가 행방불명된 곳은 그 신전도 아니고 원로들만 있는 데서도 아니다.

시외에 있는 염소못이라는 곳 가까이서 회의를 하고 있었는데 하늘에 이상한 변화가 생기며 햇빛이 꺼져 캄캄한 밤이 되고, 무서운 번개와 바람이 터지며 심한 소나기가 사방으로 뿌리쳐 사람들은 산산히 도망쳤다. 그러나 귀족들만은 그대로 모여 있었다. 천변이 지나가고 다시 밝아지자 사람들은 그 자리로 돌아가서 모였으나 로물루스는 보이지 않았다.

귀족들은 말하기를 로물루스를 찾으려고 수고하지 마라, 하늘로 올라갔으니 지금은 백성을 위하는 어진 왕이 아니라 수호신이 되어 있을 것이므로 숭배하라고 하였다. 사람들은 이 말을 그대로 믿고 그에게 기도하며 기쁜 마음으로 돌아갔다. 그러나 더러는 성내며, 귀족들이 왕을 시해하고는 백성들을 농락한다고 시비한 사람도 있었다는 것이다.

귀족이며 인망도 높은 사람으로 율리우스 프로쿨루스라는 사람이 있었다. 로물루스와 같은 알바 출신으로 그의 친구였는데, 이 사람이 법정에 들어와서 가장 신성한 것을 두고 맹세하고 말하기를, 자기가 길을 걸어가는데 로물루스가 생시 어느 때보다도 좋은 풍채로 갑옷을 찬란하게 입고 나타났으므로 놀라면서 이렇게 물었다고 하였다.

'왕께서는 어찌하여 무슨 의도로 그와 같이 하셔서 저희들을 억울한 의심받게 하시고, 또 모든 시민이 이런 슬픔 속에 잠겨 있게 하셨습니까?' 로물루스는 이렇게 대답하더라고 하였다.

'내가 인간 세상에서 그만큼 살고 권세와 영광이 가득한 도시를 세웠으니, 다시 하늘로 돌아감이 마땅하다는 신의 뜻이오, 안녕히 지내요. 로마 사람들에게 용기와 절제로 인간의 권세가 극치에 이르도록 해달라고 부탁해주오, 나는 퀴리누스(창날,창)라는 신이 되어 영원히 여러분을 가호할 것이오.'

로마 사람들은 프로쿨루스가 말한 태도와 그의 맹세로써 이 말을 굳게 믿었다. 거기에 있던 모든 사람은 광증이라고 말할 수 있을 정도로 종교적 감흥에 싸여 마음 속의 모든 의심을 버리고 로물루스가 쿠리누스 신이 되었다고 믿으며 기도하였다.

이 이야기는 '아리스테아스와 클레오메데스'에 관한 그리스의 전설과 흡사하다. 그 전설에 의하면, 아리스테아스는 세탁소에서 죽었는데 일가사람들이 시체를 찾으러 가보니 시체가 없었다. 그때 마치 여행에서 돌아온 사람이 있어 말하기를 도중에서 아르스테아스를 만났는데 크로톤으로 가더라고 하였다.

클레오메데스는 체격과 체력이 대단한 사람이었으나 어리석은 광인이어서 여러 가지 난행이 있었는데 마지막에는 아이들의 학교로 가서 기둥 둘을 꺾어 무너뜨렸다. 그러자 아이들이 깔려 죽었으므로 클레오메데스는 사람들에게 쫓겨 달아나다가 한 나무상자 속에 들어갔다.

그는 뚜껑을 닫고 안에서 잡고 있었으므로 많은 사람이 달라붙어 애를 써도 열리지 않았다. 사람들이 상자를 부수고 보니 안에는 산 사람도 죽은 사람도 없었다. 이에 놀라서 델포이로 사람을 보내 신탁을 물었더니 이런 대답을 얻었다. '모든 영웅 중에 클레오메데스가 마지막 장수다.'

알크메네의 시체가 무덤으로 가는 도중 사라지고, 그 대신 상여 위에 놓여 있었다는 이야기도 있다. 이런 이야기는 이 밖에도 허다하여 사람의 육신이 영혼과 함께 신이 되었다는 이야기다…"[플루타르크 영웅전]

참고 "로물루스는 로마 최초의 집정관이다."

여러 민족으로 구성된 로마인은 그리스인으로부터 그리고 점점 대국으로 성장하면서 합병된 다양한 민족들은 로마인으로부터 그들의 과학과 종교 그리고 문화를 이어받았다.

헤라클레스

"… 헤라클레스는 그의 정복 행각 중에 이올레라고 하는 아름다운 처녀를 포로로 삼았는데, 데이아네이라의 생각에는 그가 그녀를 온당치 않을 정도로 좋아하는 것 같았다. 헤라클레스는 그의 승리를 감사하여 신들에게 희생물을 바치려고 했을 때, 의식에서 입을 흰 겉옷을 가지고 오도록 아내에게 사람을 보냈다. 데이아네이라는 사랑의 주문을 시험해 볼 절호의 기회라 생각하고 그 옷을 네소스의 피에 적셨다. 그녀는 물론 주의하여 그 피의 흔적을 남김없이 씻어 버렸지만, 마력만은 남아 있었으므로 그 옷이 헤라클레스의 몸에 닿아 따뜻하게 되자마자, 독이 그의 전신에 스며들어 격심한 고통을 주었다.

마음의 평정을 잃은 헤라클레스는 이 무서운 겉옷을 가져온 리카스를 붙잡아서 바닷속으로 던져 버렸다. 그는 그 옷을 벗으려고 했으나, 옷은 그의 몸에 달라붙어서 떨어지지 않았다. 그러자 그는 전신의 살과 더불어 그것을 갈기갈기 찢어 버렸다. 그는 처참한 모습으로 배를 타고 집으로 돌아갔다.

데이아네이라는 뜻하지 않은 자기 과실의 결과를 보고 목을 매어 스스로 목숨을 끊었다.

헤라클레스는 죽을 각오를 하고서 오이테 산에 올라 화장할 나뭇더미를 쌓고, 필록테테스에게 자기 활과 화살을 주고, 곤봉을 베고, 사자의 모피를 몸에 걸치고 나뭇더미 위에 누웠다. 그리고 마치 축전의 신탁에 임한 것처럼 침착한 얼굴로 필록테테스에게 횃불을 나무에 붙이라고 명령했다. 불길은 삽시간에 퍼져서 모든 나뭇더미를 덮었다.

신들 자신도 지상의 전사가 이와 같은 최후를 맞이하는 것을 보고 마음 아파하였다. 그러나 제우스만은 명랑한 얼굴로 그에게 말했다.

'나는 그대들이 그에게 깊은 관심을 쏟은 것을 기쁘게 생각한다. 그리고 나 자신 그대들과 같이 충성스런 부하들의 지배자요, 나의 아들이 그대들의 총애를 받고 있는 것을 보니 만족스럽다.

비록 그에 대한 그대들의 관심이 그의 위업에 연유한 것이라 하더라도 내가 기쁘게 생각하는 것은 변화가 없다. 그러나 걱정 마라. 다른 모든 것을 정복한 그가 오이테 산상에서 타오르고 있는 불꽃에 정복되지는 않을 것이다.

사멸하는 것은 어머니로부터 받은 부분(육체를 말한다)뿐이고, 아버지인 내게서 받은 것은 불멸이다. 나는 지상의 생명을 잃은 그를 천국에 데려오려고 하니 그대들도 다 그를 따뜻이 맞아들이기 바란다. 비록 그가 이러한 영광을 받는 것을 못마땅하게 여기는 자가 있을지라도 아무도 그가 그만한 것을 받을 만한 공적이 있다는 것을 부인할 수는 없을 것이다.'

신들은 다 찬성했다. 헤라만은 마지막 부분이 자기를 두고 한 말인 것 같아 다소 불쾌감을 느꼈으나 남편의 결정을 유감스럽게 생각할 정도는 아니었다. 그래서 불꽃이 헤라클레스의 어머니로부터 받은 부분을 태워 버리자, 그의 신성한 부분은 손상당하지 않은 채, 도리어 새로운 생명력을 얻어 밖으로 나와 더 고상한 풍채와 위엄을 구비하게 되었다.

제우스는 그를 구름으로 싸고, 네 마리의 말이 끄는 마차에 태워 하늘에 오르게 하여 별들 사이에서 살게 했다. 그가 하늘에 도착했을 때 아틀라스는 짐이 더 무거워진 것같이 느꼈다."[토머스 불핀치, 그리스 로마 신화]

(로마서6:9) "이는 그리스도께서 죽은 자 가운데서 살아나셨으매 다시 죽지 아니하시고 사망이 다시 그를 주장하지 못할 줄을 앎이로라"[신약 성서]

(고린도전서15:42) "죽은 자의 부활도 그와 같으니 썩을 것으로 심고 썩지 아니할 것으로 다시 살아나며"[신약 성서]

(고린도전서15:12-13) "12 그리스도께서 죽은 자 가운데서 다시 살아나셨다 전 파되었거늘 너희 중에서 어떤 사람들은 어찌하여 죽은 자 가운데서 부활이 없다 하느냐 13 만일 죽은 자의 부활이 없으면 그리스도도 다시 살아나지 못하셨으리라"[신약 성서]

(로마서1:4) "성결의 영으로는 죽은 자들 가운데서 부활하사 능력으로 하나님의 아들로 선포되셨으니 곧 우리 주 예수 그리스도시니라"[신약 성서]

(이사야26:19) "주의 죽은 자들은 살아나고 그들의 시체들은 일어나리이다 티끌에 누운 자들아 너희는 깨어 노래하라 주의 이슬은 빛난 이슬이니 땅이 죽은 자들을 내놓으리로다"[구약 성서]

(마태복음27:45) "45 제육시로부터 온 땅에 어둠이 임하여 제구시까지 계속되더니 46 제구시쯤에 예수께서 크게 소리 질러 이르시되 엘리 엘리 라마 사박다니 하시니 이는 곧 나의 하나님, 나의 하나님, 어찌하여 나를 버리셨나이까 하는 뜻이라 47 거기 섰던 자 중 어떤 이들이 듣고 이르되 이 사람이 엘리야를 부른다 하고 48 그 중의 한 사람이 곧 달려가서 해면을 가져다가 신 포도주에 적시어 갈대에 꿰어 마시게 하거늘 49 그 남은 사람들이 이르되 가만 두라 엘리야가 와서 그를 구원하나 보자 하더라 50 예수께서 다시 크게 소리 지르시고 영혼이 떠나시니라 51 이에 성소 휘장이 위로부터 아래까지 찢어져 둘이 되고 땅이 진동하며 바위가 터지고 52 무덤들이 열리며 자던 성도의 몸이 많이 일어나되 53 예수의 부활 후에 그들이 무덤에서 나와서 거룩한 성에 들어가 많은 사람에게 보이니라 54 백부장과 및 함께 예수를 지키던 자들이 지진과 그 일어난 일들을 보고 심히 두려워하여 이르되 이는 진실로 하나님의 아들이었도다 하더라 55 예수를 섬기며 갈릴리에서부터 따라온 많은 여자가 거기 있어 멀리서 바라보고 있으니"[신약 성서]

(예수 그리스도가 십자가에서 운명했을 때, 어둠과 지진 같은 자연현상을 묘사한 내용이다.)

(누가복음24:13-41) "13 그 날에 그들 중 둘이 예루살렘에서 이십오 리 되는 엠마오라 하는 마을로 가면서 14 이 모든 된 일을 서로 이야기하더라 15 그들이 서로 이야기하며 문의할 때에 예수께서 가까이 이르러 그들과 동행하시나 16 그들의 눈이 가리어져서 그인 줄 알아보지 못하거늘 17 예수께서 이르시되 너희가 길 가면서 서로 주고받고 하는 이야기가 무엇이냐 하시니 두 사람이 슬픈 빛을 띠고 머물러 서더라 18 그 한 사람인 글로바라 하는 자가 대답하여 이르되 당신이 예루살렘에 체류하면서도 요즘 거기서 된 일을 혼자만 알지 못하느냐 19 이르시되 무슨 일이냐 이르되 나사렛 예수의 일이니 그는 하나님과 모든 백성 앞에서 말과 일에 능하신 선지자이거늘 20 우리 대제사장들과 관리들이 사형 판결에 넘겨 주어 십자가에 못 박았느니라 21 우리는 이 사람이 이스라엘을 속량할 자라고 바랐노라 이뿐 아니라 이 일이 일어난 지가 사흘째요 22 또한 우리 중에 어떤 여자들이 우리로 놀라게 하였으니 이는 그들이 새벽에 무덤에 갔다가 23 그의 시체는 보지 못하고 와서 그가 살아나셨다 하는 천사들의 나타남을 보았다 함이라 24 또 우리와 함께 한 자 중에 두어 사람이 무덤에 가 과연 여자들이 말한 바와 같음을 보았으나 예수는 보지 못하였느니라 하거늘 25 이르시되 미련하고 선지자들이 말한 모든 것을 마음에 더디 믿는 자들이여 26 그리스도가 이런 고난을 받고 자기의 영광에 들어가야 할 것이 아니냐 하시고 27 이에 모세와 모든 선지자의 글로 시작하여 모든 성경에 쓴 바 자기에 관한 것을 자세히 설명하시니라 28 그들이 가는 마을에 가까이 가매 예수는 더 가려 하는 것 같이 하시니 29 그들이 강권하여 이르되 우리와 함께 유하사이다 때가 저물어가고 날이 이미 기울었나이다 하니 이에 그들과 함께 유하러 들어가시니라 30 그들과 함께 음식 잡수실 때에 떡을 가지사 축사하시고 떼어 그들에게 주시니 31 그들의 눈이 밝아져 그인 줄 알아 보더니 예수는 그들에게 보이지 아니하시는지라 32 그들이 서로 말하되 길에서 우리에게 말씀하시고 우리에게 성경

을 풀어 주실 때에 우리 속에서 마음이 뜨겁지 아니하더냐 하고 33 곧 그 때로
일어나 예루살렘에 돌아가 보니 열한 제자 및 그들과 함께 한 자들이 모여 있어
34 말하기를 주께서 과연 살아나시고 시몬에게 보이셨다 하는지라 35 두 사람
도 길에서 된 일과 예수께서 떡을 떼심으로 자기들에게 알려지신 것을 말하더
라 36 이 말을 할 때에 예수께서 친히 그들 가운데 서서 이르시되 너희에게 평
강이 있을지어다 하시니 37 그들이 놀라고 무서워하여 그 보는 것을 영으로 생
각하는지라 38 예수께서 이르시되 어찌하여 두려워하며 어찌하여 마음에 의심
이 일어나느냐 39 내 손과 발을 보고 나인 줄 알라 또 나를 만져 보라 영은 살과
뼈가 없으되 너희 보는 바와 같이 나는 있느니라 40 이 말씀을 하시고 손과 발
을 보이시나 41 그들이 너무 기쁘므로 아직도 믿지 못하고 놀랍게 여길 때에 이
르시되 여기 무슨 먹을 것이 있느냐 하시니"[신약 성서]

(누가복음24:49-51) "49 볼지어다 내가 내 아버지께서 약속하신 것을 너희에게
보내리니 너희는 위로부터 능력으로 입혀질 때까지 이 성에 머물라 하시니라
50 예수께서 그들을 데리고 베다니 앞까지 나가사 손을 들어 그들에게 축복하
시더니 51 축복하실 때에 그들을 떠나 [하늘로 올려지시니]"[신약 성서]

(십자가에서 죽은 예수 그리스도가, 다시 육신의 모습으로 부활하여 슬
픔에 잠겨있던 제자들에게 나타나 보였고, 다시 제자들이 보는 앞에서 승
천하는 묘사이다.)

6. 피조물인 인간은 창조주인 절대 신에 순종하는 것이 가장 고귀한 인간의 기본 도리이다/ 믿음과 사랑으로 결합된 부부와 같은 신과 신자의 관계 그리고 인애와 자비로 집나간 탕자를 기다리는 신의 모습/ 쓴물(고난)과 단물(기쁨)/ 신이 인간 여성과 결혼하다

【 첫 번째, 피조물인 인간은 창조주인 절대 신에 순종하는 것을 가장 고귀한 인간의 기본 도리라는 생각 】

에로스와 프시케

"… '아버님, 어머님. 왜 이제 와서 저의 신세를 슬퍼하세요? 도리어 사람들이 저에게 부당한 명예를 들씌워 한결같이 저를 아프로디테라고 불렀을 때 슬퍼하셨어야 했을 거예요. 그런 칭호를 들은 벌이 이제 제게 내린 것임을 이제 알겠어요. 저는 운명에 순종하겠어요. 저의 불행한 운명이 지시한 저 바위로 저를 데려다 주세요.'…"[토머스 불핀치, 그리스 로마 신화]

(창세기22:1-12) "아브라함과 그의 아들 이삭이 보여주는 신에대한 절대 순종"
"1 그 일 후에 하나님이 아브라함을 시험하시려고 그를 부르시되 아브라함아 하시니 그가 이르되 내가 여기 있나이다 2 여호와께서 이르시되 네 아들 네 사랑하는 독자 이삭을 데리고 모리아 땅으로 가서 내가 네게 일러 준 한 산 거기서 그를 번제로 드리라 3 아브라함이 아침에 일찍이 일어나 나귀에 안장을 지우고 두 종과 그의 아들 이삭을 데리고 번제에 쓸 나무를 쪼개어 가지고 떠나 하나님이 자기에게 일러 주신 곳으로 가더니… 9 하나님이 그에게 일러 주신

곳에 이른지라 이에 아브라함이 그 곳에 제단을 쌓고 나무를 벌여 놓고 그의 아들 이삭을 결박하여 제단 나무 위에 놓고 10 손을 내밀어 칼을 잡고 그 아들을 잡으려 하니 11 여호와의 사자가 하늘에서부터 그를 불러 이르시되 아브라함아 아브라함아 하시는지라 아브라함이 이르되 내가 여기 있나이다 하매 12 사자가 이르시되 그 아이에게 네 손을 대지 말라 그에게 아무 일도 하지 말라 네가 네 아들 네 독자까지도 내게 아끼지 아니하였으니 내가 이제야 네가 하나님을 경외하는 줄을 아노라"[구약 성서]

(가장 소중했던 독자까지도 신께 기꺼이 제물로 바쳤던 이스라엘 민족의 뿌리이며 믿음의 조상 아브람의 절대 순종을 묘사하는 내용이다.)

【 두 번째, 믿음과 사랑으로 결합된 부부와 같은 신과 신자의 관계 그리고 인애와 자비로 집나간 탕자를 기다리는 신의 모습 】

신자는 신과의 절대적 신뢰 속에서 믿음과 사랑으로 결합된 부부와 같은 것이다. 그러나 인간이 보이지 않는 신의 실체에 대해 의심(불신)을 갖는 순간 부부 관계가 멀어지듯 인간의 영혼 속에 머물렀던 신은 멀어지는 것이고 끝내는 떠날 수도 있다. 그럼에도 신은 끝까지 인애로 사랑하는 그의 아내(백성)가 돌아오기를 간절히 기다린다.

그래서 프시케(나비)가 여러 고난(나비 유충 누에가 어둠속 고치속을 뚫고 나오는 과정)을 겪은 후에 나비가 되어 자유로이 하늘을 날아 오르듯 다시 남편 에로스를 만나는 것처럼, 성서의 하나님도 고난 뒤에 회개하고 돌아온 백성과 재회하는 모습으로 묘사되고 있다.

마치 신약성서 누가복음 15장 11절-32절의 '돌아온 탕자'의 비유와 같을 것이다.

에로스와 프시케

"… 에로스는 프시케가 땅바닥에 엎어져 있는 것을 보고 잠간 멈추고는 말했다.

'오… 어리석은 프시케여. 이것이 나의 사랑에 보답하는 짓이란 말인가? 나는 어머니의 명령에도 복종하지 않고 너를 아내로 맞았는데, 너는 나를 괴물로 여기고 나의 머리를 베려고 생각하였단 말이냐…가거라, 언니들한 테로 돌아가거라. 나의 말보다 그들의 말을 들었으니까. 나는 너에게 다른 벌을 가하지 않을 것이다. 오직 영원히 너와 이별할 따름이다. 사랑은 의심 과 동거할 수 없는 것이다.'

이렇게 말하고는, 울부짖으며 땅에 엎드려 있는 가여운 프시케를 버리 고 가버렸다.

그녀는 어느 정도 마음의 평정을 되찾고 주위를 둘러보았다, 궁전도 정 원도 없어지고, 자기가 언니들이 살고 있는 도시로부터 얼마 떨어지지 않 은 벌판에 있는 것을 깨달았다…"[토머스 불핀치, 그리스 로마 신화]

(프시케가 남편을 의심했을 때, 남편 에로스가 그녀를 떠나가며 아내에 게 한 말 이다. 그러나 프시케는 이런 의심의 대가로 온갖 고난과 역경을 겪게 되고 결국 인애로 기다리고 있었던 남편 에로스와 재회하게 된다.)

(호세아2:2-3) "2 너희 어머니와 논쟁하고 논쟁하라 그는 내 아내가 아니요 나

는 그의 남편이 아니라 그가 그의 얼굴에서 음란을 제하게 하고 그 유방 사이에서 음행을 제하게 하라 3 그렇지 아니하면 내가 그를 벌거벗겨서 그 나던 날과 같게 할 것이요 그로 광야 같이 되게 하며 마른 땅 같이 되게 하여 목말라 죽게 할 것이며"[구약 성서]

(신을 의심하고 떠나 부정한 삶을 산 이스라엘 백성을 남편을 떠난 음란한 아내 고멜로 비유하여 그들이 회개하고 돌아오기를 바라는 신의 모습을 묘사하고 있다)

【 세 번째, 쓴물(고난)과 단물(기쁨) 】

아프로디테의 아들 에로스가 프시케에게 가져간 쓴물과 단물처럼 헬라인과 히브리인들은 인생의 고난과 기쁨을 쓴물과 단물로 비유하고 있다.

에로스와 프시케

"… 아프로디테의 정원에는 샘이 두 개 있었는데, 그 중 하나는 물맛이 달고 하나는 썼다. 에로스는 두 개의 호박병에다 두 샘물을 각각 담고서, 그것을 화살통 끝에 매달고 급히 프시케의 방으로 갔다…"[토머스 불핀치, 그리스 로마 신화]

(출애굽기15:23) "마라에 이르렀더니 그 곳 물이 써서 마시지 못하겠으므로 그 이름을 마라라 하였더라"("When they came to Marah, ..")

참고 '마라'[מָרָה]는 히브리어로 '쓴', '시나이반도 홍해 맞은편 3일길에 있는 쓴 물샘' 라는 뜻으로 '고난'을 상징한다.

예컨대, 룻기 1장 20-21절에 보면—"20 나오미가 그들에게 이르되 나를 나오미라 부르지 말고 나를 마라라 부르라 이는 전능자가 나를 심히 괴롭게 하셨음이니라 21 내가 풍족하게 나갔더니 여호와께서 내게 비어 돌아오게 하셨느니라 여호와께서 나를 징벌하셨고 전능자가 나를 괴롭게 하셨거늘 너희가 어찌 나를 나오미라 부르느냐 하니라"[구약 성서]

(여기서 '마라'[히브리어: מָרָא]는 어원이 아람어로서 역시 '쓴'의 뜻을 담고 있다. 즉 나오미가 자신의 불행에 대해 스스로 붙인 이름이다.)

(출애굽기15:22-27) "22 모세가 홍해에서 이스라엘을 인도하매 그들이 나와서 수르 광야로 들어가서 거기서 사흘길을 걸었으나 물을 얻지 못하고 23 마라에 이르렀더니 그 곳 물이 써서 마시지 못하겠으므로 그 이름을 마라라 하였더라 24 백성이 모세에게 원망하여 이르되 우리가 무엇을 마실까 하매 25 모세가 여호와께 부르짖었더니 여호와께서 그에게 한 나무를 가리키시니 그가 물에 던지니 물이 달게 되었더라 거기서 여호와께서 그들을 위하여 법도와 율례를 정하시고 그들을 시험하실새 26 이르시되 너희가 너희 하나님 나 여호와의 말을 들어 순종하고 내가 보기에 의를 행하며 내 계명에 귀를 기울이며 내 모든 규례를 지키면 내가 애굽 사람에게 내린 모든 질병 중 하나도 너희에게 내리지 아니하리니 나는 너희를 치료하는 여호와임이라 27 그들이 엘림에 이르니 거기에 물 샘 열둘과 종려나무 일흔 그루가 있는지라 거기서 그들이 그 물 곁에 장막을 치니라"[구약 성서]

(에로스가 가져간 쓴물과 단물 그리고 성서의 마라 즉 쓴물이 단물로 변한 이야기는 동형이다.)

【 네 번째, 신과 인간의 결혼과 그 사이에서 태어난 인간을 거인, 용사로 묘사 】

그리스 신화의 에로스와 프시케, 헤라클레스, 오딧세이아 그리고 최고의 신 제우스가 인간 여성의 아름다움을 보고 연정을 느껴 아내로 삼자 제우스의 아내 헤라가 질투하고 연애를 방해하는 묘사 등과 히브리인 성서에 묘사되고 있는 신과 인간의 결혼 이야기는 동형의 문화적 사고이다.

헤라클레스

"… 헤라클레스는 제우스와 알크메네 사이에서 태어난 아들이다. 헤라는 인간과의 사이에서 태어난 남편의 자녀에 대하여 늘 적의를 품고 있었으므로 헤라클레스가 태어나자(생후 8개월 혹은 9개월 만에) 선전포고를 했다…"[토머스 불핀치, 그리스 로마 신화]

오딧세우스의 모험

"… 그들은 신들과 혈연관계가 있는 종족으로서 신들은 그들이 제물을 헌납하면 그들 사이에 나타나서 함께 향연을 즐기고, 외로운 나그네를 만나는 일이 있어도 몸을 감추지 않았다고 한다…"[토머스 불핀치, 그리스 로마 신화]

(여기서 "그들은 신들과 혈연관계가 있는 종족으로서" 이 표현은 인간과 신의 결혼을 묘사하고 있는 내용이다.)

참고 '토머스 불핀치-그리스 로마 신화'에 나오는 '오딧세우스의 모험' 이야기는 호메로스의 '오디세이아'의 핵심 축약본이다.

오디세우스의 모험

"… 키클로프스의 나라에 도착했다. 이 키클로프스족은 거인으로서 거인들만 사는 섬에 살고 있었다…"[토머스 불핀치, 그리스 로마 신화]

참고 위 본문의 '키클로프스'는 외눈박이 거인으로서, 메소포타미아 신화-'길가메쉬 서사시'에 등장하는 외눈박이 거인 '홈바바'와 동형이다.

(창세기6:1-4) "1 사람이 땅 위에 번성하기 시작할 때에 그들에게서 딸들이 나니 2 하나님의 아들들이 사람의 딸들의 아름다움을 보고 자기들이 좋아하는 모든 여자를 아내로 삼는지라 3 여호와께서 이르시되 나의 영이 영원히 사람과 함께 하지 아니하리니 이는 그들이 육신이 됨이라 그러나 그들의 날은 백이십 년이 되리라 하시니라 4 당시에 땅에는 네피림이 있었고 그 후에도 하나님의 아들들이 사람의 딸들에게로 들어와 자식을 낳았으니 그들은 용사라 고대에 명성이 있는 사람들이었더라"[구약 성서]

참고 여기서 '네피림'이란 말은 히브리어로, "네필"[נָפִיל 또는 נְפִל] 즉 거인, 장부 등을 뜻한다.

(민수기13:32,33) "32 이스라엘 자손 앞에서 그 정탐한 땅을 악평하여 이르되 우리가 두루 다니며 정탐한 땅은 그 거주민을 삼키는 땅이요 거기서 본 모든 백성은 신장이 장대한 자들이며 33 거기서 네피림 후손인 아낙 자손의 거인들을 보았나니 우리는 스스로 보기에도 메뚜기 같으니 그들이 보기에도 그와 같았을 것이니라"[구약 성서]

(이스라엘 12지파의 각 대표가 가나안 땅을 탐지하고 돌아온 후에 지도자 모세에게 처음 보고한 내용 중에 '네피림' 거인족이 등장한다.)

7. 출생이 신과 관련된 인간(용사)이 맨손으로 사자를 죽이는 묘사/ 12라는 숫자

【 첫 번째, 출생이 신과 관련된 인간(용사)이 맨손으로 사자를 죽이는 묘사 】

여기서 신과 관련된 인간이라는 말은 신과 인간 사이에 태어난 사람이나 탄생 전부터 신에게 선택받고 부름받은 존재를 의미한다.

헤라클레스

"… 첫번째 노역은 네메아의 사자와의 싸움이었다. 네메아 계곡에는 한 마리 무서운 사자가 출몰하고 있었다. 그래서 에우리스테우스는 헤라클레스에게 이 괴물의 모피를 가져오라고 명령했다. 헤라클레스는 몽둥이와 활을 가지고 사자에게 대항했으나 아무 효과가 없음을 알고 자기 손으로 이 괴물을 목졸라 죽이고 죽은 사자를 어깨에 메고 돌아왔다…"[토머스 불핀치, 그리스 로마 신화]

(헤라클레스는 인간 모친 '알크메네'와 부친 신 '제우스' 사이에서 태어난 영웅)

(사사기14:5-6) "5 삼손이 그의 부모와 함께 딤나에 내려가 딤나의 포도원에 이른즉 젊은 사자가 그를 보고 소리 지르는지라 6 여호와의 영이 삼손에게 강하게 임하니 그가 손에 아무것도 없이 그 사자를 염소 새끼를 찢는 것 같이 찢었으나 그는 자기가 행한 일을 부모에게 알리지 아니하였더라"[구약 성서]

(위 본문의 '삼손'은 '나실인'으로서 태어날 때부터 신께 바쳐진 구별된 자이다.)

참고 "나실인"(Nazir)[히브리어, נָזִיר] 명사는 'nazar'[נָזַר]라는 동사 성별한다 에서 유래된 말로 '성별된 자'를 의미한다. 특히 이스라엘인 중에서, 여호와(유대인의 주신) 종교의 순수성을 보존 유지하기 위해, 특히 신께 헌신한 서원자. 그밖에 '성별된 자'라는 뜻에서, 뛰어난 자, 존귀한 자, 임금 등으로 역되어 있다.(창49:26/신33:16/애4:7/레25:5,11/삿13:5,7/삼상1:11)

【 두 번째, 12라는 숫자 】

헤라클레스

"… 에우리스테우스는 그에게 성공할 가망도 없는 모험을 연달아 명령했다. '헤라클레스의 열두 가지 노역'(勞役)이라 부르는 것이 바로 그것들이었다…"[토머스 불핀치, 그리스 로마 신화]

(구약 성서 이스라엘의 12지파, 신약 성서 예수의 12제자 등)

8. 신비한 동산의 금단의 열매와 그것을 지키는 무서운 감시자

신비한 동산에 존재하는 신비한 나무와 그 나무에서 열리는 금단의 열매를 무서운 감시자가 지키고 있어서 함부로 범접할 수 없다는 생각.

미다스 왕

"… 헤스페리데스의 화원에는 헤라가 제우스와 결혼했을 때 기념으로 보낸 황금 사과가 열리는 나무가 심어져 있었는데, 큰 뱀 라돈과 헤스페리데스들이 이것을 지키고 있었다…"[토머스 불핀치, 그리스 로마 신화]

헤라클레스

"… 헤라클레스에게 부과된 가장 어려운 일은 헤스페리데스들이 지키고 있는 황금 사과를 가지고 오는 일이었다. 왜냐하면 헤라클레스는 그것이 어디 있는지를 몰랐기 때문이었다. 그 사과는 헤라가 대지의 여신으로부터 결혼선물로 받은 것으로, 그녀는 그것을 헤스페리데스의 딸들에게 지키게 하고 거기에 잠자지 않는 용을 붙여 두었다. 많은 모험을 한 끝에 헤라클레스는 아프리카에 있는 아틀라스 산에 도착했다. 아틀라스는 신들에게 반항하여 싸운 티탄족의 한 사람이었는데, 그들이 싸움에 패했을 때, 그는 양 어깨에 무거운 천공을 짊어지고 있으라는 벌을 받았다. 아틀라스는 헤스페리데스들의 삼촌이었다. 그래서 헤라클레스는 사과를 발견하여 자기에게 갖다 줄 수 있는 사람은, 이 아틀라스 외에는 없으리라고 생각했다. 그러나 어떻게 하면 아틀라스로 하여금 지금의 장소를 떠나게 할 수 있을 것인가? 혹은 어떻게 하면 그가 없는 동안에 천공을 짊어질 수 있을 것인가? 헤라클레스는 자신이 그 짐을 짊어지고 사과를 찾으라고 아틀라스를 보냈다. 그는 사과를 가지고 돌아와서 마지못해 다시 어깨에 무거운 짐을 지고, 헤라클레스로 하여금 사과를 가지고 에우리스테우스에게 돌아가게 했다…"[토머스 불핀치, 그리스 로마 신화]

(창세기3:22-24) "22 여호와 하나님이 이르시되 보라 이 사람이 선악을 아는 일에 우리 중 하나 같이 되었으니 그가 그의 손을 들어 생명 나무 열매도 따먹고 영생할까 하노라 하시고 23 여호와 하나님이 에덴 동산에서 그를 내보내어 그의 근원이 된 땅을 갈게 하시니라 24 이같이 하나님이 그 사람을 쫓아내시고 에덴 동산 동쪽에 그룹들과 두루 도는 불 칼을 두어 생명 나무의 길을 지키게 하시니라"[구약 성서]

❦

9. 영생하게 하는 열매(신들의 음식 'ambrosia'와 '넥타르')

암브로시아는 신들이 먹는다고 하는 식물로서, '불사'(不死)라는 뜻, 꿀보다 달고 좋은 향기가 나며 불로불사의 효력이 있다고 한다. 구약성서 창세기의 '생명 나무 열매' 역시 영생하게 하는 열매로 묘사되고 있다.

올림포스의 신들
"… 신들은 각기 자기 궁전을 가지고 있었는데, 주신(主神) 제우스의 소집이 있으면 모두 제우스의 델포이 신전에 모였다. 지상이나 수중 또는 지하에 살고 있는 신들까지도 모여들었다. 이 올림포스의 주신이 사는 궁전의 큰 홀에서는 또한 많은 신들이 그들의 음식과 음료인 암브로시아와 넥타르를 먹고 마시며 매일 향연을 베풀고 있었다. 그리고 아름다운 여신 헤베가 넥타르잔을 날랐다, 이 연회석상에서 신들은 천상과 지상의 여러 가지 사건들을 이야기하였다…"[토머스 불핀치, 그리스 로마 신화]

(창세기3:22) "여호와 하나님이 이르시되 보라 이 사람이 선악을 아는 일에 우리 중 하나 같이 되었으니 그가 그의 손을 들어 생명 나무 열매도 따먹고 영생할까 하노라 하시고"[구약 성서]

---

10. 백마 타고 오는 메시야("미래의 왕은 짐마차를 타고 올 것이다")

고르디우스의 매듭 이야기 에서는 '미래의 왕은 짐마차를 타고 올 것이라'라는 신의 예언에 대한 사람들의 믿음 대로 이루어지는 묘사가 나온다. 이것은 마치 절망적 죄악의 세상에서 믿는자의 구원과 새로운 왕국을 열어 가기 위해 오는 성서의 백마 타고 오는 메시야의 묘사와 동형의 문화적 사고이다.

고르디우스의 매듭

"… 미다스는 프리기아의 왕이었다. 그의 아버지는 고르디우스라는 가난한 농부였는데, 사람들의 추대로 왕이 되었다. 사람들은 신탁의 명령에 따라 그를 선출했는데, 신탁에는 '미래의 왕은 짐마차를 타고 올 것이라' 고 되어 있었다. 그리고 모두가 이 신탁의 의미를 생각하고 있을 때, 고르디우스가 아내와 아들을 데리고 마을의 광장으로 짐마차를 타고 오게 되었다. 고르디우스는 왕으로 선출되자, 그의 짐마차를 신탁을 내린 신에게 바치고 견고한 매듭으로 적당한 장소에 매두었다…"[토머스 불핀치, 그리스 로마 신화]

참고 '고르디우스의 매듭'은 알렉산더 대왕이 원정 도중 푼 매듭으로 알려져 있다.

(요한계시록19:9-16): 인류 종말에 있을 최후의 전쟁과 심판.

"9 천사가 내게 말하기를 기록하라 어린 양의 혼인 잔치에 청함을 받은 자들은 복이 있도다 하고 또 내게 말하되 이것은 하나님의 참되신 말씀이라 하기로 10 내가 그 발 앞에 엎드려 경배하려 하니 그가 나에게 말하기를 나는 너와 및 예수의 증언을 받은 네 형제들과 같이 된 종이니 삼가 그리하지 말고 오직 하나님께 경배하라 예수의 증언은 예언의 영이라 하더라 11 또 내가 하늘이 열린 것을 보니 '보라 백마와 그것을 탄 자가 있으니' 그 이름은 충신과 진실이라 그가 공의로 심판하며 싸우더라 12 그 눈은 불꽃 같고 그 머리에는 많은 관들이 있고 또 이름 쓴 것 하나가 있으니 자기밖에 아는 자가 없고 13 또 그가 피 뿌린 옷을 입었는데 그 이름은 하나님의 말씀이라 칭하더라 14 하늘에 있는 군대들이 희고 깨끗한 세마포 옷을 입고 백마를 타고 그를 따르더라 15 그의 입에서 예리한 검이 나오니 그것으로 만국을 치겠고 친히 그들을 철장으로 다스리며 또 친히 하나님 곧 전능하신 이의 맹렬한 진노의 포도주 틀을 밟겠고 16 그 옷과 그 다리에 이름을 쓴 것이 있으니 '만왕의 왕이요 만주의 주라' 하였더라"[신약 성서]

(신약성서 요한 계시록의 사도 요한이 밧모 섬에 유배되었을 때, 그가 꿈에 본 신의 계시를 언급하는 내용으로서, 인류 종말의 때에 믿는 자들의 구

원과 믿지 않는 자들에 대한 최후 심판 주로 오실 백마타고오는 만왕의 왕 메시야를 묘사하는 내용이다.)

✦

11. 나그네로 가장한 천사를 극진히 대접하여 축복받은 선량한 부부(아브람과 사라 부부), 신의 저주로 멸망한 타락한 도시 이야기/ 물이 포도주가 된 이적

그리스 신화의 '바우키스와 필레몬' 이야기 속에는 집에 찾아온 나그네를 극진히 대접해야 하며, 그런 가정에는 포도주가 주는 여흥처럼 항상 기쁨과 즐거움이 넘쳐나는 복이 찾아올 것이고, 신은 타락한 도시를 반드시 멸하므로 거룩한 장소를 상징하는 '산'으로 가서 살아야 한다는 히브리인과 헬라인의 공통된 문화적 사고를 담고 있다.

【 첫 번째, 나그네로 가장한 천사를 극진히 대접하여 축복받은 선량한 부부, 신의 저주로 멸망한 타락한 도시 이야기 】

바우키스와 필레몬

"… 천상에서 방문한 두 사람의 나그네가 초라한 집에 들어와 머리를 숙이고 얕은 대문을 들어섰을 때, 그 노인은 자리를 만들었고, 노파는 무엇을 찾는 듯이 서성거리더니 자리 위에 헝겊을 갖다 펴고 그들에게 앉기를 권하였다. 그리고 잿더미 속에서 불기를 찾아내어 마른 나뭇잎과 나무껍질을 모아 놓고 입으로 불어 불을 피웠다.

노파는 방 한구석으로 장작과 마른 나뭇가지를 가지고 와서 잘게 쪼개어 작은 가마 밑에 넣었다. 노인이 정원에서 채소를 뜯어 오니 노파는 잎을 줄기에서 따 잘게 썰어 냄비에 넣었다.

노인은 갈라진 막대로 굴뚝에 걸어 놓았던 베이컨 덩어리를 끄집어 내렸다. 그리고 그것을 한 조각 베어 채소와 함께 끓이기 위해 냄비 속에 넣고 나머지는 다음에 쓰기 위해서 남겨 놓았다, 너도밤나무로 만든 그릇에는 손님들을 위해 데운 세숫물을 떠놓았다.

노인 내외는 이런 준비를 하고 있는 동안에도 서로 여러 가지 이야기를 건네며 손님들을 지루하지 않게 했다.

손님들을 위해 준비된 의자에는 해초를 속에 넣어 만든 쿠션이 깔려 있었는데, 그 위에 덮개도 덮여 있었다. 이 덮개는 낡고 초라한 것이었지만, 큰일을 치를 때만 특별히 내놓는 것이었다…"[토머스 불핀치, 그리스 로마 신화]

참고 "필레몬"[Φιλήμων]: 그리스어로 '친하게'.

(창세기18:1-8) "신의 사자를 환대하는 아브라함과 사라 부부"
"1 여호와께서 마므레의 상수리나무들이 있는 곳에서 아브라함에게 나타나시니라 날이 뜨거울 때에 그가 장막 문에 앉아 있다가 2 눈을 들어 본즉 사람 셋이 맞은편에 서 있는지라 그가 그들을 보자 곧 장막 문에서 달려나가 영접하며 몸을 땅에 굽혀 3 이르되 내 주여 내가 주께 은혜를 입었사오면 원하건대 종을 떠나 지나가지 마시옵고 4 물을 조금 가져오게 하사 당신들의 발을 씻으시고 나무 아래에서 쉬소서 5 내가 떡을 조금 가져오리니 당신들의 마음을 상쾌하게 하신 후에 지나가소서 당신들이 종에게 오셨음이니이다 그들이 이르되 네 말대로 그리하라 6 아브라함이 급히 장막으로 가서 사라에게 이르되 속히 고운 가루 세 스아를 가져다가 반죽하여 떡을 만들라 하고 7 아브라함이 또 가축 떼 있는 곳으로 달려가서 기름지고 좋은 송아지를 잡아 하인에게 주니 그가 급히 요리한지라 8 아브라함이 엉긴 젖과 우유와 하인이 요리한 송아지를 가져다가 그들 앞에 차려 놓고 나무 아래에 모셔 서매 그들이 먹으니라"[구약 성서]

바우키스와 필레몬

"… 우리들은 하늘의 신이다, 이런 야박한 마을은 그 불경스러움 때문에 벌을 받아야 한다, 그러나 너희들만은 그 징벌을 면하게 하리라. 이 집을 떠나 우리와 더불어 저 산정으로 가자…"[토머스 불핀치, 그리스 로마 신화]

(창세기18:20-21) "소돔과 고모라 도시의 죄악에 대한 신 사자의 말"

"20 여호와께서 또 이르시되 소돔과 고모라에 대한 부르짖음이 크고 그 죄악이 심히 무거우니 21 내가 이제 내려가서 그 모든 행한 것이 과연 내게 들린 부르짖음과 같은지 그렇지 않은지 내가 보고 알려 하노라"[구약 성서]

(창세기19:17) "산으로 도망하여 멸망함을 면하라"

"그 사람들이 그들을 밖으로 이끌어 낸 후에 이르되 도망하여 생명을 보존하라 돌아보거나 들에 머물지 말고 산으로 도망하여 멸망함을 면하라"[구약 성서]

【 두 번째, 물이 포도주가 된 이적 】

바우키스와 필레몬

"… 식사가 진행되는 동안에 노인들이 놀란 것은 술을 따르자마자 저절로 새 술이 술병 속에 차는 것이었다…"[토머스 불핀치, 그리스 로마 신화]

(요한복음2:1-11) "예수께서 갈릴리 가나에 혼례잔치에서 물을 포도주로 만든 표적."

"1 사흘째 되던 날 갈릴리 가나에 혼례가 있어 예수의 어머니도 거기 계시고 2 예수와 그 제자들도 혼례에 청함을 받았더니 3 포도주가 떨어진지라 예수의 어머니가 예수에게 이르되 저들에게 포도주가 없다 하니 4 예수께서 이르시되 여자여 나와 무슨 상관이 있나이까 내 때가 아직 이르지 아니하였나이다 5 그의 어머니가 하인들에게 이르되 너희에게 무슨 말씀을 하시든지 그대로 하라 하니라 6 거기에 유대인의 정결 예식을 따라 두세 통 드는 돌항아리 여섯이 놓였는지라 7 예수께서 그들에게 이르시되 항아리에 물을 채우라 하신즉 아귀까지 채우니 8 이제는 떠서 연회장에게 갖다 주라 하시매 갖다 주었더니 9 연회장은 물로 된 포도주를 맛보고도 어디서 났는지 알지 못하되 물 떠온 하인들은 알더라 연회장이 신랑을 불러 10 말하되 사람마다 먼저 좋은 포도주를 내고 취한 후에 낮은 것을 내거늘 그대는 지금까지 좋은 포도주를 두었도다 하니라 11 예수께서 이 첫 표적을 갈릴리 가나에서 행하여 그의 영광을 나타내시매 제자들이 그를 믿으니라"[신약 성서]

12. 피조물인 인간이 절대적 신의 위엄 앞에 대면할 수 없고 대면하는 순간 인간은 소멸한다

마치 히브리인들이 신은 인간의 눈으로 볼 수 없는 대상이며 그 실체를 눈으로 보고 확인 하려는 자는 죽는다고 생각했던 것도 같은 맥락이다.

디오니소스

"디오니소스는 제우스와 세멜레 사이에서 태어난 아들이었다. 헤라는 세멜레에 대한 원한을 풀기 위하여 그녀를 죽일 음모를 꾸몄다. 헤라는 세멜레의 늙은 유모 베로에의 모습으로 변신하고는, 그녀의 애인이 정말 제우스 신인지 어떤지 의심을 품도록 하기 위해 탄식을 하면서 말했다. '나는 사실이 폭로되기를 바랍니다만, 그러나 두려움을 금할 수 없습니다. 원래 사람들은 스스로 말하는 바와 같지 않은 경우가 많답니다. 그가 정말 제우스라면 증거를 보여 달라고 하십시오. 하늘에서 하는 바와 같이 휘황찬란한 차림을 하고 오도록 요구하십시오. 그렇게 하면 사실 여부를 알 수 있을 것입니다.'

그 말을 듣고 세멜레는 그렇게 해볼 생각이 들었다. 먼저 그녀는 무엇인지 밝히지는 않은 채 하나의 청을 들어 주십사고 제우스에게 청했다. 제우스는 들어 주마고 약속하고, 신들도 두려워하는 스틱스 강의 신을 증인으로 내세우고 어길 수 없는 서약을 했다. 그제야 세멜레는 그녀의 청을 밝혔다. 제우스는 그녀가 말할 때 제지하려고 했으나 그럴 사이가 없었다. 말은 입 밖으로 나와 그는 약속도 그녀의 청도 취소할 수가 없게 되었다. 그는 깊은 고뇌에 잠긴 채 그녀와 이별하고 하늘로 돌아갔다.

그곳에서 그는 휘황찬란한 몸차림을 했다, 그러나 거인족들을 멸망시킬 때와 같이 중무장을 하지 않고 오직 신들 사이에서 그의 경무장으로 알려져 있는 차림을 했다. 이렇게 차리고서 그는 세멜레의 방에 들어섰다. 하지만 인간인 그녀의 육체는 신의 광휘를 감내할 수 없었으므로 곧장 재로 소멸되어 버렸다…"[토머스 불핀치, 그리스 로마 신화]

(창세기32장 28-30) "28 그가 이르되 네 이름을 다시는 야곱이라 부를 것이 아니요 이스라엘이라 부를 것이니 이는 네가 하나님과 및 사람들과 겨루어 이겼음이니라 29 야곱이 청하여 이르되 당신의 이름을 알려주소서 그 사람이 이르되 어찌하여 내 이름을 묻느냐 하고 거기서 야곱에게 축복한지라 30 그러므로 야곱이 그 곳 이름을 브니엘이라 하였으니 그가 이르기를 내가 하나님과 대면하여 보았으나 내 생명이 보전되었다 함이더라"[구약 성서]

(출애굽기3:6) "… 모세가 하나님 뵈옵기를 두려워하여 얼굴을 가리매"[구약 성서]

(레위기16:2) "여호와께서 모세에게 이르시되 네 형 아론에게 이르라 성소의 휘장 안 법궤 위 속죄소 앞에 아무 때나 들어오지 말라 그리하여 죽지 않도록 하라 이는 내가 구름 가운데에서 속죄소 위에 나타남이니라"[구약 성서]

13. 신에게 도전해서는 안된다는 인간 교만에 대한 경고

신과 같이 되려고 하거나, 신에게 도전하여 겨루어 인간의 능력을 드러내고자 하는 인간 본성에 대한 경고.

아테나와 아라크네

"… '아테나와 나의 솜씨를 경쟁시켜 보세요. 만약 내가 지면 벌을 받겠어요.'…아테나는 노파로 변장하고 아라크네가 있는 곳으로 가서 다음과 같이 친절한 충고를 하였다. '나는 많은 경험을 했어요. 당신이 나의 충고를 경멸하지 않기를 바랍니다, 같은 인간끼리라면 얼마든지 경쟁을 해도 좋아요. 하지만 여신과는 경쟁하지 마십시오. 도리어 당신이 말한 것에 대하여 여신에게 용서를 빌기를 충고합니다.'… 이것이 아테나가 그녀에게 손을 대어 거미로 만들었을 때의 자세다. 아라크네의 운명은 널리 방방곡곡에 구전되었다. 그리고 모든 불순한 인간들에게 신들과 겨루어서는 안된다는 교훈이 되었다…"[토머스 불핀치, 그리스 로마 신화]

미다스 왕

"… 어느 날, 판은 무모하게도 수금의 신인 아폴론과 리라 경연을 하려고 도전하였다. 아폴론은 이 도전에 응했고, 산신인 트몰로스가 심판자로 선정되었다. 이 노인은 심판석에 앉아 잘 듣기 위해서 귀에 익은 수목을 제거했다. 신호가 나자 먼저 판이 피리를 불었다. 그러자 그 꾸밈없는 멜로디는 그 자신과, 마침 그곳에 앉아 있던 그의 충실한 신자 미다스를 크게 만족시켰다. 다음 트몰로스가 머리를 태양의 신 아폴론에게 돌리니, 모든 수목들도 그를 따랐다, 아폴론은 일어섰다.

이마에는 파르나소스 산의 월계수로 만든 관을 쓰고, 티로스 지방에서 나는 자줏빛 염료로 물들인 지면을 스치는 옷을 걸치고, 왼손엔 리라를 들고 오른손으로 그 현을 탔다, 리라 소리에 정신을 빼앗긴 트몰로스는 즉석에서 수금의 신에게 승리를 선언하자, 미다스 이외엔 다 이 판정에 만족했다. 미다스는 이의를 말하고 심판의 정당성을 의심했다. 아폴론은 이런 무식한 귀를 더 이상 인간의 귀의 형태로 해두어서는 안 되겠다고 생각하고 그 귀를 크게 늘이고, 안팎으로 털이 나고 귓불 쪽이 움직이게 하여 당나귀의 귀와 똑같이 만들었다. 미다스 왕은 이 재난으로 말미암아 기분이 상했으나, 그것을 숨길 수 있다고 생각하고 스스로를 달랬다. 즉 머리에 넓은 수건을 써서 귀를 감추었던 것이다. 그러나 그의 이발사는 이 비밀을 알고 있었다.

그는 그런 말을 입 밖에 내서는 안 된다는 명령을 받았고 복종하지 않으면 엄벌에 처한다는 협박을 받았다. 그러나 이 비밀을 말하고 싶어 견딜 수가 없었다. 그래서 그는 초원으로 나가서 땅에 구멍을 파고, 그 위에 몸을 구부려 비밀을 속삭이고 다시 흙으로 덮었다. 그 후 얼마 가지 않아 초원의 일부에 갈대가 무성하게 자라나자 비밀을 속삭이기 시작하더니, 그 후 오늘날까지도 미풍이 그 위에 스치고 지나갈 때마다 그 일을 속삭이고 있다…"[토머스 불핀치, 그리스 로마 신화]

타미리스

"타미리스는 옛날 악기를 타며 노래를 부르는 트라키아의 시인이었는데, 외람되게도 뮤즈의 여신들에게 누가 잘하나 경쟁을 해보자고 도전했

다. 그러나 패배하여 여신들에 의해 장님이 되었다."[토머스 불핀치, 그리스 로마 신화]

마르시아스

"아테나는 피리를 발명하고, 피리를 불어 하늘에 있는 모든 청중을 즐겁게 하였다. 그러나 장난꾸러기인 에로스는 여신이 피리를 부는 기묘한 얼굴을 바라보고서 무례하게도 웃었으므로 아테나는 노하여 피리를 내던졌다. 그러자 피리는 땅으로 떨어졌고 마르시아스가 그것을 줍게 되었다. 그가 그 피리를 부니 사람의 마음을 빼앗는 듯한 참으로 아름다운 소리가 났다. 하지만 그도 자만한 나머지 아폴론과 음악 경쟁을 했다, 물론 결과는 아폴론의 승리였다. 그리고 마르시아스는 아폴론에게 도전한 벌로써 신으로부터 산 채로 껍질이 벗겨지는 벌을 받았다."[토머스 불핀치, 그리스 로마 신화]

(창세기3:22-23) "신과 같이 되려는 인간의 교만에 대한 신의 분노"
"22 여호와 하나님이 이르시되 보라 이 사람이 선악을 아는 일에 우리 중 하나 같이 되었으니 그가 그의 손을 들어 생명 나무 열매도 따먹고 영생할까 하노라 하시고 23 여호와 하나님이 에덴 동산에서 그를 내보내어 그의 근원이 된 땅을 갈게 하시니라"[구약 성서]

('여호와 하나님'은 히브리인들의 주신을 의미하며, '우리 중 하나 같이 되었으니' 이 말에서 '우리'라는 복수는 천상의 주신 여호와와 그밖의 신들을 의미 한다.)
(창세기3:5) "너희가 그것을 먹는 날에는 너희 눈이 밝아져 하나님과 같이 되어

선악을 알 줄 하나님이 아심이니라"[구약 성서]

("… 너희 눈이 밝아져 하나님과 같이 되어…" 이 말은 인간이 신과 같은 존재가 되고자하는 인간교만에 대한 경고를 암시한다.)

(창세기11:3-7) "3 서로 말하되 자, 벽돌을 만들어 견고히 굽자 하고 이에 벽돌로 돌을 대신하며 역청으로 진흙을 대신하고 4 또 말하되 자, 성읍과 탑을 건설하여 그 탑 꼭대기를 하늘에 닿게 하여 우리 이름을 내고 온 지면에 흩어짐을 면하자 하였더니 5 여호와께서 사람들이 건설하는 그 성읍과 탑을 보려고 내려오셨더라 6 여호와께서 이르시되 이 무리가 한 족속이요 언어도 하나이므로 이같이 시작하였으니 이 후로는 그 하고자 하는 일을 막을 수 없으리로다 7 자, 우리가 내려가서 거기서 그들의 언어를 혼잡하게 하여 그들이 서로 알아듣지 못하게 하자 하시고"[구약 성서]

("7…그 탑 꼭대기를 하늘에 닿게 하여…" 이 말은 고대 메소포타미아 남부 수메르 문화권의 한때 세력을 확장했던 바빌로니아인들의 세계관으로서, 하늘에 신들이 사는 세계가 있다고 믿었다.

탑을 높이 세우면 그 천상 신들의 세계에 들어갈 수 있다고 생각했으며, 또한 신이 지배하는 홍수와 같은 자연 재해 앞에 거역할 수 없는 인간의 한계와 그에 따른 신에 대한 절대 순종과 숭배에서 나온 인간 교만에 대한 경고를 담고 있다.)

14. 베푼 은혜에 대한 감사를 잊고 다른 신이나 또다른 대상을 더 경외하는 것에 대한 신의 인간에 대한 질투/ 운명론(신의 예언 성취)

【 첫 번째, 베푼 은혜에 대한 감사를 잊고 다른 신이나 또다른 대상을 더 경외하는 것에 대한 신의 질투 】

성서에 흐르는 핵심 주제도 이와 같다. 예컨대 출애굽기서에서, 애굽의 노예로 신음하는 히브리 인들의 부르짖음을 들은 여호와 하나님(히브리인의 주신)이 그들을 억압에서 구출하여 그 하나님이 준비해 놓으신 새로운 땅으로 인도해 가는 여정 중에 잠시의 배고픔과 목마름에 구원에 대한 은총과 감사를 잊고 여호와 하나님을 원망했다. 그리고 여호와의 율법을 받으러 시내산에 올라갔던 히브리인들의 지도자 모세가 내려오지 않고 지체되자 참지 못한 그 백성은 새로운 우상(금송아지)을 만들어 그들의 수호신으로 섬기자 여호와 하나님께서 진노하고 그들에게 벌을 내린다.

멜레아그로스와 아탈란테 & 히포메네스

"… 그 당시 오이네우스가 신들에게 희생물을 바친 일이 있었는데, 여신 아르테미스에게는 바치지 않았다. 여신은 무시당한데 격분하여 굉장히 큰 산돼지 한 마리를 보내어 칼리돈의 들을 황폐케 했다…"[토머스 불핀치, 그리스 로마 신화]

멜레아그로스와 아탈란테 & 히포메네스

"… 아탈란테라는 처녀였는데, 그녀의 얼굴은 여자로 보기에는 남자답고 남자로 보기에는 너무 여자다웠다. 그녀는 전에 다음과 같은 운명을 예언받은 일이 있었다. '아탈란테여! 결혼하지 마라. 결혼하면 멸망하리라.' 신탁에 겁이 난 아탈란테는 남자와의 교제를 피하고 사냥에만 열중했다… 그녀는 경주에 졌으며, 청년은 상품으로 그녀를 데리고 돌아갔다. 그러나 이 두 연인은 너무도 자기들의 행복에 취해 아프로디테에게 사의를 표하는 것을 잊고 있었다. 그래서 여신은 그들의 배은망덕함에 노하여 그들로 하여금 키벨레를 노하게 하는 일을 저지르게 했다. 이 무서운 여신을 모욕하면 후환을 면할 수 없었다. 여신은 그들로부터 인간의 모습을 박탈하고 그들의 성격과 흡사한 성격을 가지고 있는 야수로 변하게 했다. 수렵가인 여주인공은 구혼자들의 유혈 가운데서 승리를 얻었으므로 암사자로 변하게 하고, 남편은 수사자로 변하게 했다. 그리고 그들을 자기의 수레에다 맸다…"[토머스 불핀치, 그리스 로마 신화]

(출애굽기32:1-10) "1 백성이 모세가 산에서 내려옴이 더딤을 보고 모여 백성이 아론에게 이르러 말하되 일어나라 우리를 위하여 우리를 인도할 신을 만들라 이 모세 곧 우리를 애굽 땅에서 인도하여 낸 사람은 어찌 되었는지 알지 못함이니라 2 아론이 그들에게 이르되 너희의 아내와 자녀의 귀에서 금 고리를 빼어 내게로 가져오라 3 …4 아론이 그들의 손에서 금 고리를 받아 부어서 조각칼로 새겨 송아지 형상을 만드니 그들이 말하되 이스라엘아 이는 너희를 애굽 땅에서 인도하여 낸 너희의 신이로다 하는지라 5 아론이 보고 그 앞에 제단을 쌓고 이에 아론이 공포하여 이르되 내일은 여호와의 절일이니라 하니 6 이튿날에 그들이 일찍이 일어나 번제를 드리며 화목제를 드리고 백성이 앉아서 먹고 마시며 일어나서 뛰놀더라 7 여호와께서 모세에게 이르시되 너는 내려가라 네가 애굽 땅에서 인도하여 낸 네 백성이 부패하였도다 8 그들이 내가 그들에게 명령한 길을 속히 떠나 자기를 위하여 송아지를 부어 만들고 그것을 예배하며 그것

에게 제물을 드리며 말하기를 이스라엘아 이는 너희를 애굽 땅에서 인도하여 낸 너희 신이라 하였도다 9 여호와께서 또 모세에게 이르시되 내가 이 백성을 보니 목이 뻣뻣한 백성이로다 10 그런즉 내가 하는 대로 두라 내가 그들에게 진노하여 그들을 진멸하고 너를 큰 나라가 되게 하리라"[구약 성서]

(출애굽기20:2-3) "2 나는 너를 애굽 땅, 종 되었던 집에서 인도하여 낸 네 하나님 여호와니라 3 너는 나 외에는 다른 신들을 네게 두지 말라"[구약 성서]

(신명기4:24) "네 하나님 여호와는 소멸하는 불이시요 질투하시는 하나님이시니라"[구약 성서]

【 두 번째, 운명론(신의 예언 성취) 】

멜레아그로스와 아탈란테 & 히포메네스

"… 아르고 호의 원정에 참가했던 영웅 중에 멜레아그로스라는 사람이 있었다.

그는 칼리돈의 왕 '오이네우스'와 그의 아내 '알타이아' 사이에서 태어난 아들이었다. 알타이아는 그가 탄생했을 때, 세 명의 모이라이(운명의 여신)를 보았다. 운명의 실을 짜는 이 여신들은 이 어린아이는 지금 난로 속에서 타고 있는 장작이 다 탔을 때 죽을 것이라고 예언했다. 알타이아는 그 장작을 꺼내어 불을 끄고 다년간 조심스럽게 보존했는데, 그 동안에 멜레아그로스는 소년이 되고, 청년이 되고, 장년이 되었다…멜레아그로스는 그리스의 영웅들을 초청하여 이 악귀와 같은 괴물을 퇴치하기 위한 대담한 수렵에 참가하도록 호소하였다…멜레아그로스는…자신이 사랑하는 아탈란테에 대한 모욕에 더욱 분격하여, 친족간의 예의도 잊고 그의 칼로 무례한 자들의 심장을 찔렀다. 그런 사실을 모르는 알타이아가 아들의 승리에 대한 감사의 선물을 여러 신전에 가지고 갔을 때, 피살된 형제들의 시체가 그녀의 눈에 띄었다…그러나 형제들을 죽인 자가 알려지자 슬픔은 변하여 아들에 대한 단호한 복수심이 되었다.

그녀가 전에 껐던 타다 남은 운명의 나무, 즉 운명의 여신들이 멜레아그로스의 생명과 밀접한 관계가 있도록 한 그 나무를 가지고 와서 불을 준비하도록 명령했다. 그러고는 그 타다 남은 나무를 네 번이나 불타는 나뭇더미 위에 갖다 놓으려고 했다. 그러나 아들을 잃게 되리라는 생각에 전율을 느끼며, 네 번 중지했다. 어머니의 정인가, 동기간의 정인가가 그녀의 가슴을 요동치며 괴롭혔다…그러다가 마침내 동기간의 정이 어머니의 정을 압도하여 운명의 나무를 손에 꼭 쥐면서 말하기 시작했다.

'복수의 여신들이여, 몸을 돌려 제가 가지고 온 희생물을 바라보십시오. 죄는 죄로써 보상해야 합니다. 남편 오이네우스도 처가가 단절되는데 아들의 승리를 기뻐하지는 않을 겁니다. 그러나 아! 나는 무슨 짓을 하려고 하는가!…내가 두 번 너에게 준 생명, 처음에는 탄생 할 때, 두번째는 이 타다 남은 나무를 화염 속에서 집어냈을 때 너에게 준 생명을 이제 돌려받으리라! 오! 차라리 그때 네가 죽었더라면-아! 승리는 불행이다. 그러나 형제여, 그대들은 승리하였노라.' 그리고 무서운 신음 소리를 냈다. 아니 낸 것처럼 생각되었다. 그러자 멜레아그로스는 무슨 까닭인지 알지도 못했으나, 멀리 떨어져 있으면서도 갑작스레 고통을 느꼈다, 그의 몸이 불타기 시작하였다. 오직 용감한 자존심에 의지하여 그를 파멸시키는 고통을 감내했다. 다만 피도 흘리지 않고 불명예스럽게 죽는 것을 한탄했을 따름이다. 그리고 최후의 숨을 거두면서 그는 늙은 부친과 다정한 형제자매, 그리고 사랑하는 아탈란테와 그의 운명의 숨은 원인인 어머니의 이름을 불렀다…"[토머스 불핀치, 그리스 로마 신화]

참고 그리스 신화에 등장하는 오디세오스의 아내 페넬로페를 향한 구혼자들의 경쟁, 아탈란테를 두고 벌이는 경쟁자들, 헬레나를 두고 벌어진 트로이 전쟁 등은 모두 아름다운 여성을 차지하기 위한 경쟁에서 출발했다.

오이디푸스 왕

"'오이디푸스'(통통 부은 발)는 테베의 왕 라이오스와 왕비 이오카스테(호메로스의 서사시에서는 에피카스테) 사이에 태어난 아들이다. 라이오스는 이 아들이 '아비를 죽이고 어미를 범한다'는 신탁(神託)을 받았었기 때문에 그가 태어나자 복사뼈에 쇠못을 박아서 키타이론의 산중에 내다 버렸다. 아이는 이웃나라 코린토스의 목동이 주워다 길러 코린토스의 왕자로 자란다. 청년이 된 왕자는 자기의 뿌리를 알고자 델포이에서 신탁을 받았는데, 그것이 앞의 내용과 같은 신탁이었다. 그는 이를 피하려고 방랑하다가 테베에 이르는 좁은 길에서 한 노인을 만나 사소한 시비 끝에 그를 죽이고 말았다. 그 노인이 곧 자기의 부친인 것을 모르고 죽인 것이다.

당시 테베에는 스핑크스라는 괴물이 나타나 수수께끼를 내어 풀지 못하는 사람을 잡아먹고 있었다. 여왕은 이 괴물을 죽이는 자에게 왕위는 물론, 자기 자신까지도 바치겠다고 약속한다. 그때 오이디푸스가 수수께끼를 풀어 스핑크스를 죽인 후 왕위에 올랐고, 모친인 줄도 모르고 왕비를 아내로 삼았다. 둘 사이에는 네 자녀가 태어났는데, 왕가의 불륜이 사단이 되어 테베에 나쁜 병이 나돈다. 오이디푸스는 그 원인이 자기 자신임을 알자 두 눈을 뽑아내고 방랑의 길을 떠나 코로노스의 성림(聖林)에서 죽었다.

여왕도 자살하고 나머지 자녀들도 왕위를 둘러싼 골육상쟁으로 모두 죽고 말았다."

아이네이아스

"… 그러나 라티누스는 꿈속에서, 라비니아의 남편 될 사람은 이국에서 올 것이라고, 그의 부친 파우누스로부터 경고를 받았다. 그리고 두 사람의 결합에 의해 전세계를 정복할 운명을 갖게 될 민족(로마)이 나오리라는 것이었다. 아이네이아스 일행이 하르푸이아이의 무리들과 전투를 했을 때, 이 평인반도(平人半島)의 괴물 가운데 하나가 트로이인에게 무서운 고통이 닥쳐 올 것을 예언하고 위협했었다. 특히 그 하르푸이아이는 그들의 방랑생활이 끝나기 전에 식탁마저도 먹어 버릴 지경의 기아의 괴로움을 받으리라고 예언했다. 이제 예언이 실현되었다. 왜냐하면 일행이 풀 위에 앉아서 얼마 남지않은 식사를 하려고 무릎 위에 굳은 빵을 올려 놓고, 그 위에 숲에서 겨우 얻을 수 있었던 나무열매 따위를 올려 놓았다. 그리고 그들은 단숨에 그 열매를 다 먹어 버리고 이번에는 굳은 빵마저도 다 먹고 나서야 겨우 식사를 끝냈다.

그것을 보자 아이네이아스와 아들 율루스가 농담을 했다. '야-우리는 식탁까지 먹고 있네.' 아이네이아스는 이 말을 듣고 예언의 의미를 깨달았다. 그리고 외쳤다. '만세-이곳이 바로 약속의 땅이다.', '이곳이 우리 본거지,

우리 나라다!' 그리고 그는 여러 가지로 손을 써서 그곳의 원주민이 누구며, 지배자가 누구인가를 조사했다. 선발된 100명의 사람들이 라티누스 마을로 많은 선물을 가지고 파견되어 우의와 협력을 청했다, 그곳으로 간 그들은 가서 환대를 받았다. 라티누스는(로마인의 주류) 바로 트로이의 영웅 아이네이아스가 다름아닌 신탁에 의해 자기 사위로 약속된 사람이라는 결론을 내렸다…"[토머스 불핀치, 그리스 로마 신화]

(요나서1:2-3) "2 너는 일어나 저 큰 성읍 니느웨로 가서 그것을 향하여 외치라 그 악독이 내 앞에 상달되었음이니라 하시니라 3 그러나 요나가 여호와의 얼굴을 피하려고 일어나 다시스로 도망하려 하여 욥바로 내려갔더니 마침 다시스로 가는 배를 만난지라 여호와의 얼굴을 피하여 그들과 함께 다시스로 가려고 배삯을 주고 배에 올랐더라"[구약 성서]

(요나는 니느웨로 가서 그들의 죄악에 대한 신의 진노를 전하라는 명령 즉 신탁[神託]을 받았으나, 그것에 순종치 않고, 다른 지역 다시스로 도망치려 했다. 그는 욥바로 가서, 다시스행의 배에 탔다. 심한 풍랑이 일어나 선장은 그에게로 와서, 그가 믿는 신에게 기도 하도록 했다. 풍랑은 조금도 자지 않아, 승객 중 누구인가가 신을 노엽게 하고 있는 것으로 생각되어, 사람들은 제비를 뽑게 되었다. 그 제비는 요나에 명중했다. 사람들은 어쩌는 수 없이, 그의 말대로, 그를 바다에 던졌다. 신은 큰 고기를 예비하여, 그를 3일 3야 그 고기 뱃속에 있게 하셨는데 마침내고기는 그를 육지로 토해냈다. 신은 다시 그에게 니느웨로 가도록 명했다. 그는 그 명령을 따를 수밖에 없는 운명이었고, 니느웨 사람들은 요나의 경고를 듣고, 회개하여, 금

식까지 행하였으므로, 성읍은 멸망되지 않았다.

이처럼 요나는 신의 명령을 거부했으나 결국에는 자신의 의지와 관계없이 그 자신에게 주어진 신이 부여한 운명을 따라 그 명령을 수행할 수밖에 없었던 것이다.)

참고 '니느웨'는 고대 앗수르 제국 최후의 동방 수도.

(출애굽기3:10-12) "10 이제 내가 너를 바로에게 보내어 너에게 내 백성 이스라엘 자손을 애굽에서 인도하여 내게 하리라 11 모세가 하나님께 아뢰되 내가 누구이기에 바로에게 가며 이스라엘 자손을 애굽에서 인도하여 내리이까 12 하나님이 이르시되 내가 반드시 너와 함께 있으리라 네가 그 백성을 애굽에서 인도하여 낸 후에 너희가 이 산에서 하나님을 섬기리니 이것이 내가 너를 보낸 증거니라"[구약 성서]

(모세가 애굽의 압제에서 자신의 민족 이스라엘 백성을 애굽에서 이끌고 나올 지도자로서의 소명 즉 신에게 부름 받은 운명을 말한다.)

(이사야7:14) "여호와(이스라엘 민족의 주신)가 이사야 선지자를 통해 유다왕 아하스에게 준 예언(神託)"
"그러므로 주께서 친히 징조를 너희에게 주실 것이라 보라 처녀가 잉태하여 아들을 낳을 것이요 그의 이름을 임마누엘이라 하리라"[구약 성서]

(마태복음1:18-25) "예수 그리스도 탄생 경위"
"18 예수 그리스도의 나심은 이러하니라 그의 어머니 마리아가 요셉과 약혼하고 동거하기 전에 성령으로 잉태된 것이 나타났더니 19 그의 남편 요셉은 의로운 사람이라 그를 드러내지 아니하고 가만히 끊고자 하여 20 이 일을 생각할 때에 주의 사자가 현몽하여 이르되 다윗의 자손 요셉아 네 아내 마리아 데려오기를 무서워하지 말라 그에게 잉태된 자는 성령으로 된 것이라 21 아들을 낳으리니 이름을 예수라 하라 이는 그가 자기 백성을 그들의 죄에서 구원할 자이심이라 하니라 22 이 모든 일이 된 것은 주께서 선지자로 하신 말씀을 이루려 하심이니 이르시되 23 보라 처녀가 잉태하여 아들을 낳을 것이요 그의 이름은 임마누엘이라 하리라 하셨으니 이를 번역한즉 하나님이 우리와 함께 계시다 함이라 24 요셉이 잠에서 깨어 일어나 주의 사자의 분부대로 행하여 그의 아내를 데려왔으나 25 아들을 낳기까지 동침하지 아니하더니 낳으매 이름을 예수라 하니라"[신약 성서]

(구약성서 이사야 7장 14절의 예언이 후대에 성취되었음을 신약성서 마태복음에서 보여준다. 신의 예언성취라는 것은 곧 신의 뜻대로 이루어진다. 즉 운명대로 이루어진다라는 의미이다.)

(사사기13:7) "신에게 바쳐진 삼손의 운명"
"7 그가 내게 이르기를 보라 네가 임신하여 아들을 낳으리니 이제 포도주와 독주를 마시지 말며 어떤 부정한 것도 먹지 말라 이 아이는 태에서부터 그가 죽는 날까지 하나님께 바쳐진 나실인이 됨이라 하더이다 하니라"[구약 성서]

15. 대속물

이곳에는 자신을 희생하여 누군가의 죽음을 대신할 수 있다는 고대 근동 사람들의 문화적 사고가 숨어있다. 마치 구약 성서에서 히브리인들이 인간의 속죄를 위한 대속물로 동물을 죽여 희생 제물로 드린 것과 같다. 그리고 신약 성서에서 인류 조상 아담의 원죄로 말미암아 인간에게 주어진 숙명적 영혼의 사망으로부터 인류를 구원하기 위해 예수그리스도가 인류를 대신하여 대속의 희생제물이 되어 십자가형에 처해진 것과 같다.

테살리아의 왕 아드메토스와 펠리아스의 딸 알케스티스

"… 어느 날 아드메토스가 병에 걸려 빈사상태가 되자, 아폴론은 운명의 신을 설득하여 딴 사람이 대신 죽기를 승낙할 것이니 아드메토스를 살려 달라고 간청했다.

아드메토스는 죽음의 유예를 받아서 기쁜 나머지 자기 대신 죽어 줄 사람에 대해서는 깊이 생각하지 않았다. 그는 자기에게 아첨하는 자들이나 신하들이 항상 그를 위해서는 충성을 다하겠다는 말을 한 것을 기억해 내고 자기를 대신하여 죽을 사람을 구하는 것은 어렵지 않을 것이라고 생각했다. 그러나 사실은 그렇지 않았다…마침내 알케스티스가 고매한 희생의 정신을 가지고 자기가 대신 죽겠다고 자청했다. 아드메토스는 아무리 살고 싶다 하더라도 그와같은 희생을 치러 가면서까지 자기의 생을 연장시키려고는 하지 않았다…"[토머스 불핀치, 그리스 로마 신화]

트로이 전쟁

"… 이곳에서 아가멤논은 수렵을 하다가 아르테미스에게 봉헌된 수사슴을 죽였다. 그러자 여신은 그 복수로 군대 안에 악질을 퍼뜨리고, 배를 항구로부터 떠나지 못하게끔 바람을 잠들게 했다.

이때 예언자 칼라스는 처녀신의 노여움을 가라앉히기 위해서는 처녀를 그 제단에 희생물로 제공하는 것 외에는 도리가 없고, 그 처녀는 범죄자의 딸 이외에는 용납되지 않으리라고 선언했다.

아가멤논은 아무리 싫더라도 승낙하지 않을 수 없었다. 그래서 딸 이피게네이아를 아킬레우스와 결혼시킨다는 구실 아래 불러왔다. 그녀가 희생되려는 순간 여신은 노여움을 풀고, 그녀가 있던 자리에 암사슴을 한 마리 남겨 놓고, 그녀를 납치하여 구름으로 몸을 가리고 타우리스로 데리고 가서는 자기 신전의 사제로 삼았다…"[토머스 불핀치, 그리스 로마 신화]

(아가멤논의 딸 이피게네이아가 제물로 바쳐지기 직전, 신은 그녀 대신 암사슴을 예비하여 그 동물을 제물로 삼은 이야기 이다.)

참고 토머스 불핀치 그리스 로마 신화에 기록된 '트로이 전쟁'은 호메로스의 서사시 '일리아드'의 축약본으로써, 지루하게 반복되는 전쟁 묘사와 그 밖의 일부를 생략하고, 호메로스의 서사시 '일리아드'에 없는 이야기가 추가되어 있다.

예컨대, '일리아드' 원문의 종결은 트로이 왕자(장남) 헥토르의 죽음으로 종결되는데, '트로이 전쟁' 이야기에는 아킬레오스의 죽음, 트로이 목마 이야기, 스파르타의 왕 메넬라우스와 그의 아내 헬레네의 재회 이야기가 추가되어 있다.

(에베소서5:2) "그리스도께서 너희를 사랑하신 것 같이 너희도 사랑 가운데서 행하라 그는 우리를 위하여 자신을 버리사 향기로운 제물과 희생제물로 하나님께 드리셨느니라"[신약 성서]

(디모데전서2:6) "그가 모든 사람을 위하여 자기를 대속물로 주셨으니 기약이 이르러 주신 증거니라"[신약 성서]

(레위기16:6) "아론은 자기를 위한 속죄제의 수송아지를 드리되 자기와 집안을 위하여 속죄하고"[구약 성서]

(인간의 죗값을 치르기 위해 짐승을 대신 희생물로 바치는 것)

(마태복음20:28) "인자가 온 것은 섬김을 받으려 함이 아니라 도리어 섬기려 하고 자기 목숨을 많은 사람의 대속물로 주려 함이니라"[신약 성서]

(창세기22:1-13) "1 그 일 후에 하나님이 아브라함을 시험하시려고 그를 부르시되 아브라함아 하시니 그가 이르되 내가 여기 있나이다 2 여호와께서 이르시되 네 아들 네 사랑하는 독자 이삭을 데리고 모리아 땅으로 가서 내가 네게 일러 준 한 산 거기서 그를 번제로 드리라 3 아브라함이 아침에 일찍이 일어나 나귀에 안장을 지우고 두 종과 그의 아들 이삭을 데리고 번제에 쓸 나무를 쪼개어 가지고 떠나 하나님이 자기에게 일러 주신 곳으로 가더니 4 … 5 … 6 아브라함이 이에 번제 나무를 가져다가 그의 아들 이삭에게 지우고 자기는 불과 칼을 손에 들고 두 사람이 동행하더니 7 이삭이 그 아버지 아브라함에게 말하여 이르되 내 아버지여 하니 그가 이르되 내 아들아 내가 여기 있노라 이삭이 이르되 불과 나무는 있거니와 번제할 어린 양은 어디 있나이까 8 아브라함이 이르

되 내 아들아 번제할 어린 양은 하나님이 자기를 위하여 친히 준비하시리라 하고 두 사람이 함께 나아가서 9 하나님이 그에게 일러 주신 곳에 이른지라 이에 아브라함이 그 곳에 제단을 쌓고 나무를 벌여 놓고 그의 아들 이삭을 결박하여 제단 나무 위에 놓고 10 손을 내밀어 칼을 잡고 그 아들을 잡으려 하니 11 여호와의 사자가 하늘에서부터 그를 불러 이르시되 아브라함아 아브라함아 하시는지라 아브라함이 이르되 내가 여기 있나이다 하매 12 사자가 이르시되 그 아이에게 네 손을 대지 말라 그에게 아무 일도 하지 말라 네가 네 아들 네 독자까지도 내게 아끼지 아니하였으니 내가 이제야 네가 하나님을 경외하는 줄을 아노라 13 아브라함이 눈을 들어 살펴본즉 한 숫양이 뒤에 있는데 뿔이 수풀에 걸려 있는지라 아브라함이 가서 그 숫양을 가져다가 아들을 대신하여 번제로 드렸더라"[구약 성서]

(아브라함이 아들 이삭을 제물로 바치려는 순간 하나님이 그 아들 대신 다른 제물 숫양을 예비해 둔 이야기이다.)

16. 전쟁은 신의 손에 달려있다 즉 신의 계시에 따라 전쟁을 개시하는 거룩한 전쟁(전쟁 전 먼저 신께 제사)/ 희망의 언약을 '무지개'로 묘사

【 첫 번째, 전쟁은 신의 손에 달려있다 즉 신의 계시에 따라 전쟁을 개시하는 거룩한 전쟁 (전쟁 전 먼저 신께 제사) 】

제우스는 전쟁의 승패를 미리 정해놓고 양측이 서로 엎치락뒤치락 벌어지는 지상의 상황을 지켜보다가 일정한 때에 자신이 예정한 계획대로 종결시킨다.

예컨대 트로이 연합군과 아가멤논을 총사령관으로 한 이오니아, 도리스, 아카이아 세 부족(헬라스 인들) 연합군과의 전쟁은 신들이 사는 올림포스 신들의 의지에 따라 승패가 결정된다.

호메로스의 서사시 오딧세이아에 의하면, 오디세우스가 트로이와의 10여 년 전쟁을 마치고 무사히 고향 이타카에 도착했을 때, 그의 아내 페넬로페에게 구혼을 청하러 몰려와 오랫동안 그의 집안에 고통을 주고 오디세우스를 죽이려고 했던 구혼자들이 오디세우스에 의해 죽자 죽은 구혼자들의 가족들이 다시 보복을 준비하고 오디세우스 역시 다시 이에 맞서야하는 끝이 보일 것 같지 않은 보복전을 중단시킨 것은 아테나 여신이었다. 즉 전쟁과 평화의 주권이 아테나 여신에게 달려 있었다.

"펠로폰네소스 전쟁사"에 의하면, 기원전 630년 경, 아테나 인들이 강성해지고 펠로폰네소스 반도 즉 펠로폰네소스인들이 아테나인들에 의해 그들의 권리가 침해당하자, 그곳에 살고 있던 라케다이몬인들은 아테나와의 전쟁을 앞두고 델포이 신전으로 사람을 보내 전쟁을 해야 할지 말아야 할지 물었고, 신은 '어떤 형태로든 라케다이몬을 돕겠다.'라고 했다는 것이다. 신은 그들이 힘써 싸우면 승리할 것이고 또한 신은 그들편이 되겠다고 응답했다고 한다. 그래서 라케다이몬 인들은 동맹군 사절단을 소집하여 투표를 했는데, 모두 아테나와 싸워야 한다는 결론이 내려졌다. 그리하여 펠로폰네소스인들과 아테나인들 간의 전쟁이 시작된 것이다.

참고 이 시기에 아테나에 역병이 창궐하여 사람들이 죽어갔다고 한다. 또한 펠로폰네소스 반도에 살던 모든 국가가 라케다이몬인들의 동맹국은 아니었다.

"역사 헤로도토스"에 의하면, 제 1차 마라톤 전쟁(기원전 490년 경)에서 페르시아군과 아테네군 사이의 전투에서 수적인 열세에도 아테네 군의 작전이 성공적으로 이루어저, 페르시아군 6천여명, 아테네군 1백 90여명의 사망이라는 결과를 남기고 아테네가 승리하였다.

이 전쟁에 관한 헤로도토스의 역사에 의하면, 페르시아인들이 아테나를 치기 위해 마라톤 평원으로 진격해 오자, 아테나인들은 사절단을 스파르타의 라케다이몬인들에게 보냈다. 그러나 라케다이몬인들은 말하기를 '우리는 아테나를 도와주기로 결의했으나 당장 우리가 도와 줄 수 없는 것은 법에 따라 만월이 아닌 초 아흐래 에는 출동할 수 없다.'고 했다. 그래서 스파르타군은 하루 늦게 마라톤 전장에 도착했다. 그러나, 이미 아테나는 그 전투에서 대승을 했다.

그런데 아테나의 전령 필리피데스가 스파르타에 구원병을 요청하러 가기전 '판'(뜻: 모든)신을 만나 그 신으로부터, '판신을 홀대하지 마라 그동안 내가 얼마나 아테나를 도왔는지 아느냐 앞으로도 그렇게 할 텐데…'라는 판신의 신탁을 받고 스파르타로 갔다고 한다. 그 뒤 아테나인들은 판신의 신전을 아크로 폴리스 아래에 짖고 해마다 제물을 바치고 이때에 축제를 개최 했다고 한다. 결국 아테나 군은 장군들 가운데 투표로 선출된 밀키아데스를 총 사령관으로 하여, 스파르타의 도움 없이 수적인 열세에도 페르시아군을 대파시켰다고 한다.

"역사 헤로도토스"에 의하면, 스파르타의 지도자 클레오메네스는 전쟁 전 먼저 델포이신전에 가서 신탁에 물었다. 신탁의 내용은 '아르고스를 함락하게 될 것이다.'라는 내용이었다. 답변을 듣고 클레오메네스는 라케다이몬인들을 이끌고 아르고스를 치러 갔다… .

이 외에도 헬라인, 히브리인, 그 밖의 고대 근동의 여러 나라들은 전쟁에 앞서 신께 먼저 제사를 올리고 신께 전쟁에 관하여 신탁을 받았다.

트로이 전쟁

"… 신들은 그리스군이 지구전을 하면서 그들 스스로 전쟁을 포기하지만 않는다면 결국엔 트로이가 패배할 운명이라는 것을 잘 알고 있었다…"[토머스 불핀치, 그리스 로마 신화]

트로이 전쟁

"… 전투가 벌어졌다. 트로이군은 제우스의 구원으로 승리를 거두었고, 그리스군의 방벽 일부를 뚫고서는 배에다 불을 지르려고 했다. 이때 그리스군의 위기를 바라보던 포세이돈이 구원하러 나섰다. 그는 예언자인 칼카스의 몸으로 변장하고 나타나서는 큰소리로 장병들을 격려하고 병사 한 사람 한 사람에게 호소하며 뛰어다녔다. 그 때문에 그리스군의 사기도 크게 충천해 트로이군을 퇴각시킬 수 있을 정도가 되었다…"[토머스 불핀치, 그리스 로마 신화]

트로이 전쟁

"… 그러나 이러한 상태는 오래 계속되지 않았다. 눈을 지상으로 돌려 헥토르가 부상을 입고 고통을 당하고 거의 생명이 끊어질 지경임을 보고서 제우스는 크게 노하여, 헤라를 물러가게 하고 이리스(무지개의 여신)와 아폴론을 불러오라고 분부했다. 그러고는 불려온 이리스를 포세이돈에게 보내 그리스군을 돕는 것을 중단시켰다. 이 명령이 빨리 이행되어 아직 전투가 한창 계속되고 있는 동안에 헥토르는 싸움터로 되돌아갔고, 포세이돈은 자기의 영지로 물러갔다…"[토머스 불핀치, 그리스 로마 신화]

참고 "트로이 전쟁" 이야기는 '호메로스나 베르길리우스'가 기록한 그리스 대 서사시 '일리아드'가 원문이다. 그 내용의 핵심은 펠로폰네소스 반도에 거주하던 세 연합군(헬라스 인)과 트로이 연합군 간에 벌어진 전쟁 이야기다.

다만 앞에서 언급한 바와 같이 호메로스의 '일리아드' 원문은 트로이의 왕자 장남 '헥토르'의 죽음까지 기록되어 있는데, 토머스 불핀치의 그리스 신화에 기록된 '트로이 전쟁'이야기는 헥토르의 죽음 이후, 아킬레오스의 죽음과 그 뒤를 이어 총 사령관으로 선출된 오디세오스 그리고 트로이 목마 이야기와 스파르타의 왕 메넬라우스가 전쟁에서 승리하고, 트로이로 잡혀갔던 아내 헬레네와 재회하는 부분이 추가되어 있다.

아이네이아스

"… 아이네이아스는 이길 운명에다가 긴급한 사태가 일어날 때에는 언제나 그의 어머니인 여신이 도와 주었고, 또 그에게는 그의 어머니의 요구로 헤파이스토스가 만들어 준 뚫을 수 없는 갑옷이 있었다. 이와 반대로 투르누스는 그의 편을 들어 주던 신의 가호도 이제는 더 이상 기대할 수 없게 되었다. 왜냐하면 헤라는 더이상 투르누스를 도와주어서는 안 된다는 제우스로부터의 엄명을 받아 놓고 있었기 때문이었다. 투르누스는 창을 던졌으나, 창은 아이네이아스의 방패에 맞아 아무런 상처도 입히지 못하고 다시 튀었을 뿐이었다. 이번에는 트로이의 영웅이 창을 던졌다. 창은 투르누스의 방패를 뚫고, 그의 넓적다리에 박혔다⋯"[토머스 불핀치, 그리스 로마 신화]

(투르누스와 아이네이아스와의 마지막 결투에서 전쟁은 역시 신의 손에 달려있는 것으로 묘사되고 있다.)

테세우스

"⋯ 양쪽의 군대는 서로를 마주 보고 있었지만 먼저 진격하기를 두려워하여 침묵과 의혹만이 오랫동안 계속되었다. 마침내 테세우스가 두려움의 신에게 제사를 드린 다음, 그가 받은 신탁의 명령에 복종하여 싸움을 시작하였다. 이 전투는 보이드로미온 달에 일어났다. 그러므로 오늘날 아테네 사람들이 바로 이 날 보이드로미아 제를 지내는 것이다⋯"[플루타르크 영웅전]

(투키디데스의 '펠로폰네소스 전쟁사'를 보면 그곳에서도 그리스 인들은 신탁 즉 신의 계시가 있을 때, 전쟁을 시작하거나 참가 하는 것으로 묘사되고 있다. 히브리 인들도 역시 전쟁전 제사로 그들의 주신 여호와께 먼져 계시를 받은 후 전쟁을 시작한다.)

카밀루스

"… 야만인들이 이렇게 밀물같이 달음질쳐 오자 군정관들은 로마 시민들을 지휘하여 들판으로 나왔다. 그 인원이 4만명이나 되었으니 숫자상으로 조금도 갈리아 인에게 밀리지 않았다. 하지만 그 대부분은 처음 출전하는 사람들로 이전에는 창 한 번 들어본 적 없는 이가 허다했다. 이것만으로도 불리한데다가 그들은 종교적 행사까지 소홀히 여겼다. 전쟁때마다 으레 올리던 제사도 올리지 않았으며 점술가들에게 자문을 구하지도 않았다. 또한 장군이 여럿이라 혼란을 초래하였다. 종래에는 이렇게 중대한 전쟁이 아니었어도 한 사람의 장군으로 하여금 전군을 지휘케 하고 그를 대정관이라 불렀었다. 왜냐하면 위기에 처했을 때 한 사람의 책임있는 통솔 아래 전체가 질서 정연히 복종하는 것이 무엇보다 중요한 일임을 알고 있었기 때문이다. 하지만 카밀루스가 쫓겨나는 것을 지켜본 장군들은 이제 병사들에게 아첨이나 하며 환심을 사기에만 급급했을 뿐 누구 하나 막대한 책임을 짊어지려고 하지 않았다…"[플루타르크 영웅전]

(갈리아군이 로마를 쳐들어 왔을 때, 로마군은 종교적 행사 즉 전쟁때마다 으레 올리던 제사나 점술가들에게 자문을 구하는 행위 등을 무시 했었고 결국 전쟁에서 패했다.)

(사무엘상13:8-13) "8 사울은 사무엘이 정한 기한대로 이레 동안을 기다렸으나 사무엘이 길갈로 오지 아니하매 백성이 사울에게서 흩어지는지라 9 사울이 이르되 번제와 화목제물을 이리로 가져오라 하여 번제를 드렸더니 10 번제 드리기를 마치자 사무엘이 온지라 사울이 나가 맞으며 문안하매 11 사무엘이 이르되 왕이 행하신 것이 무엇이냐 하니 사울이 이르되 백성은 내게서 흩어지고 당

신은 정한 날 안에 오지 아니하고 블레셋 사람은 믹마스에 모였음을 내가 보았으므로 12 이에 내가 이르기를 블레셋 사람들이 나를 치러 길갈로 내려오겠거늘 내가 여호와께 은혜를 간구하지 못하였다 하고 부득이하여 번제를 드렸나이다 하니라 13 사무엘이 사울에게 이르되 왕이 망령되이 행하였도다 왕이 왕의 하나님 여호와께서 왕에게 내리신 명령을 지키지 아니하였도다 그리하였더라면 여호와께서 이스라엘 위에 왕의 나라를 영원히 세우셨을 것이거늘"[구약 성서]

(헬라인들이 전쟁 전 신께 제물을 바치고 신탁을 받는 것처럼, 히브리인들에게는 전쟁에 앞서 먼저 제사장으로 하여금 그들의 신께 제사 즉 번제를 드리는 종교법이 있었는데, 피를 흘리는 정치적 지도자 사울 왕이 블레셋과의 전쟁에 앞서 조급하여 직권을 넘어 제사를 올렸다. 이에 제사장 사무엘이 분노하며 불법을 지적하는 내용이다.)

(여호수아6:2-5) "2 여호와(이스라엘의 주신)께서 여호수아에게 이르시되 보라 내가 여리고와 그 왕과 용사들을 네 손에 넘겨 주었으니 3 너희 모든 군사는 그 성을 둘러 성 주위를 매일 한 번씩 돌되 엿새 동안을 그리하라 4 제사장 일곱은 일곱 양각 나팔을 잡고 언약궤 앞에서 나아갈 것이요 일곱째 날에는 그 성을 일곱 번 돌며 그 제사장들은 나팔을 불 것이며 5 제사장들이 양각 나팔을 길게 불어 그 나팔 소리가 너희에게 들릴 때에는 백성은 다 큰 소리로 외쳐 부를 것이라 그리하면 그 성벽이 무너져 내리리니 백성은 각기 앞으로 올라갈지니라 하시매"[구약 성서]

(이스라엘 백성이, 신이 가르쳐준 방법대로 순종하여 칼과 같은 무기를 사용하지 않고서도 가나안 땅의 여리고 성을 정복 하였다는 거룩한 전쟁의 묘사이다.)

(사무엘상15:1-5) "1 사무엘이 사울에게 이르되 여호와(이스라엘 주신)께서 나를 보내어 왕에게 기름을 부어 그의 백성 이스라엘 위에 왕으로 삼으셨은즉 이제 왕은 여호와의 말씀을 들으소서 2 만군의 여호와께서 이같이 말씀하시기를 아말렉이 이스라엘에게 행한 일 곧 애굽에서 나올 때에 길에서 대적한 일로 내가 그들을 벌하노니 3 지금 가서 아말렉을 쳐서 그들의 모든 소유를 남기지 말고 진멸하되 남녀와 소아와 젖 먹는 아이와 우양과 낙타와 나귀를 죽이라 하셨나이다 하니 4 사울이 백성을 소집하고 그들을 들라임에서 세어 보니 보병이 이십만 명이요 유다 사람이 만 명이라 5 사울이 아말렉 성에 이르러 골짜기에 복병시키니라"[구약 성서]

(여기서 '사무엘'은 이스라엘의 신관으로서 제사와 신의 계시를 받아 백성들에게 전하는 신분이다. 그가 이스라엘의 초대왕 사울에게 아말렉을 쳐서 멸하라는 신의 신탁을 전하는 묘사이다.)

(사무엘상17:47) "또 여호와의 구원하심이 칼과 창에 있지 아니함을 이 무리에게 알게 하리라 전쟁은 여호와께 속한 것인즉 그가 너희를 우리 손에 넘기시리라"[구약 성서]

(민수기21:14-15) "14 이러므로 여호와의 전쟁기에 일렀으되 수바의 와헙과 아르논 골짜기와 15 모든 골짜기의 비탈은 아르 고을을 향하여 기울어지고 모압의 경계에 닿았도다 하였더라"[구약 성서]

("여호와의 전쟁기"라는 표현은 이스라엘 민족의 주신이 그의 백성과 함께 다른 이방민족과 벌였던 전쟁사를 말한다.)

【 두 번째, 희망의 언약을 '무지개'[헬, ἶρισ](iris)로 묘사 】

트로이 전쟁

"… 아킬레우스가 이와 같이 용감한 헥토르를 모독함으로써 분노를 풀고있는 동안에 헥토르를 불쌍히 여긴 제우스가 테티스를 불렀다. 그리고는 아들한테로 가서 헥토르의 시체를 트로이군에게 반환토록 설득하라고 분부했다. 그리고 제우스는 무지개의 여신 이리스를 프리아모스 왕에게 파견하여, 용기를 내어 아킬레우스한테 가서 아들의 시체를 반환해 줄 것을 요청하라고 일렀다. 무지개의 여신 이리스가 이 말을 전하자, 프리아모스는 이에 복종하여 준비를 갖추었다…"[토머스 불핀치, 그리스 로마 신화]

(트로이전쟁에서 아킬레우스가 가장 사랑하는 친구 파트로클로스가 헥토르에 의해 죽자 그동안 전쟁에 방관하고 있던 아킬레오스가 전쟁에 나서서 헥토르를 죽이고 그 시체를 가저가자 헥토르의 부친 트로이의 왕이 절망가운데 아들의 시체만이라도 찾아오려고 안절부절못할 때, 제우스 신이 그에게 무지개 여신 이리스를 보내어 용기와 희망을 주는 내용이다.)

(창세기9:12-17) "12 하나님이 이르시되 내가 나와 너희와 및 너희와 함께 하는 모든 생물 사이에 대대로 영원히 세우는 언약의 증거는 이것이니라 13 내가 내 무지개를 구름 속에 두었나니 이것이 나와 세상 사이의 언약의 증거니라 14 내가 구름으로 땅을 덮을 때에 무지개가 구름 속에 나타나면 15 내가 나와 너희와 및 육체를 가진 모든 생물 사이의 내 언약을 기억하리니 다시는 물이 모든 육체를 멸하는 홍수가 되지 아니할지라 16 무지개가 구름 사이에 있으리니 내가 보고 나 하나님과 모든 육체를 가진 땅의 모든 생물 사이의 영원한 언약을 기억하

리라 17 하나님이 노아에게 또 이르시되 내가 나와 땅에 있는 모든 생물 사이에 세운 언약의 증거가 이것이라 하셨더라"[구약 성서]

(하나님 곧 신이 노아에게 이 땅의 인간을 다시는 홍수로 멸하지 않겠다는 약속의 징표로 희망의 무지개를 보여준다는 묘사이다.)

❧

17. 호기심과 금령을 지키지 못해 불행을 맞게되는 인간 숙명 그럼에도 인류에게 끝없는 자비로 다가오는 신의 모습

다음의 이야기 속에서 발견되는 헬레니즘과 히브리 문화의 한 공통점은 인간에게 주어진 금령은 반드시 지켜야하고 그 것을 어겼을 때는 치명적인 댓가를 지불해야 한다는 것이다.

또한 인간은 그런 금령을 매번 지키지 못하고 불행을 겪게 된다는 인간 속성을 담고 있다. 이런 패턴은 다른 그리스 신화에서도 자주 제시된다.

예컨대 태양신 아폴론의 아들 파에톤이 아버지의 금령을 어기고 태양의 이륜차를 몰았다가 받게되는 불행, 에로스와 프시케 이야기에서 프시케가 여러번 금령을 지키지 못해 겪게되는 시련, 에피메테우스가 형 프로메테우스의 경고를 어겨 세상에 불행이 찾아온 이야기 등 여러 곳에서 동형의 이야기가 제시 된다.

역시 히브리 성서에서도 창세기의 아담과 하와가 금령을 어기고 에덴 동산 중앙의 금지된 선악과를 먹음으로 에덴에서 추방되고 인생에 고난이 찾아온 이야기나 창세기 아브람의 조카 롯의 아내가 천사들의 인도를 받아 저주의 성 소돔을 떠날 때 뒤를 돌아 보지 마라는 금령을 어김으로써 소금 기둥이 되었다.

그럼에도 두 문화권의 공통된 특성은 신은 금령 곧 신의 법을 어긴 그의 백성이 불법을 회개하고 돌아오기를 용서와 사랑 그리고 인애로 기다린다.

마치, 프시케(나비)가 여러 고난(나비 유충 누에가 어둠속 고치속을 뚫고 나오는 과정)을 겪은 후에 나비가 되어 자유로이 하늘을 날아 오르듯 다시 남편 에로스를 만나는 것처럼, 성서의 하나님(신)도 고난 뒤에 회개하고 돌아온 백성과 재회하는 모습으로 그려지고 있다. 신약성서 누가복음 15장 11절-32절의 '돌아온 탕자'의 비유와 같을 것이다.

프로메테우스와 판도라

"… 판도라는 지상으로 옮겨져 에피메테우스에게 주어졌다. 그는 형인 프로메테우스로부터 제우스와 그의 선물을 경계하라는 주의를 받았음에도 불구하고 그녀를 기꺼이 아내로 맞아들였다. 에피메테우스는 그의 집에 한 개의 상자를 가지고 있었는데 그 속에는 해로운 물건들이 들어 있었다. 그는 인간에게 새로운 삶의 터를 만들어 주는 '국란감관'(國亂鑑觀)이 있었다.

판도라는 이 상자 속에 무엇이 들어 있는지 알고 싶었다. 그래서 어느 날 그녀는 상자 뚜껑을 열고 들여다보았다. 그러자 곧 불운하게도 인간을 괴롭히는 무수한 재액(災厄)이 그 속으로부터 빠져 나와, 육체를 괴롭히는 것으로는 통풍, 류머티즘, 복통 등이고, 정신을 괴롭히는 것으로는 질투, 원한, 복수 등 멀리 사방팔방으로 날아가 버렸다. 판도라는 놀라 재빨리 뚜껑을 덮으려고 하였으나, 상자 속에 들어 있던 것은 이미 다 날아가고 오직

하나만이 맨 밑에 남아 있었는데, 그것은 '희망' 이었다…"[토머스 불핀치, 그리스 로마 신화]

(에피메테우스는 형인 프로메테우스로부터 제우스와 그의 선물 즉 판도라를 경계하라는 주의를 받았음에도 불구하고, 그녀를 아내로 맞아들임으로써, 그녀가 남편 에피메테우스가 보관하고 있던 상자를 호기심으로 열어 보았다가 세상에 재앙이 찾아 왔다. 그럼에도 희망만은 남아 있었다.)

에로스와 프시케

"… 언니들은 답변에 만족하지 않고, 프시케로 하여금 자기는 아직껏 한 번도 남편을 본 일이 없음을 고백하게 하였다. 그러자 그녀들은 그녀의 가슴에 의심이 가득 차도록 다음과 같이 말했다.

'저 피타아의 신탁(아폴론의 신탁)이 네가 무서운 괴물과 결혼할 팔자라고 한 것을 잊지 말아라. 이 골짜기에 사는 주민들 말에 의하면, 너의 남편은 무섭고 괴상한 뱀으로서 한동안 너를 맛있는 음식을 먹여 기른 뒤에 삼켜 버린다는 것이다. 우리 말대로 하여라. 등잔과 예리한 칼을 준비하여라. 남편에게 들키지 않도록 그것을 숨겨 놓았다가 그가 깊이 잠들거든 침대에 빠져 나와 등잔불을 켜고 이곳 주민들이 말하는 것이 사실인가 네 눈으로 보아라. 사실이라면 주저하지 말고 괴물의 머리를 베어 너의 자유를 되찾아라.'

프시케는 이런 말을 개의치 않으려 했으나, 그것이 그녀의 마음에 영향을 미치는 것은 어찌할 수가 없었다. 언니들이 떠나자, 그들의 말과 그녀 자신의 호기심이 그녀를 더 이상 참을 수 없게 충동질했다. 프시케는 등불과 예리한 칼을 준비하여 남편이 보지 못하도록 덮개로 감추어 두었다. 그가 첫잠이 들었을 때 프시케는 살짝 일어나서 등잔불의 덮개를 벗기고 보니 눈앞에 보이는 것은 무서운 괴물이 아니고 신들 중에서도 가장 아름답고 매력 있는 신이었다.

에로스는 '…사랑은 의심과 동거할 수 없는 것이다.' 이렇게 말하고는, 울부짖으며 땅에 엎드려 있는 가여운 프시케를 버리고 가버렸…"[토머스 불핀치, 그리스 로마 신화]

에로스와 프시케

"… 프시케는 몸을 거꾸로 떨어뜨려 명부로 내려가는 가장 가까운 길을 택하기 위하여 높은 탑 꼭대기로 올라갔다, 그때 탑 속에서 어떤 소리가 들려왔다. '가엾고 불행한 여인아, 왜 그렇게 무서운 방법으로 목숨을 끊으려고 하느냐. 이제까지도 여러 번 위험한 경우에는 신령의 가호를 받았거늘 왜 최후의 위험에 처하여 겁을 내고 풀이 죽는가?' 그러고 나서 그 소리는 어떤 동굴을 지나면 하이데스의 나라에 도착 할 수 있는가, 어떻게 하면 도중의 위험을 피할 수 있는가, 머리가 세 개 달린 개 케르베로스(명부의 입구에 있는 보초 개)의 곁을 지날 때에는 어떻게 하면 되는가, 흑하를 건너가고 다시 돌아오기 위해서는 어떻게 하면 뱃사공을 설복시킬 수 있는가를 가르쳐 주었다.

그리고 다음과 같이 부언했다. '페르세포네가 그녀의 미로 가득 찬 상자를 주거든 가장 조심해야 할 사항은 그것을 한 번이라도 열거나 그 속을 들여다보지 말 것이며, 또 호기심으로 여신들의 미의 비보를 탐색하려고 하지 말아야 한다는 것이다.'

프시케는 이 조언에 힘을 얻어, 모든 것을 일러 주는 대로 했다. 그리고 도중에 일일이 조심하면서 무사히 명부에 도착했다.

프시케는 페르세포네(곡물의 종자) 궁전으로 들어갔다. 그곳에서 아름다운 의자와 맛있는 음식이 제공되었으나 모두 사양하고, 거친 빵으로 만족하며 식사를 한 뒤에 바로 아프로디테로부터의 전언을 전달했다, 이윽고 값진 물건으로 꽉찬 뚜껑이 닫힌 상자가 프시케에게 들려졌다. 그래서 프시케는 온 길을 다시 돌아왔으며, 다시 햇빛을 보게 된 것을 한없이 기뻐하였다.

그러나 위험한 임무를 이와 같이 무사히 달성하자, 상자 안에 무엇이 들었는지 보고 싶은 마음이 일어났다, 그녀는 혼잣말로 중얼거렸다. '어째서 신의 미를 나르는 내가 이것을 좀 가져서는 안 된단 말인가? 나도 얼굴에 발라 사랑하는 남편의 눈에 좀더 예쁘게 보이고 싶다.' 그러고는 그녀는 조심스럽게 상자를 열어 보았다. 그러나 그 속에는 미는 하나도 없고 명부의 진짜 지옥의 수면만이 있었다. 그것은 감옥에 갇혔다가 해방되자 프시케에게 덤벼들었다…"[토머스 불핀치, 그리스 로마 신화]

(남편 신 에로스를 의심하고 낮에는 떠나고 밤에만 찾아오는 남편을 괴물이 아닌가 확인하기 위해 한 밤중에 등불로 확인하려다가 그것이 발각되어 신 에로스는 떠나가 버린다. 그러자 프시케는 남편을 찾아 해매던중 여신 케레스가 있는 신전으로 가게 되었다. 여신 케레스는 프시케에게 남편 신 에로스의 모친 여신 아프로디테를 찾아가 용서를 구하라는 제언을 해주었다.

아프로디테는 찾아온 며느리 프시케에게 세 가지 과제를 부여 하는데, 그 중 마지막 과제는 명부 곧 지옥에 가서 명부의 신 하데스의 아내 페르세포네에게서 화장품을 얻어 오라는 명령이었다.

이 과제를 수행하기 위해 탑 꼭대기에서 뛰어내려 죽으려는 순간 어떤 소리가 그 과제를 완수하고 돌아 올 수 있는 방법을 알려 주었다.

그런데 그 어떤 소리가 프시케에게 반드시 기억해야 할 금기를 마지막으로 알려 주었는데, '페르세포네가 그녀의 미로 가득 찬 상자를 주거든 가장 조심해야 할 사항은 그것을 한 번이라도 열거나 그 속을 들여다보지 말 것이며, 또 호기심으로 여신들의 미의 비보를 탐색하려고 하지 말아야 한다는 것이다.')

에로스와 프시케

"… 에로스는 높은 하늘을 단번에 꿰뚫는 번갯불과 같이 재빨리 제우스 앞에 나아가 애원했다. 제우스는 호의를 가지고 들어 주었다. 그리고 두 연인을 위해서 간곡히 아프로디테를 설득시켰기 때문에 마침내 그녀도 승낙하였다…"[토머스 불핀치, 그리스 로마 신화]

(이 이야기는 인간의 신에 대한 의심으로 헤어졌던 사랑의 관계가 다시 신의 자비로 회복되는 묘사로 끝을 맺는다. 즉 세상에서 가장 아름답다는 미의 여신 아프로디테 보다 더 아름답다고 사람들에게 추앙받던 인간 프시케에 대한 신의 질투와 남편 에로스를 괴물로 의심했던 그녀에 대한 신의 자비를 묘사하는 내용이다.)

오르페우스와 에우리디케

"… 오르페우스는 그녀를 데리고 가도 좋다는 허락을 받았으나 조건이 하나 붙어 있었다. 그것은 지상에 도착하기까지는 그가 그녀를 돌아보아서는 안 된다는 것이었다. 이 약속을 지키고 오르페우스는 앞서고 에우리디케는 뒤따르면서 어둡고 험한 길을 말 한마디 하지 않고 걸어갔다. 마침내 즐거운 지상 세계로 나가는 출구에 거의 도착했을 때, 오르페우스는 순간 약속을 잊고 에우리디케가 잘 따라오나 확인하기 위해서 뒤를 돌아보았다, 그 순간 에우리디케는 지하세계로 되끌려갔다…"[토머스 불핀치, 그리스 로마 신화]

다이달로스

"… 그는 아들에게도 날개를 달아 주고 나는 법을 가르쳐 주었다. 그것은 마치 새가 자기 어린 새끼를 높은 보금자리로부터 공중으로 날도록 유인하는 광경과 같았다. 모든 준비가 되었을 때 그는 아들에게 말했다.

'이카로스야, 나는 네가 적당한 높이를 유지하기를 부탁한다. 왜냐하면 너무 낮게 날면 습기로 날개가 무거워질 것이고, 너무 높이 날면 태양의 열이 날개를 녹여 버릴 테니까. 내 곁으로만 따라오면 안전할 것이다.'

이런 다짐을 하면서 아들의 어깨에 날개를 달아 주고 있을 동안에 아버지의 얼굴은 눈물에 젖고 손은 떨렸다…그때 소년은 기쁨에 겨워 아버지의 곁을 떠나서 하늘에 닿을 정도로 높이 올라갔다, 그러자 불타는 태양에 날개를 붙여 놓았던 밀초가 녹아 내려 날개가 떨어졌다. 이카로스는 팔을 흔들었으나 공중에 몸을 뜨게 할 날개는 하나도 남지 않았다. 아버지를 향하여 부르짖었으나 그의 몸은 바다의 푸른 물 속에 가라앉고 말았다. 그 후부터 이바다는 이카로스 해라고 부른다. 아버지는, '이카로스야, 이카로스야! 어디 있느냐?'고 울부짖었다. 마침내 그는 아들의 날개가 물위에 떠 있는 것을 보았다. 그는 자신의 기술을 한탄하면서 아들의 시체를 묻었으며, 아들을 기념하여 그 땅을 이카리아라고 불렀다…"[토머스 불핀치, 그리스 로마 신화]

오디세우스의 모험

"… 오디세우스는 다음에는 아이올로스 섬에 도착하였다. 제우스는 이 섬의 왕에게 모든 바람의 지배권을 위탁하고 있었기 때문에 왕은 바람을 내보내거나 멈추는 것을 마음대로 할 수 있었다, 왕은 오디세우스를 친절히 접대하고 떠날 때는 해롭고 위험한 바람은 모두 가죽자루에다 담아 은사슬로 매어 그들에게 주고 순풍에 명령하여 배를 그들의 고국으로 인도해 주도록 하였다. 그로부터 9일 동안, 그들은 평온한 바다에서 순풍에 돛을 달고 질주했다. 그리고 그 동안 오디세우스는 자지 않고 키 옆에 있었는데, 마침내 지쳐서 잠이 들었다.

그가 자고 있을 때 선원들은 그 신비스런 자루에 대해서 이야기를 나누었다. 그들은 그 자루 속에는 친절한 아이올로스 왕이 자기들의 함장에게 선사한 보물이 들어 있을 것이라는 결론을 내렸다. 자기들도 다소 나누어 가지려는 욕심에 끈을 풀었다. 그러자마자 바로 바람이 튀어나왔다. 배는 항로를 멀리 벗어나 그들이 방금 출범한 섬으로 다시 되돌아왔다. 아이올로스는 그들의 어리석은 짓에 노하여 더 이상 도와 주지 않겠노라고 외면하였다. 그 때문에 그들은 같은 항로를 다시 한 번 그것도 고생을 하면서 노를 저어 가지 않으면 안되 었다…"[토머스 불핀치, 그리스 로마 신화]

(인간의 탐욕과 호기심이 열지 말아야 할 아이올로스왕이 담아준 가죽 자루를 열어 봄으로서 결국 불행을 겪어야 했다.)

오디세우스의 모험

"… 다음 상륙할 곳은 트리나키아라는 섬이었는데, 그곳에서는 태양신 히페리온의 가축이 그의 두 딸 람페티아와 파에투사의 손에 의해 사육되고 있었다. 항해자들에게 아무리 필요하더라도 이 가축 떼를 침범해서는 안 된다는 것이 경고였다. 이를 위반하면 위반자에게 파멸을 내린다는 것은 말할 필요도 없는 사실이었다. 오디세우스는 이 태양신의 섬에 들르지 않고 통과하려 했으나, 배를 정박시키고 해안에서 하루 저녁만 자도 피로를 회복할 수 있다는 부하들의 성화에 못 이겨 양보했다. 그러나 그는 그들에게 키르케가 배에 실어 준 식량의 나머지만 가지고 만족해야 하며, 신성한 양이나 기타 가축에게는 하나도 손을 대서는 안 된다고 당부하고 서약을 받았다.

식량이 남아 있는 동안에는 부하들도 서약을 지켰다. 그러나 역풍으로 말미암아 한 달 동안이나 섬에 억류되어 남은 식량을 모두 소비한 후에는, 새나 물고기를 잡아먹지 않으면 안 되었다. 기아가 그들을 괴롭혔다. 마침내 오디세우스가 없는 어느 날, 그들은 가축 몇 마리를 죽이고 그 일부분을 신들에게 바쳐 자기네들의 범행을 배상하려고 하였다. 그러나 이는 쓸데없는 짓이었다.

오디세우스는 해안에 돌아와 그들의 소행을 알고 공포에 떨었다. 뒤이어 일어난 불길한 징조 때문에 더욱 그러했다. 짐승의 껍질이 땅 위로 기어다니고, 고깃점은 불에 구을 때 꼬챙이에서 우는 소리를 냈다. 이윽고 순풍이 불기 시작하였으므로 그들은 섬으로부터 출범하였다. 얼마 가지 않아 기후가 변하더니 폭풍우가 몰아치고 우뢰소리가 진동하며 번갯불이 번쩍였다. 낙뢰가 돛대를 부수고 돛대가 넘어지는 바람에 키잡이가 깔려 죽었다. 마침내 배까지도 부서져 버렸다. 오디세우스는 나란히 떠내려가는 용골과 돛대로 뗏목을 만들어 몸을 의지하였다…"[토머스 불핀치, 그리스 로마 신화]

참고 토머스 불핀치 그리스 로마 신화에 기술된 '오디세우스의 모험'이야기의 원문은 호메로스 서사시 '오디세이아'에 있다.)

(창세기19:17) "그 사람들이 그들을 밖으로 이끌어 낸 후에 이르되 도망하여 생명을 보존하라 돌아보거나 들에 머물지 말고 산으로 도망하여 멸망함을 면하라"[구약 성서]

(창세기19:26) "롯의 아내는 뒤를 돌아보았으므로 소금 기둥이 되었더라"

(신의 천사가 인간의 모습으로 지상에 내려와 타락한 죄악의 도시 소돔과 고모라성을 멸하기 직전, 그 성에 거주하고 있던 믿음과 히브리 민족의 조상 아브라함의 조카 롯의 아내가 죄악의 성을 떠날 때 절대로 뒤를 돌아다 보아서는 안된다는 천사의 금령을 어기고 뒤 돌아봄으로써 소금 기둥이 되었다는 이야기다.)

(창세기3:2-7) "2 여자가 뱀에게 말하되 동산 나무의 열매를 우리가 먹을 수 있으나 3 동산 중앙에 있는 나무의 열매는 하나님의 말씀에 너희는 먹지도 말고

만지지도 말라 너희가 죽을까 하노라 하셨느니라 4 뱀이 여자에게 이르되 너희가 결코 죽지 아니하리라 5 너희가 그것을 먹는 날에는 너희 눈이 밝아져 하나님과 같이 되어 선악을 알 줄 하나님이 아심이니라 6 여자가 그 나무를 본즉 먹음직도 하고 보암직도 하고 지혜롭게 할 만큼 탐스럽기도 한 나무인지라 여자가 그 열매를 따먹고 자기와 함께 있는 남편에게도 주매 그도 먹은지라 7 이에 그들의 눈이 밝아져 자기들이 벗은 줄을 알고 무화과나무 잎을 엮어 치마로 삼았더라"[구약 성서]

(창세기3:11-19) "11 이르시되 누가 너의 벗었음을 네게 알렸느냐 내가 네게 먹지 말라 명한 그 나무 열매를 네가 먹었느냐 12 아담이 이르되 하나님이 주셔서 나와 함께 있게 하신 여자 그가 그 나무 열매를 내게 주므로 내가 먹었나이다 13 여호와 하나님이 여자에게 이르시되 네가 어찌하여 이렇게 하였느냐 여자가 이르되 뱀이 나를 꾀므로 내가 먹었나이다 14 여호와 하나님이 뱀에게 이르시되 네가 이렇게 하였으니 네가 모든 가축과 들의 모든 짐승보다 더욱 저주를 받아 배로 다니고 살아 있는 동안 흙을 먹을지니라 15 내가 너로 여자와 원수가 되게 하고 네 후손도 여자의 후손과 원수가 되게 하리니 여자의 후손은 네 머리를 상하게 할 것이요 너는 그의 발꿈치를 상하게 할 것이니라 하시고 16 또 여자에게 이르시되 내가 네게 임신하는 고통을 크게 더하리니 네가 수고하고 자식을 낳을 것이며 너는 남편을 원하고 남편은 너를 다스릴 것이니라 하시고 17 아담에게 이르시되 네가 네 아내의 말을 듣고 내가 네게 먹지 말라 한 나무의 열매를 먹었은즉 땅은 너로 말미암아 저주를 받고 너는 네 평생에 수고하여야 그 소산을 먹으리라 18 땅이 네게 가시덤불과 엉겅퀴를 낼 것이라 네가 먹을 것은 밭의 채소인즉 19 네가 흙으로 돌아갈 때까지 얼굴에 땀을 흘려야 먹을 것을 먹으리니 네가 그것에서 취함을 입었음이라 너는 흙이니 흙으로 돌아갈 것이니라 하시니라"[구약 성서]

(구약성서 창세기에 기록된 최초 인류의 조상 아담과 하와가 낙원 중앙

에 있는 금단의 열매를 먹음으로써, 그들에게 법을 어긴 댓가로 유한한 존재가 되었고, 아울러 고통과 수고라는 벌이 주어졌다.)

(호세아2:2-3) "2 너희 어머니와 논쟁하고 논쟁하라 그는 내 아내가 아니요 나는 그의 남편이 아니라 그가 그의 얼굴에서 음란을 제하게 하고 그 유방 사이에서 음행을 제하게 하라 3 그렇지 아니하면 내가 그를 벌거벗겨서 그 나던 날과 같게 할 것이요 그로 광야 같이 되게 하며 마른 땅 같이 되게 하여 목말라 죽게 할 것이며"[구약 성서]

(신의 법을 어기고 떠나 부정한 삶을 산 이스라엘 백성을 남편을 떠난 음란한 아내 고멜로 비유하여 그들이 회개하고 돌아오기를 바라는 신의 모습을 묘사하고 있다.)

(이처럼 금지된 선악과에 대한 여자의 강한 호기심의 결과 고통과 수고가 인류에게 찾아왔다. 또한 그리스 신화에서도 프로메테우스가 제우스의 불을 훔쳐간 벌로 제우스는 프로메테우스와 에피메테우스 두 형제에게 재앙의 불씨가 될 판도라 라는 여성을 인류에게 보냈고, 이 여인에 대한 형의 경고를 어기고 그 여인을 아내로 맞아 들인 에피메테우스의 집에서 판도라의 호기심에 의해 남편이 가지고 있던 재액이 담긴 상자가 열리고 그때부터 세상에 불행이 찾아왔다. 그러나 그 상자 속에 끝까지 달아나지 않고 남아있었던 것은 희망이었다.

마찬가지로 성서의 자비의 하나님은 인간의 죄악으로 기인된 홍수의 심판에서 인류의 새로운 불씨인 노아의 가족을 남겨두셨고, 그들에게 희망의 무지개 언약을 약속해 주셨다.

또한 구약 성서 룻기에서도 모압 땅에서 남편과 두 아들 모두 잃어버리고 절망가운데 고향 베들레헴으로 돌아가야 할 운명이었던 나오미에게 끝까지 운명을 같이 했던 며느리 희망의 모압여인 룻이 있었기에 나오미는 남편 엘리멜렉의 가문을 이을 수 있었고, 결국 구원의 메시야가 이 가계에서 탄생한다. 즉 나오미의 며느리 룻은 절망속에 끝까지 남아있었던 상자 속 희망이었다.

히브리인의 지혜서 '토라'에 언급된 '선과 악'의 이야기에서 선과 악은 한 쌍으로 언제나 공존하듯이 '절망이 없다면 희망도 없다'라는 것이다.

또한 인간에게 주어진 '호기심'은 역설적 선물이라는 것이다. 즉 인간은 호기심에서 기인된 금기를 어기므로 그 댓가의 산물인 고난과 절망이 찾아오지만 동시에 신의 자비로 새로운 지평이 펼쳐진다는 것이다.

예컨대 구약성서 창세기의 아담과 하와가 금지된 선악과에 대한 유혹을 물리치지 못하고 에덴동산에서 추방 되고 온갖 인류에게 고난이 찾아 왔지만 동시에 낙원 밖의 역동적 인간 역사가 세롭게 펼쳐졌고, 또한 절대자인 신의 도움 없이는 인간의 불행을 극복 할 수 없다는 신에 대한 더 큰 신뢰가 찾아왔다는 역설적 가치관이 그것이다.

그리고 구약성서의 한 패턴은 다음과 같다. '인간의 범죄→신의 심판→인간의 회개→신의 자비'.

특별히 구약성서의 '사사기와 예언서' 그리고 신약성서의 '예수그리스도의 인류의 죄에 대한 대속의 십자가'가 그 대표적 예라 하겠다.)

18. 목자가 지팡이로 양떼를 지키며 인도하듯 신은 선한 목자요 양은 그의 백성으로서의 비유/ 자신의 백성을 목적지까지 보호하고 인도하는 신의 보살핌/ 속죄의 배상물로 동물을 잡아 제물로 신께 바치는 제사 문화

【 첫 번째, 목자가 지팡이로 양떼를 지키며 인도하듯 신은 선한 목자요 양은 그의 백성으로서의 의미 】

유목민들 사이에서 지팡이가 목자가 양떼를 지키며 인도하는 용도로 쓰였던 것처럼, 지팡이는 양(백성)을 안전하게 보호하고 인도하는 '눈'과 같은 역할을 한다. 그런데 오디세우스가 키클로프스가 지팡이로 쓰기 위해 가져온 막대기로 거인의 단 하나밖에 없는 유일한 외눈을 찔러 맹인이 되게 했다는 것은 곧 사람을 잡아먹은 야만인은 저주를 받아 신(목자, 지팡이, 눈)의 인도와 보호를 더 이상 받을 수 없게 되었다는 말이다.

예컨대 본문에 '오, 친구들이여, 나는 지금 죽을 지경이네! 우티스가 나를 괴롭힌다.' 그러자 그들은 대답했다. '아무도 그대를 괴롭히지 않는다면 그것은 제우스의 짓이므로 그대는 참지 않으면 안 된다.' 라는 묘사는 위험에 처한 키클로프스가 자신의 동료들에게 도움을 요청했으나 모두 그를 외면한체 신(제우스)의 뜻으로 돌리고 각자 집으로 되돌아갔다. 즉 키클로프스는 목자(제우스 신)의 보호에서 배제된 주인을 잃어버린 양(백성)이 되었다는 표현이다.

오디세우스의 모험

"… 그들은 키클로프스가 지팡이를 만들기 위하여 베어온 막대기를 동굴 속에서 발견하였다. 그들은 그 끝을 뾰족하게 깎아서 불에다 바짝 말린 다음 동굴 바닥에 있는 짚 밑에다 감추어 두었다. 그리고 가장 용감한 사람 네 명을 선발하고 오디세우스는 다섯 번째로 그들에게 가담했다. 저녁 때가 되자 키클로프스가 돌아와서 전과 같이 바위를 굴려 동굴 입구를 열고, 양 떼를 안으로 몰아넣었다. 그리고 전과 같이 젖을 짜고 여러 가지 준비를 한 후에 다시 오디세우스의 부하 중 두 사람을 붙잡고서 머리를 박살내어 그것으로 저녁식사를 했다. 그가 식사를 마치자, 오디세우스는 그에게 접근하여 술을 한 사발 따라 주면서 말했다.

'키클로프스여, 이것은 술입니다. 사람 고기를 먹은 뒤에 마시면 맛도 있고 하니 드시오.' 그는 정중하게 대해 주었다. 그는 그것을 받아 마셨다. 그리고 대단히 좋아하며 더 청했다. 오디세우스가 더 따라 주었더니 거인은 아주 기뻐하며 은총을 베풀어 그를 제일 나중에 잡아먹겠다고 하며 그의 이름을 물었다.

'내 이름은 우티스(헬라어로 '아무도 아니다')' 그는 이렇게 대답했다. 저녁식사가 끝나자 거인은 자리에 누워 잠이 들었다. 오디세우스는 선발된 네 사람의 부하와 더불어 막대기 끝을 불 속에 집어넣어 벌겋게 달군 뒤에 그것으로 거인의 애꾸눈을 바로 겨누어 눈 속에 깊이 박고는 목수가 나사 송곳을 돌리듯이 빙빙 돌렸다. 거인은 동굴이 떠나갈 듯한 비명을 질렀다. 오디세우스는 그의 부하들과 함께 재빨리 몸을 피해 동굴의 한쪽 구석에 숨었다. 거인은 울부짖으며 그로부터 멀리 떨어진 동굴에 살고 있는 키클로프스들을 소리 높여 불렀다.

그들은 그의 부르짖음을 듣고 그의 동굴 주위에 모여 무슨 고통 때문에 이와 같이 떠들어 잠도 못 자게 하느냐고 물었다. 그는 울부짖으며 대답했다. '오, 친구들이여, 나는 지금 죽을 지경이네! 우티스가 나를 괴롭힌다.' 그러자 그들은 대답했다. '아무도 그대를 괴롭히지 않는다면 그것은 제우스의 짓이므로 그대는 참지 않으면 안 된다.' 이렇게 말하면서 그들은 신음하는 그를 남겨 놓고 물러갔다…"[토머스 불핀치, 그리스 로마 신화]

참고 '오디세우스의 모험'은 앞에서 언급한 바와 같이, 오디세우스가 트로이와 10여년의 전쟁을 마치고 고향 이타카로 귀향하는 여정 중 겪게되는 여러 모험담을 내용으로 하고 있다. 이 이야기의 원본은 호메로스의 서사시 '오디세이아'에 있다.

(시편23:4) "내가 사망의 음침한 골짜기로 다닐지라도 해를 두려워하지 않을 것은 주께서 나와 함께 하심이라 주의 지팡이와 막대기가 나를 안위하시나이다"[구약 성서]

(시편23:1) "(다윗의 시) 여호와는 나의 목자시니 내가 부족함이 없으리로다"[구약 성서]

(시편80:1) "(아삽의 시 영장으로 소산님에듯에 맞춘 노래) 요셉을 양떼 같이 인도하시는 이스라엘의 목자여 귀를 기울이소서 그룹 사이에 좌정하신 자여 빛을 비취소서"[구약 성서]

(이사야40:11) "그는 목자 같이 양무리를 먹이시며 어린 양을 그 팔로 모아 품에 안으시며 젖먹이는 암컷들을 온순히 인도하시리로다"[구약 성서]

(요한복음10:11) "나는 선한 목자라 선한 목자는 양들을 위하여 목숨을 버리거니와"[신약 성서]

(요한복음10:14) "나는 선한 목자라 내가 내양을 알고 양도 나를 아는 것이"[신약 성서]

(히브리서13:20) "양의 큰 목자이신 우리 주 예수를 영원한 언약의 피로 죽은 자 가운데서 이끌어 내신 평강의 하나님이"[신약 성서]

(베드로전서2:25) "너희가 전에는 양과 같이 길을 잃었더니 이제는 너희 영혼의 목자와 감독 되신 이에게 돌아왔느니라"[신약 성서]

(요한계시록7:17) "이는 보좌 가운데 계신 어린 양이 저희의 목자가 되사 생명수 샘으로 인도하시고 하나님께서 저희 눈에서 모든 눈물을 씻어 주실 것임이러라"[신약 성서]

【 두 번째, 자신의 백성을 목적지까지 보호하고 인도하는 신의 보살핌 】

오디세우스는 트로이와의 10여년의 전쟁을 마치고 부하들과 함께 귀향 길에 오르는데, 그 여정중 수 많은 위험과 유혹을 만나 모든 부하들을 잃어 버린다. 그러나 신의 예정대로 오직 오디세우스 만이 신의 인도와 보호아래 홀로 살아 남아 목적지인 고향으로 귀향하게 된다.

오디세우스의 모험

"… 이때야말로 그의 수호신 아테나가 조종하고 나설 만한 장면이었다. 이 여신은 이제까지 그가 위기에 처했을 때 그를 버린 적이 한 번도 없었다. 오디세우스는 잎이 많이 달린 나뭇가지를 꺾어서 몸을 가리고. 숲에서 걸어 나왔다. 처녀들은 그를 보자 사방으로 도망쳤으나 나우시카만은 예외였다. 왜냐하면 아테나가 그녀를 도와 용기와 분별력을 부여했기 때문이었다. …지혜의 여신은 그의 몸을 살찌게 하고. 넓은 가슴과 남자다운 얼굴에 우아한 빛을 퍼뜨렸다. 공주는 그를 보자 감탄하고, 시녀들에게 자기는 신에게 이와 같은 남편을 보내 달라고 원하였노라고 아무런 주저 없이 말했다. …그리고 누구든지 만나는 사람에게 부탁하면 왕궁까지 안내해 줄 것이라고 했다. 오디세우스는 이 지시에 따랐다. 그리고 잠시 기다린 뒤 시내를 향하여 걷기 시작했다, 시내에 접근했을 때 물동이를 들고 물을 길러 오는 젊은 처녀를 만났다. 그것은 변장한 아테나였다. 오디세우스는 그녀에게 인사를 하고, 알키노스 왕의 궁전으로 안내해 주기를 청했다. 처녀는 안내해 주마고 공손히 대답했다. 궁전이 그녀 아버지의 집 근처에있다는 것이었다. 여신의 안내를 받으면서, 그녀의 힘에 의하여 사람의 눈에 띄지 않게 구름으로 몸을 가리고 오디세우스는 분주히 군중 사이를 걸어갔다. 그는 그들의 항구, 배, 공회당(영웅들의 집회소)과 성벽을 보고 놀라움을 금치 못했다. 마침내 궁전에 이르렀을 때, 여신은 그에게 그 나라와 장차 만날 왕과 백성들에 대한 예비지식을 전해 주고 그의 곁을 떠났다. 오디세우스는 궁전 뜰 안으로 들어가기 전에 서서 주위를 살펴보았다…"[토머스 불핀치, 그리스 로마 신화]

오디세우스의 모험

"… 이튿날 오디세우스는 파이아케스의 배를 타고 출범하여 잠시 후에 자기의 고국인 이타카 섬에 무사히 도착했다…"[토머스 불핀치, 그리스 로마 신화]

아이네이아스

"… 트로이의 유랑민들이 상륙한 카르타고는 시칠리아 반대편인 아프리카 해안에 있는 도시였다. 이곳은 당시 티로스인의 이민이 그들의 여왕 디도의 지도 아래 새로운 나라의 기초를 쌓으려던 곳이다.(후에 로마의 적이 되는 운명을 지닌 나라)

디도는 티로스의 왕 벨로스의 딸이요, 부왕의 왕위를 계승한 피그말리온의 누이동생이었다. 그녀의 남편은 거대한 재산을 소유한 시카이오스라는 자였는데, 피그말리온은 그 재산에 눈이 어두워 그를 죽음에 이르게 했다. 그러자 디도는 많은 친구들과 부하들을 모두 이끌고 몇 척의 배를 타고 시카이오스의 재산을 모두 싣고 티로스로부터 도망치는 데 성공했다.

그리고 자기들의 미래의 보금자리로 선택한 장소에 이르자 원주민에게, 한 마리의 황소 가죽으로 둘러쌀 수 있을 정도의 토지로도 족하니 좀 나누어 달라고 부탁하고, 쾌히 승낙을 받자 디도는 황소 가죽을 가늘고 길게 잘라 몇 개로 만들어 그것으로 토지를 둘러싸고, 그 경계 안에 성채를 쌓고, 비르사(짐승의 가죽)라고 불렀다. 얼마 후에 이 성채 주위에 카르타고 시가 일어나 크게 번영했다.

마침 이러한 상황에 놓여 있을 때, 아이네이아스가 동료들과 함께 이곳에 도착했다. 디도는 이 유명한 유랑민들을 친절히 환대했다.

'나 자신도 고생을 했기 때문에 불행한 사람들을 도울 줄 알게 되었습니다.' 하고 그녀는 말했다. 여왕은 그들을 환대하기 위하여 축제를 열고, 힘과 기능을 다투는 경기를 개최했다. 아이네이아스 일행도 여왕의 신하들과 대등한 조건으로 종려나무잎(승리를 의미)을 얻으려고 다투었다. '승리자가 트로이인이건 티로스인이건 나에겐 구별이 없다.'고 여왕이 선언했기 때문이었다. 경기가 끝난 후 잔치가 벌어지고 그 좌석에서 아이네이아스는 여왕의 요구를 받아들여 트로이에 있었던 여러 사건과 트로이 함락 후의 자기의 모험담을 이야기했다.

디도는 그의 공적에 크게 감격했다, 그녀는 마침내 그를 사랑하게 되었는데, 아이네이아스도 기꺼이 이 행운을 받아들일 것이라고 생각했다. 그도 유랑생활을 행복으로 종결짓고 가정과 왕국과 아내를 동시에 차지할 수 있으므로, 서로가 교제를 즐기는 동안에 수개월이 경과했다. 그리하여 마침내 이탈리아의 일도 또 그 해안에 건설할 예정인 왕국에 대해서도 서로 모두 잊은 듯했다.

그러나 이것을 본 제우스는 곧 헤르메스를 아이네이아스에게 보내어 그에게 숭고한 사명감을 환기시키고 항해를 계속하도록 명령하였다. 디도는 아이네이아스를 만류하려고 갖은 유혹을 하여 설복하려고 힘썼으나, 이별은 피할 수 없는 운명이었다 … 아프로디테는 포세이돈에게 자기의 아들(아이네이아스)로 하여금 바라는 목적지에 도달케 하고, 항해의 위험을 끝마치게 해달라고 청원했다. 포세이돈은 조건을 들어 승낙했는데, 그것은 한 사람의 생명만 희생물로 제공하면 다른 생명은 살려 주겠다는 것이었다. 그 희생자는 키잡이 '팔리누루스'였다, 그가 손에 키를 잡고 별을 바라보면서 앉아 있을 때, 포세이돈에 의해 파견된 잠의 신 히프노스가 포르바스(트로이의 왕 프리아모스의 아들)의 모습으로 변장하여 그에게 다가서며 이렇게 말했다.

'팔리누루스야, 바람은 순조롭고 해면은 평온하다, 그리하여 배는 순조롭게 항해하고 있다. 피곤할 것이니 잠깐 누워서 쉬는 것이 좋지 않겠나? 내가 자네 대신 키를 잡아줄 테니.' '해면이 평온하다느니, 순풍이라느니 그런 말은 입 밖에도 내지 마시오. 나는 그들이 배반하는 것을 너무도 많이 보아 왔소. 이런 변덕스러운 일기에 항해를 아이네이아스에게 맡길 수 있단 말입니까?' 그리고 팔리누루스는 계속하여 키를 잡고 별을 응시했다. 그러나 히프노스(잠의 신)가 '망각의 강'인 레테 강가의 이슬에 젖은 나뭇가지를 그의 머리 위에서 흔들자 그의 눈은 자꾸만 감겼다. 이때 히프노스가 그의 몸을 밀자 팔리누루스는 넘어지며 바닷속으로 빠지고 말았다. 손에 키를 잡은 채로 떨어졌으므로 키도 그와 함께 떨어져 나갔다. 그러나 포세이돈은 약속한 것을 잊지 않고 키도 키잡이도 없는 배를 전진케 했다. 아이네이아스는 얼마 후에야 팔리누루스가 없어진 것을 알고 이 충실한 키잡이의 죽음을 매우 슬퍼하며 직접 키를 잡았다, 배는 마침내 이탈리아의 해안에 도착했다…"[토머스 불핀치, 그리스 로마 신화]

(펠로폰네소스 반도의 헬라스 연합군과 트로이 연합군 사이의 전쟁에서 트로이가 패하고, 트로이 사람들 중 생존한 일부는 대장 아이네이아스에 인도되어 신천지를 찾아 떠났다. 즉 트로이 전쟁에서 목마가 그 뱃속에 있던 무사들을 토해 내어 트로이가 함락되고 불바다가 되던 운명의 밤에, 아이네이아스는 붕괴된 곳에서 아버지와 아내와 어린 아들을 데리고 도망쳤다. 그의 아버지 앙키세스는 늙어서 빨리 걸을 수 없었기 때문에 아이네

이아스는 그를 어깨에 떠메고 갔다. 그는 이런 무거운 짐을 지고 아들의 손을 잡고 아내를 이끌고 될 수 있는 한 빨리 그 불타는 도시에서 빠져 나가려 했으나, 아내는 어느새 그 혼란 가운데 휩쓸려 마침내 보이지 않게 되었다. 예정된 장소에 가보니 그곳에는 이미 많은 남녀 피난민들이 모여 있었는데, 그들은 모두 아이네이아스의 지휘에 몸을 맡겼다. 그들은 수개월 동안 준비를 한 뒤 마침내 제우스 신이 약속한 신천지를 향해 출범 했다.)

참고 1 여기서 '신천지'는 '이탈리아'가 된다.

참고 2 전설에 의하면, 아이네이아스가 신천지에서 그의 적을 모두 정복한 후에 라비니아를 신부로 맞아들이고, 자기 나라 이름을 신부의 이름을 따서 라비니움이라고 불렀다고 한다.

그리고 그의 아들인 율루스는 알바롱 가를 건설했는데, 이곳이 바로 저 로물루스와 레무스(쌍둥이)의 탄생지, 즉 로마의 요람지인 것이다.(이 쌍둥이 중 로물루스가 로마 최초의 집정관이 된다.)

(출애굽기3:8) "내가 내려가서 그들을 애굽(이집트)인의 손에서 건져내고 그들을 그 땅에서 인도하여 아름답고 광대한 땅, 젖과 꿀이 흐르는 땅 곧 가나안 족속, 헷 족속, 아모리 족속, 브리스 족속, 히위 족속, 여부스 족속의 지방에 데려가려 하노라"[구약 성서]

(출애굽기13:5) "여호와(히브리인의 주신)께서 너를 인도하여 가나안 사람과 헷 사람과 아모리 사람과 히위 사람과 여부스 사람의 땅 곧 네게 주시려고 네 조상들에게 맹세하신 바 젖과 꿀이 흐르는 땅에 이르게 하시거든 너는 이 달에 이 예식을 지켜"[구약 성서]

(레위기20:24) "내가 전에 너희에게 이르기를 너희가 그들의 땅을 기업으로 받을 것이라 내가 그 땅 곧 젖과 꿀이 흐르는 땅을 너희에게 주어 유업을 삼게 하리라 하였노라 나는 너희를 만민 중에서 구별한 너희의 하나님 여호와이니라"[구약 성서]

(신명기27:3) "요단을 건넌 후에 이 율법의 모든 말씀을 그 위에 기록하라 그리하면 네 하나님 여호와께서 네게 주시는 땅 곧 젖과 꿀이 흐르는 땅에 네가 들어가기를 네 조상들의 하나님 여호와께서 네게 말씀하신 대로 하리라"[구약 성서]

(출애굽기13:21) "여호와께서 그들 앞에 행하사 낮에는 구름 기둥으로 그들의 길을 인도하시고 밤에는 불 기둥으로 그들에게 비취사 주야로 진행하게 하시니"[구약 성서]

(이스라엘 민족의 주신 여호와 하나님이 이집트의 노예로 고통받는 그의 백성을 압제의 땅에서 구출하여 그가 예비한 약속의 땅 '젖과 꿀이 흐르는 땅' 곧 가나안 땅으로 인도한다는 이야기이다.)

성서

기독교 경전 성서 전체 맥락은 신이 그의 백성을 그가 예비한 목적지 까지 인도하고 보호하는 내용으로 기록되어 있다. 예컨대 앞에서 언급한 본문의 사례와 같이, 출애굽기, 민수기, 여호수아서 등을 보면 애굽에서 고통받는 신의 백성을 구원하기 위해 신이 지도자를 세워 자신이 예비해 둔 목적지 가나안까지 그의 백성을 인도하고 보호해 주는 내용으로 묘사하고 있다.

【 세 번째, 속죄의 배상물로 동물을 잡아 제물로 신께 바치는 제사 문화 】

오디세우스의 모험

"… 키르케는 또 다른 위험을 오디세우스에게 경고하였다. 스킬라와 카리브디스를 통과한 후에 다음 상륙할 곳은 트리나키아라는 섬이었는데, 그곳에서는 태양신 히페리온의 가축이 그의 두 딸 람페티아와 파에투사의 손에 의해 사육되고 있었다. 항해자들에게 아무리 필요하더라도 이 가축 떼를 침범해서는 안 된다는 것이 경고였다. 이를 위반하면 위반자에게 파멸을 내린다는 것은 말할 필요도 없는 사실이었다. 오디세우스는 이 태양신의 섬에 들르지 않고 통과하려 했으나, 배를 정박시키고 해안에서 하루 저녁만 자도 피로를 회복할 수 있다는 부하들의 성화에 못 이겨 양보했다.

그러나 그는 그들에게 키르케가 배에 실어 준 식량의 나머지만 가지고 만족해야 하며, 신성한 양이나 기타 가축에게는 하나도 손을 대서는 안 된다고 당부하고 서약을 받았다. 식량이 남아 있는 동안에는 부하들도 서약을 지켰다. 그러나 역풍으로 말미암아 한 달 동안이나 섬에 억류되어 남은 식량을 모두 소비한 후에는, 새나 물고기를 잡아먹지 않으면 안 되었다. 기아가 그들을 괴롭혔다. 마침내 오디세우스가 없는 어느 날, 그들은 가축을 몇 마리를 죽이고 그 일부분을 신들에게 바쳐 자기네들의 범행을 배상하려고 하였다…"[토머스 불핀치, 그리스 로마 신화]

참고 성서의 '제물'(祭物)(Offering)은 도살한 짐승을 신께 바치는 동물희생을 가리키는 술어, 본래는 신의 노하심을 풀어드리려함에서, 죄를 속하기 위해, 또는 신과 식탁을 함께 하여 친교하는 수단으로서 드려진 것의 총

칭이다.

(에베소서5:2) "그리스도께서 너희를 사랑하신 것 같이 너희도 사랑 가운데서 행하라 그는 우리를 위하여 자신을 버리사 향기로운 제물과 희생제물로 하나님께 드리셨느니라"[신약 성서]

(하나님의 아들 예수가 인간의 원죄를 대속하기 위해 동물 희생물 대신 자신의 생명을 십자가 형에 바쳐 제물 즉 화목제물이 되었음을 말한다.)

(로마서12:1) "그러므로 형제들아 내가 하나님의 모든 자비하심으로 너희를 권하노니 너희 몸을 하나님이 기뻐하시는 거룩한 산 제물로 드리라 이는 너희가 드릴 영적 예배니라"[신약 성서]

(레위기17:5) "그런즉 이스라엘 자손이 들에서 잡던 그들의 제물을 회막 문 여호와께로 끌고 가서 제사장에게 주어 화목제로 여호와께 드려야 할 것이요"[구약 성서]

(이사야1:11) "여호와께서 말씀하시되 너희의 무수한 제물이 내게 무엇이 유익하뇨 나는 숫양의 번제와 살진 짐승의 기름에 배불렀고 나는 수송아지나 어린 양이나 숫염소의 피를 기뻐하지 아니하노라"[구약 성서]

('여호와' 곧 히브리 인들의 주신이 그의 백성을 향해, 진정한 참회 없이 형식적 가식적으로 드리는 제사에 대한 진노 묘사이다.)

19. 자연을 다스리는 신/ 비둘기의 귀소성(歸巢性)

【 첫 번째, 자연을 다스리는 신 】

아이네이아스

"… 헤라는 트로이인들이 목적지를 향해 순조롭게 그 여로를 재촉하고 있는 것을 보자, 옛날에 그들에 대해 가졌던 원한이 또다시 되살아나는 것을 느꼈다.

그녀는 파리스가 자기의 아름다움을 무시하고 그 능금을 다른 여신에게 주어 자기에게 가한 멸시를 결코 잊을 수가 없었다. '신들의 마음속에도 이와 같은 원한이 깃들다니' 그래서 그녀는 급히 바람의 지배자인 아이올로스에게로 갔다. 이 아이올로스는 전에 오디세우스에게 순풍을 보내 주고 역풍을 모두 묶어 자루 속에 넣어 주었던 신이다.

아이올로스는 여신의 명령에 따라 자기의 아들 보레아스(북풍)와 티폰(태풍) 그 밖의 바람들을 보내어 풍랑을 일으키게 했다. 드디어 무서운 폭풍우가 일어나고 트로이인의 배들은 그들의 진로에서 벗어나 아프리카 해안으로 밀려 나갔다.

배들은 난파할 위험에 직면하자 서로 분산되어 아이네이아스는 자기 배외에 다른 배들은 다 없어진 줄 알았다, 이런 위급한 때 포세이돈은 폭풍우가 포효하는 소리를 듣고, 이것이 자기가 명령한 것이 아니라는 것을 알고서는 파도 위로 머리를 내밀어 보았다. 그러자 폭풍우에 밀려서 떠내려려는 아이네이아스의 선단이 보였다.

그는 동생 헤라가 트로이인에 대해 적의를 품고 있는 것을 알고 있었으므로 곧 납득이 갔지만 자기의 영역을 침범당한 데 대한 노여움은 참을 수가 없었다. 그는 바람들을 불러 엄격히 꾸짖고서 돌려보냈다. 그러고는 파도를 가라앉히고, 태양을 가리고 있던 구름을 밀어젖혔다. 그리고 암초에 올라 움직이지 않게 된 배들 가운데 몇 척을 포세이돈 자신이 삼지창으로 비틀어서 끌어내리고, 그 동안에 트리톤과 바다의 님프가 다른 배 밑에 어깨를 밀어 넣어 들어올려 물위에 다시 뜨게 했다…"[토머스 불핀치, 그리스 로마 신화]

(열왕기하20:9-11) "9 이사야가 이르되 여호와께서 하신 말씀을 응하게 하실 일에 대하여 여호와께로부터 왕에게 한 징표가 임하리이다 해 그림자가 십도를 나아갈 것이니이까 혹 십도를 물러갈 것이니이까 하니 10 히스기야가 대답하되 그림자가 십도를 나아가기는 쉬우니 그리할 것이 아니라 십도가 뒤로 물러갈 것이니이다 하니라 11 선지자 이사야가 여호와께 간구하매 아하스의 해시계 위에 나아갔던 해 그림자를 십도 뒤로 물러가게 하셨더라"[구약 성서]

(마가복음4:39-41) "39 예수께서 깨어 바람을 꾸짖으시며 바다더러 이르시되 잠잠하라 고요하라 하시니 바람이 그치고 아주 잔잔하여지더라 40 이에 제자들에게 이르시되 어찌하여 이렇게 무서워하느냐 너희가 어찌 믿음이 없느냐 하시니 41 그들이 심히 두려워하여 서로 말하되 그가 누구이기에 바람과 바다도 순종하는가 하였더라"[신약 성서]

(여기서 '예수'는 신의 아들로서, 인간의 육신으로 세상에 온 존재이다.)

【 두 번째, 비둘기의 귀소성(歸巢性) 】

비둘기의 강한 귀소성(歸巢性)에 대한 히브리인과 헬라인의 공동된 문화적 관점을 다음의 표현을 통해 알 수 있다.

아이네이아스

"… 배는 마침내 이탈리아의 해안에 도착했다. 일행은 기뻐 날뛰며 육지로 뛰어올라갔다. 부하들이 야영 준비를 하고 있는 동안에 아이네이아스는 시빌레(아폴론의, 때로는 다른 신들의 신탁을 고하는 무녀)의 집을 찾아갔다. 그곳은 아폴론과 아르테미스에게 봉헌된 신전과 숲에 인접된 동굴 속이었다.

아이네이아스가 그곳 광경을 바라보고 있을 때 시빌레가 그에게 말을 걸어 왔다. 그녀는 그가 무엇하러 이곳에 왔는지 알고 있는 것같이 보였다. 그리고 아폴론의 영감을 받아 갑자기 예언자가 된 듯한 어조로 아이네이아스가 최후의 성공을 거두기까지 겪어야 할 허다한 노고와 위험을 암시했다. 그리고 다음과 같은 격려의 말로 끝을 맺었는데 그 말은 그 후 속담이 되었다.

'재난에 굴하지 마라. 더 용감히 전진하라.'

아이네이아스는 무슨 일을 당하더라도 이겨 낼 각오가 되어 있다고 답변했다. 그에게는 오직 하나의 소원이 있었다. 그는 꿈에서, 죽은 자들이 있는 곳을 찾아 그의 아버지 앙키세스와 여러 가지를 협의하여 그로부터 자신의 장래 운명과 자신이 이끄는 민족의 운명에 대한 계시를 받으라는 지시를 받았다. 그는 그녀에게 이 임무를 완수하는 데 필요한 도움을 청했다. 그러자 시빌레는 대답하였다.

'아베르누스까지 내려가는 것은 용이한 일이오. 플루톤(하이데스)의 문은 밤낮으로 열려 있소. 그러나 발을 돌려 지상세계로 돌아오는 일은 힘들고 어려운 일이오.' 그리고 그녀는 그에게 숲 속에 가서 '황궁의 가지'(T.G. 프레이저의 '황금의 가지'는 이 나뭇가지에 얽힌 전설을 설명하려고 한 것)가 하나 달려 있는 나무를 찾으라고 가르쳐 주었다. 그리고 이 가지를 꺾어 페르세포네에게 선물로 갖다 주어야 하는데, 운이 좋으면 가지는 꺾는 자의 손에 복종하여 쉽사리 나무로부터 떨어지지만, 운이 나쁘면 어떠한 힘도 그것을 뜯을 수 없을 것이라고 했다. 그는 '이것을 꺾을 수만 있다면, 다음은 만사가 잘 되어갈 것이오' 라고 말했다. 아이네이아스는 시빌레의 지시대로 했다. 그러자 그의 어머니 아프로디테는 자기의 비둘기 두 마리를 그의 앞에서 날게 하여 그곳을 가르쳐 주었다, 이 비둘기의 도움으로 그는 그 나무를 발견하고, 가지를 꺾어 시빌레가 있는 곳으로 돌아왔다…"[토머스 불핀치, 그리스 로마 신화]

(죽은 자들이 가는 곳 '하이데스'는 시빌레의 말처럼 들어 가기는 쉬우나 나오기가 어려운 곳이었지만 아이네이아스가 귀소 할 수 있었던 것은 그의 어머니 아프로디테의 도움이 있었기 때문이다. 여기서 그의 어머니가 비둘기 두 마리를 아들의 앞에 날게 하여 그 비둘기의 도움으로 황금가지를 취하여 그곳으로부터 되돌아 나올수 있었다는 표현에서 비둘기의 상징은 그가 되돌아 나올수 있게 된다는 귀소를 상징한다.)

(창세기8:8-11) "8 그가 또 비둘기를 내놓아 지면에서 물이 줄어들었는지를 알고자 하매 9 온 지면에 물이 있으므로 비둘기가 발 붙일 곳을 찾지 못하고 방주

로 돌아와 그에게로 오는지라 그가 손을 내밀어 방주 안 자기에게로 받아들이고 10 또 칠 일을 기다려 다시 비둘기를 방주에서 내놓으매 11 저녁때에 비둘기가 그에게로 돌아왔는데 그 입에 감람나무 새 잎사귀가 있는지라 이에 노아가 땅에 물이 줄어든 줄을 알았으며"[구약 성서]

(이사야60:8) "저 구름 같이, 비둘기들이 그 보금자리로 날아가는 것 같이 날아오는 자들이 누구냐"[구약 성서]

20. 최초의 것을 가장 먼저 신의 것으로 바치는 문화/ 보복법/ 속죄제(罪祭: 'Sin offering')/ 제비뽑는 문화/ 기업을 무르거나 교환하는 일을 확정하기 위하여 사람이 그의 신을 벗어 그의 친족이나 이웃에게 주는 관습

【 첫 번째, 최초의 것을 가장 먼저 신의 것으로 바치는 문화 】

테세우스

"… 당시 그리스의 젊은이들에게는 성인이 되는 첫해에 델포이로 가서 태어난 후 처음 깎은 머리카락을 신에게 바치는 풍습이 있었다…"[플루타르크 영웅전]

테세우스

"…포세이돈은 이 도시의 수호신으로, 가장 처음 열린 열매는 모두 그에게 바쳐졌다. 그리고 주화에도 포세이돈의 삼지창을 새겨넣어서 기념하였

다···"[플루타르크 영웅전]

(민수기3:13) "처음 태어난 자는 다 내 것임은 내가 애굽 땅에서 그 처음 태어난 자를 다 죽이던 날에 이스라엘의 처음 태어난 자는 사람이나 짐승을 다 거룩하게 구별하였음이니 그들은 내 것이 될 것임이니라 나는 여호와(이스라엘의 주신)이니라"[구약 성서]

(창세기4:4) "아벨은 자기도 양의 첫 새끼와 그 기름으로 드렸더니 여호와께서 아벨과 그의 제물은 받으셨으나"[구약 성서]

(기독교 구약 성서 창세기에 기록된 인류의 조상 아담과 하와의 아들 아벨이 양의 첫 새끼와 그 기름을 히브리인의 주신 여호와께 바쳤다는 묘사이다.)

(레위기2:12) "처음 익은 것으로는 그것을 여호와께 드릴지나 향기로운 냄새를 위하여는 제단에 올리지 말지며"[구약 성서]

【 두 번째, 보복법("눈에는 눈으로, 이에는 이로") 】

테세우스

"··· 엘레우시스에서 테세우스는 아르카디아 사람인 케르키온과 시름하여 그를 죽였다. 그리고 조금 더 떨어진 에리네오 늪에서 '프로크루스테스'라는 별명을 가진 다마스테스를 죽였다. 테세우스는 다마스테스를 침대에 눕힌 뒤, 침대 밖으로 삐져 나오는 몸을 잘라 살해했다. 다마스테스 자신이 낯선 여행객들을 그렇게 살해했던 것이다. 이러한 테세우스의 행동은 헤라 클레스의 본을 받은 것이다. 헤라클레스가 악인을 죽일 때 그들이 남을 죽이던 그 방법대로 똑같이 보복했던 것이다. 즉 부시리스(포세이돈의 아들)는 신단의 제물로 삼아 죽였고, 안테우스(포세이돈의 아들)는 씨름으로 죽이고, 키크누그(마르스의 아들)는 격투기를 해서 죽이고, 테르메루스는 머리통을 깨뜨려 죽였다. 아마도 테르메루스는 지나가는 사람들을 박치기로 살해했던 것으로 생각된다. 이와 같이 테세우스는 악행을 일삼는 자들을 징벌할 때, 그 악당들이 다른 사람을 괴롭히던 방법을 그대로 따라 하였던 것이다…"[플루타르크 영웅전](보복법)

(레위기24:20-21) "보복법"
"20 상처에는 상처로, 눈에는 눈으로, 이에는 이로 갚을지라 남에게 상해를 입힌 그대로 그에게 그렇게 할 것이며 21 짐승을 죽인 자는 그것을 물어 줄 것이요 사람을 죽인 자는 죽일지니"[구약 성서]

【 세 번째, 속죄제(罪祭)(Sin offering) 】

히브리인들의 구약성서에서는 인간의 죄값을 지불하기 위한 수단으로 신께 인간대신 동물 희생제사를 드렸던 관습이 있다. 이런 전통이 후대 신약성서에서는 신의 아들 예수 그리스도가 인간의 몸으로 이땅에 내려와 인간의 죄값을 속량하기 위해 동물대신 스스로 십자가에서 희생제물이 되었음을 기록하고 있다.

테세우스

"… 그 곳에서는 피탈리데 사람들이 나와서 테세우스를 영접하였다. 테세우스는 도중에서 살인한 죄를 정화하고 싶었다. 사람들은 그 청에 따라서 하늘에 제사를 올리고 신에게 바칠 적당한 제물까지 준비하여 주었다…"[플루타르크 영웅전](속죄제)

(출애굽기29:14) "그 수소의 고기와 가죽과 똥을 진 밖에서 불사르라 이는 속죄제니라"[구약 성서]

(출애굽기29:,36) "매일 수송아지 하나로 속죄하기 위하여 속죄제를 드리며 또 제단을 위하여 속죄하여 깨끗하게 하고 그것에 기름을 부어 거룩하게 하라"[구약 성서]

(레위기5:6) "그 잘못으로 말미암아 여호와께 속죄제를 드리되 양 떼의 암컷 어린 양이나 염소를 끌어다가 속죄제를 드릴 것이요 제사장은 그의 허물을 위하여 속죄할지니라"[구약 성서]

【 네 번째, 제비뽑는 문화 】

테세우스

"… 안드로게오스가 아티카에서 암살되자, 부왕인 미노스는 끊임없이 전쟁을 일으켜서 아테네 인들을 엄청난 곤란에 빠뜨렸다. 더구나 신들도 그들의 나라에 무서운 재앙을 내렸다. 심각한 기근과 가뭄이 그들을 짓눌렀던 것이다. 심지어 강물까지도 말라버렸다. 그런데 신탁이 전하기를, 만약 아테네 인들이 미노스의 마음을 달래어 화평을 맺는다면 그들을 짓누르고 있는 재앙에서 벗어나 평화를 누리게 될 것이라고 하였다. 아테네 인들은 간절한 탄원서와 함께 전령을 파견하였다. 마침내… 9년마다 소녀와 소년 7명씩을 보내겠다고 약속을 한 다음, 비로소 휴전을 맺을 수가 있었다… 세 번째로 공물을 보내야 할 때가 되자, 성년의 나이가 되지 않은 아들을 둔 아버지들은 제비를 뽑아 누구의 아들을 보낼 것인가 결정하지 않으면 안 되었다. 그러자 백성들 사이에서는 아이게우스 왕에 대한 새로운 불만과 원망이 일어나기 시작했다…"[플루타르크 영웅전]

(레위기16:9) "아론은 여호와를 위하여 제비 뽑은 염소를 속죄제로 드리고"[구약 성서]

(민수기26:55) "오직 그 땅을 제비 뽑아 나누어 그들의 조상 지파의 이름을 따라 얻게 할지니라"[구약 성서]

(민수기34:13) "모세가 이스라엘 자손에게 명하여 가로되 이는 너희가 제비 뽑아 얻을 땅이라 여호와께서 이것을 아홉 지파와 반 지파에게 주라고 명하셨나니"[구약 성서]

(여호수아14:2) "여호와께서 모세에게 명하신 대로 그들의 기업을 제비 뽑아 아홉 지파와 반 지파에게 주었으니"[구약 성서]

【 다섯 번째, 기업을 무르거나 교환하는 일을 확정하기 위하여 사람이 그의 신을 벗어 그의 친족이나 이웃에게 주는 관습 】

(룻기4:7-10) "7 옛적 이스라엘 중에는 모든 것을 무르거나 교환하는 일을 확정하기 위하여 사람이 그의 신을 벗어 그의 이웃에게 주더니 이것이 이스라엘 중에 증명하는 전례가 된지라 8 이에 그 기업 무를 자가 보아스에게 이르되 네가 너를 위하여 사라 하고 그의 신을 벗는지라 9 보아스가 장로들과 모든 백성에게 이르되 내가 엘리멜렉과 기룐과 말론에게 있던 모든 것을 나오미의 손에서 산 일에 너희가 오늘 증인이 되었고 10 또 말론의 아내 모압 여인 룻을 사서 나의 아내로 맞이하고 그 죽은 자의 기업을 그의 이름으로 세워 그의 이름이 그의 형제 중과 그 곳 성문에서 끊어지지 아니하게 함에 너희가 오늘 증인이 되었느니라 하니"[구약 성서]

> **참고** "기업"(基業): Inheritance, 유업, 상속, 분깃 등을 말한다.

위 본문의 '기업 무를 자'라는 말은 한 가문의 대를 이을 자 곧 일반적으로는 장자 또는 아들을 의미 한다. 본문에서 이 기업을 무를 한 가문의 아들들이 모두 죽자 그 가문의 가장 가까운 친척이 죽은 자들의 기업을 상속받게 되는데, 그 일차 상속권자가 상속권을 포기하는 의사로 그 죽은 자의 부인을 아내로 받아들이는 것을 거부하고, '보아스'라는 비 일차 친족에게 상속권을 팔면서 그 증표로 자기가 신던 신발을 벗어주는 관습이 묘사되고 있다.

테세우스

"… 아이게우스는 길을 떠나면서 커다란 돌 밑에 칼 한 자루와 신발 한 켤레를 숨겨놓았다. 그리고 오직 아이트라에게만 이 사실을 알려주었다.

만약 아들이 테어나서 이돌을 들 수 있을 만큼 성장하거든 돌 밑에 감추어
놓은 물건들을 찾아서 비밀리에 그것을 가지고 자신을 찾아오도록 하라고
당부하였다… 아이트라는 앙트라는 돌이 있는 곳으로 아들을 데리고 가서
친아버지에 대한 이야기를 들려주었다. 그리고 아이게우스가 남기고 간 증
표를 가지고 바다를 건너서 아테네로 떠나라고 말했다. 테세우스는 손쉽게
돌을 들어서 돌밑에 숨겨진 칼과 신발을 꺼냈다…"[플루타르크 영웅전]

(아테네의 지도자 아이게우스는 테세우스가 자신의 친자임을 즉 상속권
자 임을 증명하는 자기 신발을 돌 밑에 남겨 두었다는 이야기 이다.)

참고 "테세우스"

테세우스는 여러 면에서 로물루스와 유사한 점이 있다. 첫 번째, 두 사람
모두가 사생아로 태어나서 신의 후예라는 명성을 얻었다. 두 번째, 두 사람
은 위대한 전사로써 강인한 육체와 현명한 정신을 두루 갖춘 인물로 묘사
되고 있다. 세 번째, 한 사람은 로마를 건설하였고 다른 한 사람은 아테네
에 사람들을 거주시켰다. 그런데 로마와 아테네는 나중에 세상에서 가장
유명한 도시들이 되었다.

21. 조건을 내세워 신의 개입을 구하는 맹세의 기도(서원기도)

카밀루스

"… 전쟁이 시작된지 10년째 되던 해에 원로원은 다른 장군들을 모두 소환하고 카밀루스를 대정관으로 임명하였다. 카밀루스는 코르텔리우스 스키피오를 기병대장으로 삼았다. 카밀루스는 제신께 만일 이전쟁을 영광스러운 종말로 이끌어주신다면 큰 축제를 올리고 로마 인들이 마투타 어머니라고 부르는 신에게 신전을 지어드리겠다고 맹세하였다. 카밀루스는 그와 같은 맹세를 마친후 팔리스카의 영토로 진군해 가서 큰 싸움 끝에 그 나라의 군대를 격파하였고, 또 구원하러 왔던 카페나테 군도 무찔렀다…이 도시를 점령한 다음 그는 미리 맹세한 대로 유노의 조각상을 로마로 가져다 옮기기로 결정하였다. 카밀루스는 공사를 맡은 사람들을 모아놓고 유노에게 제사를 올리며 빌었다. 그는 유노신에게 이 제물을 거두어 주시고 로마의 신 가운데 와서 길이 안주하시기를 바란다고 하였다…"[플루타르크 영웅전]

카밀루스

"… 어느날 카밀루스가 포룸에 앉아 공무를 보고 있는데 정무위원회에서 보낸 사무원이 그에게 당장 일어나서 따라 오라고 명령하였다. 심지어 그는 카밀루스를 끌어낼 듯이 손을 대기까지 하였다. 급기야 전례없는 큰 소동이 포룸에서 벌어지게 되었다. 카밀루스의 측근들은 정무위원회에서 보낸자를 몰아내려고 하고, 밖에 모인 군중들은 그에게 어서 카밀루스를 끌어오라고 소리질렀다. 카밀루스는 몹시 당황하여 자신의 지위를 내놓지 않은채 원로원을 소집하였다. 그는 원로원으로 들어가기 전에 신들에게 이 사태를 원만한 결말로 이끌어 주기를 간구하며, 지금의 혼란이 잘 수습되면 '화합의 신전'을 지어 드리겠다고 맹세하였다…"[플루타르크 영웅전]

참고 "카밀루스"

푸리우스 카밀루스는 가장 유능한 장군으로서 전쟁에서 여러번 대승을 거두었고, 다섯 번이나 대정관으로 임명되었으며 네 번이나 개선식을 올려 마침내 로마 제2의 창건자라고 불렸는데도 그는 생애에 단 한 번도 로마 집정관이 되지 안았다고 한다.

그 까닭은 당시 로마의 정치적 사정에서 비추어 볼 때, 군사위원회의 군정관들은 집정관과 동등한 권한을 가지고 있었으나 인원이 더 많았다. 그리하여 개인이 휘두를 수 있는 권한이 그만큼 줄어들 것으로 생각되어 국민들로부터 미움을 덜 받았기 때문에 이 길을 선택했던 것 같다.

정부측에서는 기회가 있을 때마다 그를 집정관으로 선출하려 했지만, 그는 국민의 의사에 반하는 집정관이 되고 싶지 않았던 것으로 보인다. 그는 매사에 신중하게 행동하는 사람이었고, 전권이 자기에게 위임되었을 때도 늘 다른 사람과 권력을 나누었다고 한다.

(카밀루스는 로마에 역병이 돌았을 때, 그 병으로 사망했다고 한다.)

(사무엘상1:10-20) "10 한나가 마음이 괴로워서 여호와께 기도하고 통곡하며 11 서원하여 이르되 만군의 여호와여 만일 주의 여종의 고통을 돌보시고 나를 기억하사 주의 여종을 잊지 아니하시고 주의 여종에게 아들을 주시면 내가 그의 평생에 그를 여호와께 드리고 삭도를 그의 머리에 대지 아니하겠나이다… 19 그들이 아침에 일찍이 일어나 여호와 앞에 경배하고 돌아가 라마의 자기 집

에 이르니라 엘가나가 그의 아내 한나와 동침하매 여호와께서 그를 생각하신
지라 20 한나가 임신하고 때가 이르매 아들을 낳아 사무엘이라 이름하였으니
이는 내가 여호와께 그를 구하였다 함이더라"[구약 성서]

22. 짐승의 사체 속에 벌들이 집을 짓다/ 신이 강이나 바다의 물을 가르다

신화 '아리스타이오스' 이야기 속에는 히브리인과 그리스인들이 가지고
있었던 공통의 문화적 요소를 담고 있다.

【 첫 번째, 짐승의 사체 속에 벌들이 집을 짓는 이야기 】

아리스타이오스

"… 몸뚱이가 이쁘고 잘 생긴 황소 네 마리와 암소 네 마리를 마련하고
님프들을 위한 제단을 네 개 세워, 먼저 마련한 소를 희생물로 바치고 소의
시체를 나뭇잎이 우거진 숲 속에 내버려 두시오. 오르페우스와 에우리디케
에 대해서는 원한을 풀 정도로 정중히 제물을 올리시오. 9일 뒤에 돌아가
서 살육된 소의 시체를 조사하면 무엇인가 일어난 것을 발견할 것이오.'

아리스타이오스는 이 지시에 충실히 따랐다. 소를 희생물로 바치고, 그
시체를 숲 속에 버리고, 오르페우스와 에우리디케의 망령에 제물을 바쳤
다. 그런 뒤 9일째 되는 날에 돌아가서 소의 시체를 검사했더니, 이상하게

도 벌 떼가 시체를 가득 채우고 벌통 안에서 하는 것과 같이 열심히 일하고 있었다."[토머스 불핀치, 그리스 로마 신화]

(사사기14:5-9) "5 삼손이 그의 부모와 함께 딤나에 내려가 딤나의 포도원에 이른즉 젊은 사자가 그를 보고 소리 지르는지라 6 여호와의 영이 삼손에게 강하게 임하니 그가 손에 아무것도 없이 그 사자를 염소 새끼를 찢는 것 같이 찢었으나 그는 자기가 행한 일을 부모에게 알리지 아니하였더라 7 그가 내려가서 그 여자와 말하니 그 여자가 삼손의 눈에 들었더라 8 얼마 후에 삼손이 그 여자를 맞이하려고 다시 가다가 돌이켜 그 사자의 주검을 본즉 사자의 몸에 벌 떼와 꿀이 있는지라 9 손으로 그 꿀을 떠서 걸어가며 먹고 그의 부모에게 이르러 그들에게 그것을 드려서 먹게 하였으나 그 꿀을 사자의 몸에서 떠왔다고는 알리지 아니하였더라"[구약 성서]

【 두 번째, 신의 능력으로 물이 갈라질 수 있다는 생각 】

아리스타이오스

"… 강물은 이 명령을 받아 몸을 벌리고 그를 통과시켰는데, 그때 강물은 양쪽으로 산과 같이 몸을 웅크리고 서 있었다. 그는 큰 강물들의 원천이 있는 곳으로 내려갔다…"[토머스 불핀치, 그리스 로마 신화]

(출애굽기14:21-28) "21 모세가 바다 위로 손을 내밀매 여호와께서 큰 동풍이 밤새도록 바닷물을 물러가게 하시니 물이 갈라져 바다가 마른 땅이 된지라 22 이스라엘 자손이 바다 가운데를 육지로 걸어가고 물은 그들의 좌우에 벽이 되니 23 애굽 사람들과 바로의 말들, 병거들과 그 마병들이 다 그들의 뒤를 추격

하여 바다 가운데로 들어오는지라 24 새벽에 여호와께서 불과 구름 기둥 가운데서 애굽 군대를 보시고 애굽 군대를 어지럽게 하시며 25 그들의 병거 바퀴를 벗겨서 달리기가 어렵게 하시니 애굽 사람들이 이르되 이스라엘 앞에서 우리가 도망하자 여호와가 그들을 위하여 싸워 애굽 사람들을 치는도다 26 여호와께서 모세에게 이르시되 네 손을 바다 위로 내밀어 물이 애굽 사람들과 그들의 병거들과 마병들 위에 다시 흐르게 하라 하시니 27 모세가 곧 손을 바다 위로 내밀매 새벽이 되어 바다의 힘이 회복된지라 애굽 사람들이 물을 거슬러 도망하나 여호와께서 애굽 사람들을 바다 가운데 엎으시니 28 물이 다시 흘러 병거들과 기병들을 덮되 그들의 뒤를 따라 바다에 들어간 바로의 군대를 다 덮으니 하나도 남지 아니하였더라"[구약 성서]

참고 '여호와'는 히브리 민족의 유일신.

(여호수아3:13) "온 땅의 주 여호와의 궤를 멘 제사장들의 발바닥이 요단 물을 밟고 멈추면 요단 물 곧 위에서부터 흘러내리던 물이 끊어지고 한 곳에 쌓여 서리라"[구약 성서]

23. 부자들과 가난한 백성들과의 주종관계 형성/ 계대(繼代) 결혼/ 직업적으로 곡하는 장례 문화/ 배움에 관한 철학/ 간음죄/ 고기잡는 법(생존을 위한 기술)을 가르친 자녀 교육법

【 첫 번째, 부자들과 가난한 백성들과의 주종관계 형성 】

솔론

"… 솔론은 핌롬브로투스의 뒤를 이어 아르콘, 즉 집정관으로 선출되었다. 그리고 즉시 중재에 나서 새로운 법을 펴도록 위촉받았다. 당시 아테네는 모든 국민들이 소수의 부자들에게 빚을 지고 있는 형편이었다. 이들은 부자들의 땅을 경작하여 주고 수입의 6분의 1을 이자로 갚아야만 했다. 이러한 사람들은 헥테모리이 혹은 네네스라고 불렀다. 심지어 자신의 몸을 저당 잡혔다가 빚을 갚지 못해 채권자의 노예가 되거나 타국으로 팔려가기도 했다. 어떤 사람들은 자식까지 팔았고, 혹은 빚쟁이들의 횡포에 못 이겨 다른 나라로 도망쳤다.

그러나 드디어 가난한 사람들 중에서 용감한 사람들이 단결하기 시작하였다. 이들은 서로를 격려하여 저주받을 채권자들로부터 자유를 찾기 위하여 새로운 지도자를 선택하기로 하였다. 토지를 다시 분배하고 정부의 형태를 바꾸어 놓을 수 있는 사람을 찾은 것이다. 당시 아테네의 지혜로운 사람들은 모든 사람들 중에서도 오직 솔론만이 중립을 지키고 있음을 알았다. 솔론은 부자들의 횡포에도 가담하지 않았으며, 극악한 빈곤에 빠지지 않을 정도의 재산이 있었기 때문이다. 그러므로 솔론에게 와서 분쟁을 종

결짓고 공화국을 구해달라고 간청하였다…"[플루타르크 영웅전]

(느헤미야5:1-11) "귀족과 민장들의 착취"

"1 그 때에 백성들이 그들의 아내와 함께 크게 부르짖어 그들의 형제인 유다 사람들을 원망하는데 2 어떤 사람은 말하기를 우리와 우리 자녀가 많으니 양식을 얻어 먹고 살아야 하겠다 하고 3 어떤 사람은 말하기를 우리가 밭과 포도원과 집이라도 저당 잡히고 이 흉년에 곡식을 얻자 하고 4 어떤 사람은 말하기를 우리는 밭과 포도원으로 돈을 빚내서 왕에게 세금을 바쳤도다 5 우리 육체도 우리 형제의 육체와 같고 우리 자녀도 그들의 자녀와 같거늘 이제 우리 자녀를 종으로 파는도다 우리 딸 중에 벌써 종된 자가 있고 우리의 밭과 포도원이 이미 남의 것이 되었으나 우리에게는 아무런 힘이 없도다 하더라 6 내가 백성의 부르짖음과 이런 말을 듣고 크게 노하였으나 7 깊이 생각하고 귀족들과 민장들을 꾸짖어 그들에게 이르기를 너희가 각기 형제에게 높은 이자를 취하는도다 하고 대회를 열고 그들을 쳐서 8 그들에게 이르기를 우리는 이방인의 손에 팔린 우리 형제 유다 사람들을 우리의 힘을 다하여 도로 찾았거늘 너희는 너희 형제를 팔고자 하느냐 더구나 우리의 손에 팔리게 하겠느냐 하매 그들이 잠잠하여 말이 없기로 9 내가 또 이르기를 너희의 소행이 좋지 못하도다 우리의 대적 이방 사람의 비방을 생각하고 우리 하나님을 경외하는 가운데 행할 것이 아니냐 10 나와 내 형제와 종자들도 역시 돈과 양식을 백성에게 꾸어 주었거니와 우리가 그 이자 받기를 그치자 11 그런즉 너희는 그들에게 오늘이라도 그들의 밭과 포도원과 감람원과 집이며 너희가 꾸어 준 돈이나 양식이나 새 포도주나 기름의 백분의 일을 돌려보내라 하였더니"[구약 성서]

(BC 465-424경 페르시아 즉 바사왕 '아하수에로'의 아들 '아닥사스다'때, 식민지 였던 이스라엘 예루살렘의 성벽 재건 당시, 가난한 백성들과 지배층인 귀족과 민장들 사이의 채권 채무자 관계를 묘사하는 내용이다.)

참고 BC 465-424경 페르시아 즉 바사왕 '아하수에로'의 아들 '아닥사스다' 치세시기는 아테네의 '솔론'이 아르콘으로 있을 때와 비슷한 시기이다. 따라서 당시 그리스와 히브리 인들이 공통으로 갖고 있었던 사회문제는 지배층과 피지배층 간의 채권 채무 문제로 기인된 주종관계 형성이었다.

【 두 번째, 계대(繼代) 결혼 】

계대결혼이란 장자가 결혼한 후 자식이 없이 죽었거나 성적 불구자인 경우, 일차적으로 시동생이 형수와 결혼하여 아들을 낳아 대를 잇게 하거나, 만일 그 시동생이 거절 하거나 다른 형제가 없을 경우, 가장 가까운 친척이 미망인 혹은 성적 불구자의 아내와 결혼하여 대를 이을 수 있도록 하는 관습법이다.

(이런 관습법이 나온 배경은 한 가문의 대가 단절되는 것을 막고 그 가문의 재산을 지키기 위해 만들어진 것으로 추측된다.)

솔론

"… 솔론의 법 중에서 부조리하고 어리석게 느껴지는 것은, 상속권을 가진 여자가 결혼하였다가 남편이 성적 불구자임이 판명되었을 경우에는 남편의 근친을 가까이 할 수 있도록 한 것이다. 그러나 이 법이 결혼할 자격이 없음을 스스로 알면서도 돈을 탐내서 재산을 가진 여자하고 결혼함으로써 법으로 자연을 꺾으려는 자들에게 아주 합당한 벌이라고 보는 사람도 있다. 이제 아내는 자신의 마음에 드는 사람을 위하여 남편을 버릴 수 있으므로 남편은 결혼 관계를 끊거나 그렇지 않으면 항상 수치 가운데 살며 부인의 부정으로 괴로움을 겪게 될 것이다.

그러나 아내가 누구하고나 관계를 갖지 못하고 남편의 친척 중에서 그 상대자를 구하게 한 것은 그 자손 역시 같은 집안의 씨가 되게 한 것이니 역시 합당하다고 할 것이다…"[플루타르크 영웅전]

(신명기25:5-10) "5 형제들이 함께 사는데 그 중 하나가 죽고 아들이 없거든 그 죽은 자의 아내는 나가서 타인에게 시집 가지 말 것이요 그의 남편의 형제가 그에게로 들어가서 그를 맞이하여 아내로 삼아 그의 남편의 형제 된 의무를 그에게 다 행할 것이요 6 그 여인이 낳은 첫 아들이 그 죽은 형제의 이름을 잇게 하여 그 이름이 이스라엘 중에서 끊어지지 않게 할 것이니라 7 그러나 그 사람이 만일 그 형제의 아내 맞이하기를 즐겨하지 아니하면 그 형제의 아내는 그 성문으로 장로들에게로 나아가서 말하기를 내 남편의 형제가 그의 형제의 이름을 이스라엘 중에 잇기를 싫어하여 남편의 형제 된 의무를 내게 행하지 아니하나이다 할 것이요 8 그 성읍 장로들은 그를 불러다가 말할 것이며 그가 이미 정한 뜻대로 말하기를 내가 그 여자를 맞이하기를 즐겨 아니하노라 하면 9 그의 형제의 아내가 장로들 앞에서 그에게 나아가서 그의 발에서 신을 벗기고 그의 얼굴에 침을 뱉으며 이르기를 그의 형제의 집을 세우기를 즐겨 아니하는 자에게는 이같이 할 것이라 하고 10 이스라엘 중에서 그의 이름을 신 벗김 받은 자의 집이라 부를 것이니라"[구약 성서]

구약 성서 '룻기' 요약

"룻기의 여주인공 룻은 베들레헴 사람 엘리멜렉의아내 나오미가 두 아들 말론과 기론을 데리고 모압 지방에 가 있었을 때 말론의 아내로 된 모압 여자이다.

모압 지방에서 엘리멜렉도, 룻의 남편인 말론도, 기론도 죽은 다음, 그녀는 시어머니 나오미와 같이 시어머니의 고향 이스라엘 베들레헴으로 돌아왔다. 나오미는 고향으로 돌아올 때 며느리들에게 각기 친정으로 돌아가라고 했다. 이때 오르바는 친정으로 돌아갔으나 룻은 끝까지 시어머니와 함께하였다.

죽은 남편의 고향 베들레헴으로 돌아온 룻이 엘리멜렉의 친척인 보아스의 밭에서 이삭을 주우며 생계를 이어갔다. 당시의 관습으로는 죽은 말론의 친척이 미망인 룻과 결혼하도록되어 있었다. 보아스(말론의 친척)는 말론에게 가장 가까운 친척이 룻과 결혼하지 않을 것을 확인한다음 룻과 결혼했다. 이 결혼은 고대 유대인의 관습이었던 형제의 미망인과의 결혼은 아니다(신25:7-10). 보아스는 룻의 망부의 형제는 아니었기 때문이다. 그러나 자식이 없는 미망인이 남편의 땅을 팔려고 하면, 만일 망부의 형제가 없는 경우는 망부에게 가까운 친척이 그 땅을 사지 않으면 안되었다(룻4:3,4,9). 그것은 땅을 그 일족이 유지하여야 했기 때문이다.

또 그 경우, 살 사람이 자기의 유업이 손해되지 않을 경우, 즉 아내나 자식이 없을 경우는 앞의 관습(신25:7-10)을 적용하여 그 미망인과 결혼해도 무방하였다(신25:5,6). 이와 같은 결혼에 의해 출생되는 아이(남자)는 법적으로 선(先)부의 사자(嗣子)로 간주되었다(신25:4,5,10,14).

말론은 엘리멜렉의 사자였기 때문에 룻과 보아스의 장자는 나오미의 아들이라고까지 불리웠던 것이다(룻4:17)."

(창세기38:6-30) "6 유다가 장자 엘을 위하여 아내를 데려오니 그의 이름은 다말이더라 7 유다의 장자 엘이 여호와가 보시기에 악하므로 여호와께서 그를 죽이신지라 8 유다가 오난에게 이르되 네 형수에게로 들어가서 남편의 아우 된

본분을 행하여 네 형을 위하여 씨가 있게 하라 9 오난이 그 씨가 자기 것이 되지 않을 줄 알므로 형수에게 들어갔을 때에 그의 형에게 씨를 주지 아니하려고 땅에 설정하매 10 그 일이 여호와가 보시기에 악하므로 여호와께서 그도 죽이시니 11 유다가 그의 며느리 다말에게 이르되 수절하고 네 아버지 집에 있어 내 아들 셀라가 장성하기를 기다리라 하니 셀라도 그 형들 같이 죽을까 염려함이라 다말이 가서 그의 아버지 집에 있으니라 12 얼마 후에 유다의 아내 수아의 딸이 죽은지라 유다가 위로를 받은 후에 그의 친구 아둘람 사람 히라와 함께 딤나로 올라가서 자기의 양털 깎는 자에게 이르렀더니 13 어떤 사람이 다말에게 말하되 네 시아버지가 자기의 양털을 깎으려고 딤나에 올라왔다 한지라 14 그가 그 과부의 의복을 벗고 너울로 얼굴을 가리고 몸을 휩싸고 딤나 길 곁 에나임 문에 앉으니 이는 셀라가 장성함을 보았어도 자기를 그의 아내로 주지 않음으로 말미암음이라 15 그가 얼굴을 가리었으므로 유다가 그를 보고 창녀로 여겨 16 길 곁으로 그에게 나아가 이르되 청하건대 나로 네게 들어가게 하라 하니 그의 며느리인 줄을 알지 못하였음이라 그가 이르되 당신이 무엇을 주고 내게 들어오려느냐 17 유다가 이르되 내가 내 떼에서 염소 새끼를 주리라 그가 이르되 당신이 그것을 줄 때까지 담보물을 주겠느냐 18 유다가 이르되 무슨 담보물을 네게 주랴 그가 이르되 당신의 도장과 그 끈과 당신의 손에 있는 지팡이로 하라 유다가 그것들을 그에게 주고 그에게로 들어갔더니 그가 유다로 말미암아 임신하였더라 19 그가 일어나 떠나가서 그 너울을 벗고 과부의 의복을 도로 입으니라 20 유다가 그 친구 아둘람 사람의 손에 부탁하여 염소 새끼를 보내고 그 여인의 손에서 담보물을 찾으려 하였으나 그가 그 여인을 찾지 못한지라 21 그가 그 곳 사람에게 물어 이르되 길 곁 에나임에 있던 창녀가 어디 있느냐 그들이 이르되 여기는 창녀가 없느니라 22 그가 유다에게로 돌아와 이르되 내가 그를 찾지 못하였고 그 곳 사람도 이르기를 거기에는 창녀가 없다 하더이다 하더라 23 유다가 이르되 그로 그것을 가지게 두라 우리가 부끄러움을 당할까 하노라 내가 이 염소 새끼를 보냈으나 그대가 그를 찾지 못하였느니라.

24 석 달쯤 후에 어떤 사람이 유다에게 일러 말하되 네 며느리 다말이 행음하였고 그 행음함으로 말미암아 임신하였느니라 유다가 이르되 그를 끌어내어

불사르라 25 여인이 끌려나갈 때에 사람을 보내어 시아버지에게 이르되 이 물건 임자로 말미암아 임신하였나이다 청하건대 보소서 이 도장과 그 끈과 지팡이가 누구의 것이니이까 한지라 26 유다가 그것들을 알아보고 이르되 그는 나보다 옳도다 내가 그를 내 아들 셀라에게 주지 아니하였음이로다 하고 다시는 그를 가까이 하지 아니하였더라 27 해산할 때에 보니 쌍태라 28 해산할 때에 손이 나오는지라 산파가 이르되 이는 먼저 나온 자라 하고 홍색 실을 가져다가 그 손에 매었더니 29 그 손을 도로 들이며 그의 아우가 나오는지라 산파가 이르되 네가 어찌하여 터뜨리고 나오느냐 하였으므로 그 이름을 베레스라 불렀고 30 그의 형 곧 손에 홍색 실 있는 자가 뒤에 나오니 그의 이름을 세라라 불렀더라"[구약 성서]

【 세 번째, 직업적으로 곡하는 장례 문화 】

솔론

"··· 그리고 장례식을 치르면서 여자가 옷을 풀어헤치고 조카를 부르거나, 사람들에게 돈을 주어서 상주를 대신하여 울도록 하는 따위의 풍속을 과감하게 철폐하였다···"[플루타르크 영웅전]

(마가복음5:35-42) "35 아직 예수께서 말씀하실 때에 회당장의 집에서 사람들이 와서 회당장에게 이르되 당신의 딸이 죽었나이다 어찌하여 선생을 더 괴롭게 하나이까 36 예수께서 그 하는 말을 곁에서 들으시고 회당장에게 이르시되 두려워하지 말고 믿기만 하라 하시고 37 베드로와 야고보와 야고보의 형제 요한 외에 아무도 따라옴을 허락하지 아니하시고.
38 회당장의 집에 함께 가사 떠드는 것과 사람들이 울며 심히 통곡함을 보시고 39 들어가서 그들에게 이르시되 너희가 어찌하여 떠들며 우느냐 이 아이가 죽

은 것이 아니라 잔다 하시니 40 그들이 비웃더라 예수께서 그들을 다 내보내신 후에 아이의 부모와 또 자기와 함께 한 자들을 데리시고 아이 있는 곳에 들어가사 41 그 아이의 손을 잡고 이르시되 달리다굼 하시니 번역하면 곧 내가 네게 말하노니 소녀야 일어나라 하심이라 42 소녀가 곧 일어나서 걸으니 나이가 열두 살이라 사람들이 곧 크게 놀라고 놀라거늘"[신약 성서]

참고

"이스라엘 가버나움 사람인 회당장 야이로의 12살된 딸이 중병으로 위독할 때 예수께 와서 고쳐달라고 청했다. 예수의 일행이 그곳으로 가는 도중에 혈루증(血漏症)으로 앓은 여자 사건 때문에 지체되는 바람에 딸이 죽었다는 소식이 전해왔다. 그러나 그는 예수를 믿고, (마9:18)–'..그 몸에 손을 얹으소서. 그러면 살겠나이다'라고 간청했다.

예수께서는 베드로·야고보·요한만을 데리고 야이로의 집에 가서, (막5:39)– '… 들어가서 그들에게 이르시되 너희가 어찌하여 떠들며 우느냐…'

이렇게 책망하시고 "아이가 죽은 것이 아니라 잔다"고하였다. 그리고 딸의 손을 잡고 '달리다굼' 즉 '소녀야 일어나라'라고 말하니 소녀가 곧 일어나 걸어 다녔다.

여기서 '떠들며 우는 사람들'은 직업적으로 돈을 받고 방성대곡하는 사람들을 가리킨다."

【 네 번째, 배움에 관한 철학 】

솔론의 노년에 쓴 시

"늙어가고 있지만, 항상 배우노라."[플루타르크 영웅전]

히브리 인들의 격언

"삶은 내일 종말이 올것처럼, 배움은 영원히 살것처럼."

【 다섯 번째, 간음죄 】

솔론

"… 간음하는 자를 그 현장에서 잡았을 경우에는 누구든지 정부를 죽여도 무방하였다. 그러나 자유의 몸이었던 여자를 납치해서 강제로 범행한 자에게는 100드라크마의 벌금을 부과하였다. 그리고 여자의 승락을 얻고 범행한 경우에는 20드라크마의 벌금을 부과하였다. 그러나 돈을 받고 간음한 여자 즉 창녀의 경우에는 벌금이 없었다. 왜냐하면 그들은 돈을 주는 사람에게는 조금도 머뭇거리지 않고 몸을 팔았기 때문이었다…"[플루타르크 영웅전]

(레위기20:10) "누구든지 남의 아내와 간음하는 자 곧 그의 이웃의 아내와 간음하는 자는 그 간부와 음부를 반드시 죽일지니라"[구약 성서]

(신명기22:22-24) "22 어떤 남자가 유부녀와 동침한 것이 드러나거든 그 동침한 남자와 그 여자를 둘 다 죽여 이스라엘 중에 악을 제할지니라 23 처녀인 여자가 남자와 약혼한 후에 어떤 남자가 그를 성읍 중에서 만나 동침하면 24 너희는 그들을 둘 다 성읍 문으로 끌어내고 그들을 돌로 쳐죽일 것이니 그 처녀는 성안에 있으면서도 소리 지르지 아니하였음이요 그 남자는 그 이웃의 아내를 욕보였음이라 너는 이같이 하여 너희 가운데에서 악을 제할지니라"[구약 성서]

【 여섯 번째, 고기잡는 법(생존을 위한 기술)을 가르친 자녀 교육법 】

솔론

"… 솔론은 법을 만들어서 자식에게 무엇이든지 한 가지의 기술을 가르쳐주지 않는 아버지는, 노후에 자식이 부양하지 않아도 무방하다고 하였다…"[플루타르크 영웅전]

유대인 자녀 교육법

"물고기를 주지 않고 고기잡는 법을 가르친 유대인"

24. 각기 다른 고유한 속성과 영역을 가진 신들의 묘사

그리스 신화의 의인화 된 올림포스 신들의 제1세대인 크로노스의 자녀들과 제우스로부터 탄생한 신으로서 고전 시대 올림포스의 '제2세대는 시초부터 각자의 운명에 의해 정해진 고유한 속성과 영역을 가지고 있었다.

예컨대, "부엌의 신 '헤스티아', 경작되는 토지를 지배하는 신 '데메테르', 모성을 상징하는 토지(대지)의 신 '가이아', 결혼을 관장하는 신 '헤라', 천둥의 신 '제우스', 지옥의 신 '하이데스', 폭풍과 바다를 주관하는 신 '포세이돈', 예언과 병 그리고 음악 등을 관장하는 태양신 '아폴론', 처녀로서 사냥과 숲의 신 '아르테미스', 불과 건축 그리고 대장장이의 신 '헤파이스토스', 질투와 미의 여신 '아프로디테', 평화를 지키기 위한 전쟁의 여신 '아테나'(갈등을 유발시키는 전쟁의 신 '아레스'와 반대), 수금의 신 '헤르메스', 술과 축제의 신 '디오니소스'. 술과 축제의 신 '디오니소스' 등."

히브리인들의 초기 원시역사의 인류에서도 이와 유사한 인간의 각기 다른 타고난 재능을 묘사하고 있다.

예컨대 (창세기4:20-22) "20 아다는 야발을 낳았으니 그는 장막에 거주하며 가축을 치는 자의 조상이 되었고 21 그의 아우의 이름은 유발이니 그는 수금과 통소를 잡는 모든 자의 조상이 되었으며 22 씰라는 두발가인을 낳았으니 그는 구리와 쇠로 여러 가지 기구를 만드는 자요 두발가인의 누이는 나아마였더라"[구약 성서]

참고 문헌

1. 『오딧세이아』 저자: 니코스 카잔차스키
   역자: 안정효
   출판사: 고려원

2. 『일리아스』 저자: 호메로스
   역자: 유영
   출판사: 범우사

3. 『토머스 불핀치, 그리스 로마 신화』 저자: 토머스 불핀치
   역자: 최혁순
   출판사: 범우사

4. 『플루타르크 영웅전』 저자: 플루타르코스
   역자: 김병철
   출판사: 범우사

5. 『황금 가지』 저자: 제임스 조지 프레이저
   역자: 이용대
   출판사: 한겨레출판

6. 『상식 밖의 세계사』 저자: 안효상
   출판사: 새길

7. 『메소포타미아 신화』 저자: 헨리에타 맥컬

　　역자: 임웅

　　출판사: 범우사

8. 『펠로폰네소스 전쟁사』 저자: 투퀴디데스

　　역자: 천병희

　　출판사: 숲

9. 『성서』(기독교)

10. 『역사 헤로도토스』 저자: 헤로도토스

　　역자: 천병희

　　출판사: 숲

11. 『요세푸스』 저자: 요세푸스

　　역자: 김지찬

　　출판사: 생명의말씀사

12. 『천재가 된 제롬』 저자: 에란 카츠

　　역자: 박미영

　　출판: 황금가지